中国法院2023年度案例

国家法官学院　最高人民法院司法案例研究院　/ 编

刑事案例三

（侵犯公民人身权利、民主权利罪、侵犯财产罪）

中国法制出版社
CHINA LEGAL PUBLISHING HOUSE

《中国法院2023年度案例》通讯编辑名单

序

法治是治国理政的基本方式，司法是法治体系的重要基石。党的二十大报告指出，要坚持走中国特色社会主义法治道路，建设中国特色社会主义法治体系、建设社会主义法治国家。加快建设公正高效权威的社会主义司法制度，努力让人民群众在每一个司法案件中感受到公平正义。人民法院始终坚持以习近平新时代中国特色社会主义思想为指导，深入学习贯彻习近平法治思想，围绕“公正与效率”这一主题，践行新时代能动司法理念，把加强司法案例研究作为加快建设公正高效权威社会主义司法制度，坚持为大局服务、为人民司法的重要途径，通过发布具有普遍指导意义的典型案例，统一法律适用，提高审判质效，提升司法公信力，努力让人民群众在每一个司法案件中感受到公平正义。

“中国法院年度案例系列”丛书，是国家法官学院和最高人民法院司法案例研究院精选全国各高级人民法院每年选送的优秀案例，深入挖掘典型案例内在价值编辑的实用精品丛书，旨在总结提炼典型案例的裁判规则和裁判方法，发挥司法规范、指导、评价、引领的重要作用，大力弘扬社会主义核心价值观，增强全民法治意识和法治素养，展现新时代我国司法领域新发展、新成就。

本丛书自2012年编辑出版以来，已连续出版12年，每年年初出版，受到读者广泛好评。本丛书出版之初有15个分册。近年来，为顺应审判执行实践需要，更加全面反映我国司法审判执行工作的发展进程，响应读者需求，2014年度新增金融纠纷、行政纠纷、刑事案例3个分册，2015年度将刑事案例调整为刑法总则案例、刑法分则案例2个分册，2016年度新增知识产权纠纷分册，2017年度新增执行案例分册，2018年度将刑事案例扩充为4个分册，2022年度将土地纠纷（含林地纠纷）分册改为土地纠纷（含环境资源案例）分册。在全国各级人民法院的大力支持下，丛书编委会现编辑出版《中国法院2023年度案例系列》丛书，共23个分册。

“中国法院年度案例系列”丛书以开放务实的态度、简洁明快的风格，追求“好读有用”，主要体现出以下特色：一是选编案例来源广泛、时效性强。

国家法官学院和最高人民法院司法案例研究院每年通过各高级人民法院汇集全国范围内上一年度审结生效的典型案例近万件，使该丛书有广泛的精选基础，可及时、定期提供全国范围内新近发生的多种类型的新型、疑难案例。二是由法官释理说法，全方位深度挖掘案例价值。大多数案例由主审法官撰写“法官后语”，深入阐释案例的裁判思路和相关考量，充分发挥典型案例在司法裁判、类案参考、法学研究、行为指引、宣示教育等方面的价值，力求引发读者的共鸣与思考，为读者提供借鉴和启迪。三是编排依次以案由和法律适用问题为序，方便读者检索。丛书充分体现“以读者为中心”的理念，每册内容主要根据案由分类编排，每个案例主要围绕法律适用问题，用一句话精要概括裁判规则、裁判思路或争议焦点，以其作为主标题，让读者能一目了然，迅速找到所检索的目标案例。四是注重裁判文书再加工，高度提炼案例内容。案例编写突出争议焦点以控制篇幅，剔除无关信息，尽可能在有限的篇幅内为读者提供更多与争议焦点、所查类案相关的有效、有益信息。

中国法制出版社始终全力支持“中国法院年度案例系列”丛书的出版，给了作者和编辑们极大的鼓励。2023年，这套丛书将继续提供数据库增值服务。购买本书，扫描前勒口二维码，即可在本年度免费查阅往年同类案例数据库。我们在此谨表谢忱，并希望通过共同努力，逐步完善，做得更好，真正探索出一条编辑案例书籍、挖掘案例价值的新路径，更好地服务司法审判高质量发展、服务法治社会建设、服务学习研究法律的读者。

“中国法院年度案例系列”丛书既是法官、检察官、律师等法律工作者的办案参考和司法人员培训的实用教材，也是社会大众学法用法的经典案例读本，同时是教学科研机构与人员从事案例研究的良好系列素材。当然，案例作者和编辑在编写、编审过程中也难以一步到位实现最初的愿望，客观上会存在各种不足甚至错误，欢迎读者批评指正。我们愿听取各方建议，不断拓宽深化司法案例研究领域，立足新发展阶段，推动实现中国特色司法案例事业的高质量发展。

国家法官学院

最高人民法院司法案例研究院

2023年5月

目　录

Contents

一、侵犯公民人身权利、民主权利罪

二、侵犯财产罪

（一）抢劫罪

（二）盗窃罪

（四）职务侵占罪

(五) 敲诈勒索罪

(六) 拒不支付劳动报酬罪

一、侵犯公民人身权利、民主权利罪

（一）故意杀人罪

1

被害人对亲属实施暴力时杀害被害人，可以认定为故意杀人罪情节较轻

——于某1故意杀人、于某2帮助毁灭证据案

【案件基本信息】

1. 裁判书字号

江苏省连云港市海州区人民法院（2020）苏0706刑初288号刑事判决书

2. 案由：故意杀人罪、帮助毁灭证据罪

【基本案情】

被告人于谋2与被告人于某1、被害人于某3系父子关系，被告人于某1系长子，被害人于某3系次子。被害人于某3初中没毕业就在社会上散混，常年在外居住，没钱时就经常回家朝其父母要钱，如若不给，则打砸家中物品，威胁并打骂其父母。自2012年开始，被告人于某2及其家人曾因于某3回家要钱闹事而多次报警。

2019年11月6日，被害人于某3到被告人于某2、于某1共同居住的家中翻找财物，于某2报警后于某3离开现场。2019年11月7日上午8时许，被害人于某3再次到于某2家中索要财物并殴打其母亲张某某，在隔壁自己卧室的被告人于某1闻声后，至于某2卧室内用哑铃多次砸被害人后脑部致其倒地，之后又骑在被害人身上掐其脖子直至死亡。随后，被告人于某2清理了案发现场，并与于某1寻找抛尸地点，寻找水泥墩、购买铁链等工具用于沉尸。当日晚上，二被告人将被害人尸体抛弃于河内，后被告人于某2将被害人的血衣焚毁。经鉴定，被害人符合头面部被金属钝器打击致颅脑损伤死亡，颈部受力加速其死亡过程。其母亲张某某伤情为轻伤二级。

案发后，二被告人主动到公安机关投案，并如实了供述自己的罪行。在案件审理期间，二被告人所在单位及同事以及其居住的村民委员会、村民联名恳请法庭对二被告人减轻处罚。

【案件焦点】

被告人因被害人长期向家庭成员索要钱财并使用暴力，在被害人再次对亲人使用暴力时杀害被害人，能否认定为故意杀人罪情节较轻的情形。

【法院裁判要旨】

江苏省连云港市海州区人民法院经审理认为：综合在案证人证言、报警记录、鉴定报告等证据可以认定，被害人长期向其父母索要钱财，动辄打骂，案发当日被害人在向其父母索要钱财未果后，殴打其母亲，在案发起因上存在重大过错，被告人于某1鉴于被害人的恶劣行径，出于一时激愤实施犯罪行为，可以认定为故意杀人情节较轻的情形。被告人于某1素无劣迹，平时一贯表现良好，其遭遇得到所在单位同事及居住地群众同情，社会危害性和主观恶性较小。被告人于某1以暴力手段非法剥夺他人生命，其行为已构成故意杀人罪，但属于情节较轻；被告人于某2帮助被告人于某1毁灭证据，情节严重，其行为已构成帮助毁灭证据罪。二被告人案发后自动投案，并如实供述了自己的罪行，均成立自首，依法予以从轻处罚。二被告人均认罪认罚，依法予以从宽处理。根据被告人于某2的犯罪情节及悔罪表现，没有再犯罪的危险，宣告缓刑对所居住社区没有重大不良影响，依法对被告人于某2适用缓刑。但对被告人于某1的辩护人对被告人判处三年以下有期徒刑并适用缓刑的量刑建议，综合被告人的犯罪性质和犯罪情节，不宜适用缓刑，故对该意见本院不予采纳。

江苏省连云港市海州区依照《中华人民共和国刑法》第二百三十二条、第三百零七条第二款、第六十七条第一款、第七十二条第一款和第三款、第七十三条第二款和第三款，《中华人民共和国刑事诉讼法》第十五之规定，作出如下判决：

一、被告人于某1犯故意杀人罪，判处有期徒刑五年；

二、被告人于某2犯帮助毁灭证据罪，判处有期徒刑一年，缓刑二年。

一审宣判后，被告人未提起上诉，检察机关未提起抗诉，一审判决已发生法律效力。

【法官后语】

故意杀人是非常严重的刑事犯罪，刑法第二百三十二条规定了较为严厉的刑罚，设定了两个法定刑幅度，其中情节较轻的，处三年以上十年以下有期徒刑。本案中，被告人于某1用哑铃多次砸被害人后脑部致其倒地，之后又骑在被害人身上掐其脖子直至死亡，其行为已构成故意杀人罪无疑。本案的关键和争议的焦点是对被告人于某1如何量刑，即本案是否属于犯罪情节较轻，是否应对于某1适用从轻处罚。故意杀人罪中的“情节较轻”，需由法官结合个案情况具体裁量。从以往的案例来看，对于激情杀人或者义愤杀人等情形，能否认定为“情节较轻”，通常要考虑以下几个因素：一是被告人的主观恶性，包括被害人在案发起因上是否有重大过错、被告人犯罪动机是否卑劣等；二是杀人手段属于一般还是残忍，如以特别残忍手段杀人，则通常不宜认定为情节较轻；三是犯罪后果是否严重，如导致二人以上死亡的严重后果，通常不能认定为情节较轻；四是被害方及社会公众特别是当地群众对被告人行为作出的社会评价。

具体到本案，第一，本案不同于一般的故意杀人犯罪，是由家庭矛盾激化而引发的故意杀人案件，《全国法院维护农村稳定刑事审判工作座谈会纪要》

规定，对于因婚姻家庭、邻里纠纷等民间矛盾激化引发的故意杀人犯罪，适用死刑一定要慎重，应当与发生在社会上的严重危害社会治安的其他故意杀人犯罪案件有所区别。第二，被害人具有过错，被告人于某1系临时起意、激愤杀人，主观恶性较小。报警记录、证人证言等证据证明被害人品行不端，作为一个身体健康的成年人长期向父母索要钱财，如若不给则打骂父母，案发前，被害人因索要钱财未果殴打其母亲，导致被告人临时起意，产生杀人之念，情急之下选择了以极端的方式剥夺了被害人的生命，以求得家庭的安宁。第三，被告人于某1具有法定从轻减轻处罚情节，在案发后主动到公安机关投案，如实供述了自己犯罪事实，根据《中华人民共和国刑法》第六十七条关于自首的规定，依法可以减轻处罚。第四，社会公众对被告人寄予了同情，社会危害性较小。案发后，被告人所在单位及同村的村民联名要求法院从轻处罚被告人。

综上分析，人民法院对被告人于某一按照故意杀人罪情节较轻定罪准确，量刑适当，既符合罪刑法定、罪刑相适应原则，又体现了刑法的处罚与教育的功能和宽严相济的刑事司法政策。

编写人：江苏省连云港市海州区人民法院　宗善田

2

对相互矛盾的司法鉴定意见，要充分运用程序机制消除争议，准确认定事实

——郑某某故意杀人案

【案件基本信息】

1. 裁判书字号

湖北省高级人民法院（2021）鄂刑核 94725704 号刑事裁定书

2. 案由：故意杀人罪

【基本案情】

被告人郑某某与被害人解某因琐事久生积怨。2019 年 12 月某日上午，郑某某携带打杵和洋镐各一根到自己位于某县某村某组的承包地干活，途中遇见解某在地里焚烧玉米秆，郑某某趁解某不备，用打杵击打解某的头部致其死亡，又用洋镐将解某的双脚及左手斩断后逃离现场。逃跑途中，郑某某接到其帮扶干部张某的电话，在张某与处警 民警的规劝下，郑某某主动投案。经法医鉴定，解某系他人击打头部，致重型机械性颅脑损伤并失血性休克死亡。侦查阶段，经法医精神病司法鉴定所鉴定，郑某某在实施违法犯罪行为时，因受精神疾病的影响，其辨认能力和控制能力丧失，医学诊断为精神分裂症，判定为作案时无刑事责任能力。被害人家属不服该鉴定意见，申请重新鉴定。经精神病医院司法鉴定所重新鉴定，被鉴定人郑某某的精神状态诊断为“偏执性人格障碍”，其案发时无病理性因素参与，作案时辨认能力及行为控制能力正常，评为完全刑事责任能力。公诉机关以精神病医院司法鉴定所鉴定意见为依据，认为被告人郑某某作案时具有完全刑事责任能力，指控被告人郑某某犯故意杀人罪向湖北省十堰市中级人民法院提起公诉。在湖北省十堰市中级人民法院审理阶段，辩护人对公诉机关指控的事实无异议的，但提出应当以法医精神病司法鉴定所的鉴定意见认定被告人郑某某无刑事责任能力，宣告其不承担刑事责任。被告人郑某某的儿子郑某不服精神病医院司法鉴定所所作的司法鉴定意见书，申请对郑某某进行精神病重新鉴定，并提交了郑某某妹妹等近亲属具有精神病史等证明材料。法医精神病司法鉴定所鉴定员姜某某、精神病医院司法鉴定所鉴定员唐某某出庭作证，接受了控辩双方的询问并提交了书面证言。

【案件焦点】

1. 郑某某的儿子不服精神病医院司法鉴定所的鉴定意见而申请重新鉴定，能否准许；2. 郑某某有无刑事责任能力。

【法院裁判要旨】

湖北省十堰市中级人民法院经审理认为：第一，上述两家鉴定机构及相关鉴定人均具有合法鉴定资质，各自鉴定意见书所援引鉴定依据虽存有差异，但不存在冲突，鉴定程序均合法有效，两份鉴定意见均具有证据能力。第二，本案精神病医院司法鉴定所鉴定意见书形式合法，鉴定过程和方法符合精神病鉴定专业的规范要求，鉴定意见完整。申请人也没有提出证明被告人精神异常的实质性的理由或者证据材料。对辩护人所提出的鉴定方面的其他疑问，各鉴定人在出庭时作出了有针对性的解答。申请人郑某提出的理由并不符合相关重新鉴定的条件，对该申请不予准许。第三，被告人郑某某作案时应认定为完全刑事责任能力。理由如下：

首先，根据各鉴定人证言，精神病鉴定时间的滞后并不必然影响鉴定意见。虽然精神病鉴定具有延时性，且被鉴定人的精神状态可能随时间推移有所好转。但鉴定的焦点时刻为案发当时，鉴定人系在专业知识和经验基础上，依据案卷材料等情况等固定性证据，结合精神检查、被鉴定人所述案发时的客观情况等对被鉴定人作案时的精神状态和刑事责任能力进行综合判断。被鉴定人鉴定时的状态虽系精神病鉴定的重要依据，但并非唯一依据。因此，本案两次鉴定虽鉴定时间有先后之分，后一份鉴定系在被告人郑某某接受一定的治疗后进行，但该因素并不必然影响各鉴定意见的生成。

其次，刑事责任能力的评定有两个要件：医学要件和法学要件。医学要件为存在某种精神障碍；法学要件为该精神障碍是否影响其危害行为的辨认能力或控制能力及影响程度。

其一，医学要件。两份鉴定意见相比之下，精神病医院司法鉴定所收集的资料更加丰富，调查过程更加细致，精神检查及论证更加全面充分。法医精神病司法鉴定所收集的鉴定信息主要是被告人郑某某 2019 年 12 月 11 日的讯问笔录、寇某某等 4 人的证人证言，鉴定人鉴定过程是让公安机关将郑某某带至法医精神病司法鉴定所进行询问一次，询问内容相对简单。而精神病医院司法鉴定所在法医精神病司法鉴定所鉴定意见的基础上，收集了被告人郑某某在医院的住院病历、3 次讯问笔录、16 份证人证言等资料，鉴定人到案发地做了社会调查，在侦查机关的见证下询问了郑某某、办案民警、管床医生、郑某某的亲友、邻居等 9 人，详细调查了郑某某的既往病史、生平过往、犯罪动机、作案过程等，还进行了辅助检查及综合心理评估。排除了脑器质性改变后，进行了鉴别诊断。郑某某的表现符合“偏执性人格障碍”。郑某某的年龄也不属于精神分裂症的好发年龄段。

其二，法学要件。现有证据证明郑某某案发前在外地务工多年，无精神异常现象。同时被告人与被害人既往及案发前均有矛盾，作案时其攻击对象选择明确，为其矛盾纠纷直接对象，被告人某某案发后携作案工具迅速逃离案发现场，将作案工具抛弃在草丛里，并打电话让人照顾好其儿子，后经人劝说自首，在侦查机关和法院讯问及开庭时对答条理清楚。以上均表明，被告人作案动机现实，对其行为的违法性、罪错性有明确认知，案后有良好的自我保护能力，且表现形式与其特定人格特征相符，案发当时无精神病理性因素影响，案发时的辨认能力及行为控制能力正常，精神病医院司法鉴定中心对被鉴定人郑某某《精神病人刑事责任能力评定量表》评分为 40 分，提示案发时完全责任能力的评定明显客观。

综上所述，精神病医院司法鉴定所出具的鉴定意见和鉴定人的证言材料全面，依据充分，论证全面科学，对其鉴定意见及鉴定人证言法院予以采信。法医精神病司法鉴定所所证郑某某系无刑事责任能力的鉴定意见及鉴定人证言内容法院不予采信。

湖北省十堰市中级人民法院认为，被告人郑某某为完全刑事责任能力人，其因琐事，挟嫌报复他人，致被害人死亡，考虑其犯罪后主动投案并如实供述所犯罪行，系自首，对被告人郑某某判处死刑，可不立即执行，但其故意杀人手段凶残，后果严重，社会危害极大，应依法对其限制减刑。依照相关刑事法律规定，作出如下判决：

被告人郑某某犯故意杀人罪，判处死刑，缓期二年执行，剥夺政治权利终身。对被告人郑某某限制减刑。

（附带民事判项部分略。）

一审宣判后，被告人郑某某未上诉，公诉机关也没有抗诉。附带民事部分已经发生法律效力。湖北省十堰市中级人民法院依法报请湖北省高级人民法院复核。湖北省高级人民法院经复核，同意一审法院裁判意见，核准了一审判决中以故意杀人罪判处被告人郑某某死刑，缓期两年执行，并限制减刑的刑事部分判决。

【法官后语】

本案案情看似简单，实际上涉及诸多法律问题，有如何看待精神病司法鉴定意见的主观性及处理办法，重新鉴定的准许条件，在鉴定意见互相矛盾的情况下，法院应当如何审查采信等问题。

1. 刑事精神能力鉴定意见的主观性和处理办法

精神司法鉴定意见是指精神鉴定人基于精神医学知识及临床经验作出的鉴定结果。精神司法鉴定意见具有更大的主观性。首先，精神鉴定的内容（人的主观心理活动）本身具有较强的主观性。而人的主观心理活动，即精神活动是内在的、无形的，被鉴定人很可能出于一定目的对其行为和语言进行伪装，鉴定人必须透过其伪装识别出真实的精神状况，由此也增加了精神鉴定的困难性。而其他类型的司法鉴定，如物证、痕迹等鉴定，则更侧重于对客观存在的属性进行分析与评判。其次，精神障碍的诊断是基于科学认识基础上的价值判断，带有一定的主观性。从司法实践来看，对于具有客观鉴定标准的痕迹鉴定等，通常很少出现多次反复鉴定，但对于伤情鉴定、司法精神病鉴定等主观性较强的鉴定，实践中可能出现多次反复鉴定问题。多次反复鉴定导致案件中多份不同的鉴定意见并存，给法官对鉴定意见的审查判断增加了难度。

本案中，检察机关在审查起诉时认为行为人郑某某很可能有精神疾病，于是将该案退回公安机关，补充对行为人郑某某做司法精神病鉴定。第一份鉴定意见是行为人对本案无责任能力，被害人家属不服，申请重新鉴定，第二份鉴定意见得出行为人对案具有完全责任能力的结论。两份不同的鉴定意见并存，增加了本案的审理难度。

2. 在法院审理阶段，对当事人提出的重新鉴定申请如何处理

根据刑事诉讼法的规定，当事人申请重新鉴定的，原则上应当提出书面申请意见并说明理由，法庭根据案件具体情况审查重新鉴定的必要性和可能性。对于鉴定意见形式合法，原鉴定意见无明显不当的，当事人申请重新鉴定时也没有提出实质性的理由或者证据材料，一般不予允许。否则反复鉴定，多头鉴定，不仅浪费司法资源，而且对法庭认定案件事实并无益处，如本案两个鉴定意见的鉴定机构和人员均具有资质，鉴定程序均合法，鉴定过程和方法符合专业的规范要求，申请人也没有提出实质性的理由或者证据材料，若允许其重新鉴定，无论什么结果，对法庭认定案件事实均无益处，故一审法院对其重新鉴定申请未予准许。

对于案件中有多份不同的鉴定意见并存的情况，应当明确的是，法院是争议的最终裁决者，拥有对鉴定意见的证明价值进行审查判断的最终权力。因此，不能寄希望于通过多次补充鉴定或者重新鉴定解决问题，而是应当通过重视审查鉴定意见本身的科学性和真实性，并结合全案证据综合评估鉴定意见的证明价值。

3. 鉴定意见互相矛盾时，法院应当如何审查采信

首先，要充分运用鉴定人出庭等程序解决机制。刑事诉讼法及其解释对鉴定人出庭作证及专家辅助人制度作了详细的规定。在司法实践中，如果出现多份不同的鉴定意见，也就意味着各位鉴定人的鉴定意见存在争议，此时法庭就有必要要求各位鉴定人出庭作证。如果经通知，鉴定人拒不出庭作证的，鉴定意见不得作为定案的根据。对于经通知出庭的鉴定人，就需要接受控辩双方及专家辅助人的询问，针对鉴定意见中存在争议的问题作出解释，法庭在必要时也可以就相关的问题询问鉴定人和专家辅助人。

其次，对于鉴定意见争议的解决，有必要谨防实践中可能出现的诸多不当倾向，如前后多次鉴定意见不一致，不能简单地认为后面的鉴定比前面的鉴定准确；鉴定意见与证人证言等不符，不能简单地认为证人证言等比鉴定意见准确；对不同的鉴定意见更不可以按照“少数服从多数”或者“下级服从上级”

的方式强求一致。法官在审判过程中，应当充分运用已有的程序机制消除争议，充分发挥庭审质证的积极功能，同时不断丰富鉴定方面的专业知识，应该结合案件的其他证据作出审慎判断，采纳可信度较高，与其他证据较为一致、能印证的证据。

本案是在被鉴定人实施杀人行为一段时间以后才作的第一次鉴定，与第一次鉴定意见相比，最后一次的鉴定所依据的材料是全面、丰富和客观的。两个鉴定机构的鉴定人也出庭接受了询问。一审法院和复核法院在认真审查、分析、比较两份相互冲突的鉴定意见的基础上，最后认为精神病医院司法鉴定所所作鉴定意见，相对比较合理且与本案的实际情况比较吻合，能与本案的其他证据相印证，可以获得一致性解释，决定予以采信。并以此为据结合案情，对被告人郑某某判处死缓并限制减刑。

编写人：湖北省十堰市中级人民法院　黄彦孟

3

因先行行为而导致他人可能有死亡危险“见死不救”行为的认定

——陈某故意杀人案

【案件基本信息】

1. 裁判书字号

广东省广州市南沙区人民法院（2021）粤0115刑初373号刑事判决书

2. 案由：故意杀人罪

【基本案情】

2021年3月18日0时30分许，被告人陈某在某镇某街×××号的河堤边，因认为与其有婚外情关系的被害人彭某梅与其他男人存在暧昧关系而发生口角纠纷。被告人陈某捡起地上的半块砖头多次击打被害人彭某梅的头部，双方在拉扯过程中一同跌落到河涌后，被告人陈某又将彭某梅的头部朝下往水里按，此时被害人彭某梅陷入昏迷。被告人陈某随即逃离现场，未对被害人彭某梅采取施救措施。同日1时许，被告人陈某去至其妻子陈某芳的出租屋作简单交代后，自行前往派出所投案。被害人彭某梅因被其儿子及时发现而获救。经鉴定，被害人彭某梅的损伤程度属轻伤一级。

另查明，案发后被告人陈某与被害人达成赔偿协议并获得其谅解。

【案件焦点】

因先行行为而导致他人可能有死亡危险，“见死不救”的行为应如何认定。

【法院裁判要旨】

广州市南沙区人民法院经审理认为：故意杀人是指行为人主观上有剥夺他人生命的故意，该种故意既可以是直接故意，也可以是间接故意。行为人先行实施的加害行为若不足以产生剥夺他人生命的危险，不宜认定其有杀人的故意。但行为人基于先行加害行为而致使被害人陷入濒临死亡的环境中而拒绝履行救助义务，放任该死亡结果发生的，应当认定为不作为的故意杀人，依法应予惩处。

广州市南沙区人民法院依照《中华人民共和国刑法》第二百三十二条、第二十三条、第六十四条、第六十五条、第六十七条第一款的规定，作出如下判决：

一、被告人陈某犯故意杀人罪，判处有期徒刑二年五个月；

二、扣押于公安机关的作案工具砖头半个，予以没收、销毁。

一审宣判后，被告人未提起上诉，检察机关未提起抗诉，该判决已发生法律效力。

【法官后语】

一、关于本案是故意伤害还是故意杀人的问题

本案中，被告人的主观故意应当从落水前、落水后两个阶段进行分析。第一个阶段，被告人陈某的本是因口角纠纷与被害人产生争执，后其捡起地上的半块砖头朝被害人的头部进行击打，虽然被告人陈某直接击打被害人的头部，但因砖头的体积较小，击打的力度不大，且案发地位于被害人的住处不远，被告人并非携带凶器前往会面，也没有专门选择作案地点，此时被告人对被害人实施的加害行为宜认定为伤害的故意。

第二个阶段，在被害人反抗被告人陈某的击打，与其拉扯中一同滚入水中后，被告人用手压住被害人的头部，以面部朝下的方式将其摁在水里，被告人作为一名成年人，对其往水里摁压被害人头部导致其有呛水窒息溺亡的风险应当具备基本的认知。结合被告人供述，其在离开时看到被害人是“整个身体侧趴在河道内，面部有一半浸入河水内”的状态，被告人的行为已超出了故意伤害的范围。此时被害人当然处于一种现实、紧迫的生命危险之中，被告人神志清醒且身上未受伤，其具备将被害人从水中移到地面或者将被害人头部移开水面的能力而径直离开，其对被害人的生命具有放任其死亡的故意。同时结合其返回家中向其妻子作交代、自行去派出所说其杀了人来自首的行为，其对自己的行为可能导致他人死亡有明确认知。综上，被告人因先行加害行为导致被害人处于现实、紧迫的生命危险之中，放任该危害结果产生，应当认定为故意杀人。

二、他人的介入因素不影响本案故意杀人罪的成立

刑事案件中，犯罪行为与犯罪结果应当具备一定的因果关系，即犯罪行为导致了犯罪结果。本案中，被害人因被告人的击打而进行反抗，在拉扯过程中导致双方落水，被害人此时的介入行为是典型的自我保护行为，其是为了反抗被害人的击打导致的双方落水，且落水后被告人仍进一步实施了加害行为，导致被害人呛水昏迷后身体及大半边脸还浸在水里，此时被告人未履行救助义务而径直离去，直至被害人被其儿子发现而打捞上来进行抢救，其儿子的介入行

为避免了被害人死亡的结果，但不应以此割裂被告人未履行因其先行行为导致的救助义务而放任被害人死亡结果的发生，因此本案应认定为故意杀人未遂。

三、“见死不救”的刑法评价

与道德层面的“见死不救”不同，当行为人因先行行为而导致“见死不救”时，就会被作为刑法评价的对象。先行行为产生的义务，是指由于行为人先前实施的行为致使法律所保护的某种权利处于危险状态而产生的防止危害结果发生的义务。本案中，被告人陈某对被害人实施的击打、摁压浸水等行为，就是先行行为：一是被告人陈某本人实施了该行为，即击打、摁压他人，致使他人昏迷的行为；二是先行行为导致了实际、紧迫的危险，被害人于水中昏迷且大半边脸在水中，其自身合法权益是遭受到了紧迫的危险，有救助的必要性；三是被告人的先行行为与被害人面临溺水窒息死亡的实际、紧迫的危险有因果关系。故被告人具备救助义务和救助条件，对被害人“见死不救”，应当评价致被害人死亡的放任的故意，构成不作为的故意杀人。

编写人：广东省广州市南沙区人民法院　伍敏青　赵岑

（二）过失致人死亡罪

4

负有救助义务但在救助途中遗弃伤者致伤者死亡的构成过失致人死亡罪

——苟某某过失致人死亡案

【案件基本信息】

1. 裁判书字号

四川省成都市中级人民法院（2021）川01刑终760号刑事判决书

2. 案由：过失致人死亡罪

【基本案情】

2020年10月22日，某花厂老板吴某某委托被告人苟某某装修办公室，由苟某某自行聘请工人，苟某某找到谢某某、戴某某做工，并要戴某某再找一名工人，戴某某找到被害人邓某，苟某某予以认可。施工中，被害人邓某从脚手架上坠落，头部受伤昏迷，鼻孔流血并呕吐。吴某某、戴某某等劝说被告人苟某某将被害人送医，苟某某遂要求谢某某驾驶电动三轮车搭载被害人送医。车行至某1街和某2街交叉路口处，被告人苟某某下车在路旁药店购买了一盒藿香正气液给邓某喝了一支半后，便把神志不清的邓某架下车丢靠在树下，让谢某某先回工地上工，自己随即步行离开。当日16时许，被害人被群众发现并报警。10月23日，被害人经抢救无效死亡，经司法鉴定中心鉴定，被害人死亡原因符合颅脑损伤死亡。2021 年 4 月 7 日，被告人苟某某经公安机关电话通知到案，到案后如实供述了犯罪经过。

【案件焦点】

1. 被害人死亡结果与被告人遗弃行为之间是否存在因果关系；2. 被告人苟某某是否构成犯罪。

【法院裁判要旨】

四川省成都市新都区人民法院经审理认为：被告人苟某某疏忽大意，致人死亡，其行为已构成过失致人死亡罪。被告人苟某某对他人生命极其不负责任，应予严惩。理由：（1）被害人从脚手架上坠落是其受伤的直接原因，苟某某将被害人遗弃在路旁的行为是介入因素，被害人死亡结果与坠落受伤之间介入了苟某某的遗弃行为，其遗弃行为系被害人死亡的原因之一，故被害人的死亡与被告人的遗弃行为之间存在因果关系。（2）被告人苟某某与被害人之间已经形成劳务关系，对于被害人从脚手架上坠落应承担相应责任，但被告人苟某某为了逃避赔偿责任，将被害人遗弃在路旁，最终被害人因得不到及时救助而死亡，被告人苟某某的行为具备刑事可罚性，构成犯罪。（3）被告人苟某某应当预见不及时救助被害人可能导致其死亡的严重后果，但因疏忽大意而没有预见，故被告人苟某某构成过失致人死亡罪。在量刑时综合考虑被告人系自首、被害人身份未查实、被告人未赔偿等情节。

四川省成都市新都区人民法院依照《中华人民共和国刑法》第二百三十三条、第六十七条第一款，作出如下判决：

被告人苟某某犯过失致人死亡罪，判处有期徒刑四年。

被告人苟某某不服一审判决，提出上诉。二审中，上诉人苟某某的家属代苟某某向二审法院上交人民币 6 万元，用于赔偿被害人家属。四川省成都市中级人民法院经审理认为：上诉人苟某某过失致人死亡，其行为构成过失致人死亡罪。原判审判程序合法，认定事实清楚，适用法律正确。鉴于二审中苟某某自愿认罪认罚，其家属代为积极赔偿，二审法院依法予以改判。

四川省成都市中级人民法院依照《中华人民共和国刑法》第二百三十三条、第六十七条第一款，以及《中华人民共和国刑事诉讼法》第二百三十六条第一款第二项的规定，作出如下判决：

一、撤销四川省成都市新都区人民法院（2021）川0114刑初532号刑事判决；

二、上诉人苟某某犯过失致人死亡罪，判处有期徒刑二年六个月。

【法官后语】

苟某某的遗弃行为本质上属于未履行救助义务的不作为。不作为行为构成犯罪需要具备三个条件：作为义务、能够履行而没有履行、因果关系。

1. 被告人苟某某对被害人的受伤负有责任和救助义务。某花厂老板吴某某将整个装修活动都委托给苟某某实施，约定由苟某某自行聘请工人，苟某某通过戴某某找到被害人，此时苟某某与被害人之间已经形成劳务关系，苟某某应提供安全施工的保障，在被害人坠落后，苟某某负有将被害人送医的责任。因此，被告人苟某某负有作为义务。

2. 被告人苟某某能够履行救助义务而没有履行。苟某某并没有任何足以导致其无法履行送医行为的紧迫危险，仅仅是担忧承担医疗责任而放弃救助义务。

3. 被告人苟某某的遗弃行为与被害人的死亡结果之间存在因果关系。首先，不作为犯罪的因果关系是一种间接因果关系。被告人苟某某将被害人遗弃在路边，本身不会直接导致被害人死亡，但因被害人已处于紧迫的危险中，其行为导致被害人得不到及时救助，苟某某需要对这种机会的丧失承担责任，其行为与危害后果之间具备间接因果关系。其次，间接因果关系多数是“多因一果”的关系。在本案中，被告人的遗弃行为，导致被害人未得到及时救助，综合其伤情的严重程度，最终导致被害人死亡结果的发生，被告人的遗弃行为是死亡结果产生的原因之一。最后，从介入因素角度来说，被害人伤情本是自然发展过程，被告人如尽力完成该救助义务，则可以免责。但被告人将被害人遗弃在路边，形成自然发展过程中的一个重大介入因素，该介入因素的产生，导致被害人未得到及时救助而死亡。综合以上考虑，应认定被告人的遗弃行为与被害人的死亡结果之间存在因果关系。

4. 被告人苟某某属过失犯罪，主观罪过表现为疏忽大意的过失。从其意识因素和意志因素进行判断，被告人苟某某主观上未意识到遗弃被害人可能导致其死亡，其主观上也排斥死亡结果的发生，故其主观方面符合疏忽大意的过失要件，其行为构成过失致人死亡罪。

5. 对此种行为予以打击符合公序良俗和刑事政策。被告人苟某某因担心承担赔偿责任而漠视被害人生命，对其行为予以刑法打击，符合公序良俗和刑事政策。

综上，被告人苟某某负有救助义务但在救助途中遗弃伤者致伤者死亡，其行为构成过失致人死亡罪。

编写人：四川省成都市新都区人民法院　韦帅

5

故意伤害罪、过失致人死亡罪与意外事件在司法实践中的区分

——窦某过失致人死亡案

【案件基本信息】

1. 裁判书字号

北京市朝阳区人民法院（2019）京0105刑初2142号刑事判决书

2. 案由：过失致人死亡罪

【基本案情】

被告人窦某与被害人范某某（女，殁年28岁）系男女朋友，二人共同租住于某小区某室。2019年4月8日23时许，二人因口角发生了争执并引发肢体

冲突。其间，范某某用房间内的海绵挤压式拖把击打窦某。窦某因此持住拖把的海绵端进行回击，双方分别持拖把两端连续争抢，在此争抢过程中，塑料保护壳脱落后的拖把圆形中空金属杆刺入了范某某左胸部，致范某某死亡。经鉴定，范某某系被类圆形管状物刺击胸部，刺破心脏，致失血性休克死亡。事发后，窦某主动拨打了报警电话，民警于 2019 年 4 月 9 日在医院将窦某查获归案。

【案件焦点】

故意伤害罪、过失致人死亡罪与意外事件在司法实践中的区分。

【法院裁判要旨】

北京市朝阳区人民法院经审理认为：被告人窦某与被害人范某某因生活琐事发生矛盾，从整个过程看，范某某对于双方矛盾从言语争吵上升为肢体冲突负有一定的责任，最后也是范某某首先持拖把击打了窦某。整个冲突发生的时间较短、双方各持拖把的一端进行的争抢的行为无法评价为故意杀人或者故意伤害行为。因此，本案不符合故意杀人罪或者故意伤害罪的构成要件。但被告人窦某遇矛盾不能正确处理，在被害人持拖把与其发生肢体冲突时，采取了积极的争抢行为，在被害人上半身裸露未穿衣物，且男女力量悬殊的情况下，其应当预见争执过程中失去塑料外壳保护的拖把杆在外力作用下扎入身体关键部位会致人死亡的结果，但其因疏忽大意没有预见到，导致了范某某的死亡，其行为构成过失致人死亡罪，依法应予惩处。北京市朝阳区人民检察院指控被告人窦某犯过失致人死亡罪的事实清楚，证据确实、充分，指控的罪名成立。鉴于被告人窦某系自首且其亲属对被害方进行了部分赔偿，故本院对其依法予以从轻处罚；但同时结合本案情节、后果及赔偿整体情况，对从轻幅度予以从严把握。辩护人提出的普通人无法预见拖把杆会伤人、本案系意外事件的辩护意见，本院不予采纳。在案物品，依法予以一并处理。综上，本院依照《中华人民共和国刑法》第二百三十三条、第六十七条第一款、第六十一条、第六十四条及《中华人民共和国刑事诉讼法》第十五条之规定，判决如下：

一、被告人窦某犯过失致人死亡罪，判处有期徒刑五年；

二、在案之黑色内裤一个、黑色背心一个，发还被告人窦某；绿色墩布把一个、绿色墩布一个、粉色内裤一个，予以没收。

一审宣判后，被告人未提起上诉，检察机关未提起抗诉，该判决已发生法律效力。

【法官后语】

此案系因日常生活冲突偶发的致人死亡案件，关于本案的定性，有三种意见，第一种意见认为，本案中拖把杆是日常生活工具，被告人与被害人系恋人关系，二人当时因为发生争吵拉扯拖把，普通人不可能认识到自己的行为会导致被害人死亡的结果，本案系意外事件。第二种意见认为，双方当天系因经济问题发生矛盾争吵，结合二人之间的前期肢体冲突与伤害行为，及案发时二人身上均有伤的事实，说明后续的伤害行为系故意，行为人对损害结果持放任态度，应当构成故意伤害致人死亡。第三种意见认为，被告人窦某应当预见用力拉拽拖把会造成损害后果而未预见到，系疏忽大意的过失，其行为与被害人的死亡结果具有因果关系，故被告人窦某的行为构成过失致人死亡罪。

在被害人已死亡的前提下，判断本案具体定罪的关键在于被告人客观上的实行行为与死亡结果之间的因果关系；主观上对于行为结果的预见可能性及意志上对于危害后果所持的态度。

1. 客观上死亡结果与被告人争抢拖把行为是否具有因果关系

关于本案的案发过程，因被害人已死亡，现仅有被告人窦某之供述作为判断依据。关于掉落塑料壳的拖把顶端是如何扎入范某某的身体这一关键问题，窦某前期供述称“我们两个来回拉扯，拖把头冲着我、拖把杆冲着她。来回争抢了两三下，最后我没有站稳，她拉了一下拖把杆，我向前一倒，拖把杆一下子扎到她胸口上了。”之后的供述则称“范某某失去重心朝后倒，我被她带着朝前冲了一下”。结合在案其他证据，窦某多次的供述明显有逐渐推脱、减轻自己责任的变化过程，合议庭在认定事实时对在案证据进行综合判断。退一步讲，即便如窦某所述，是由于被害一方重心不稳摔倒导致了危害结果，而根据在案相关鉴定表明，“创道深达左心室后壁，创道直径约2厘米，造成范某某失血性休克死亡”“墩布长120厘米、墩布杆中间靠上部位变形未完全折断”，均可以表明拖把杆顶端金属扎进被害人胸口造成的伤口深度较深，拖把杆变形严重，可见受力较强，据此并结合被告人报警时称“她打我，我打她”及前期关于二人冲突状态的描述可以判断，在双方持拖把杆进行互相争执的过程中，被告人应当为积极争抢的状态，而非单纯的防御，其具有拉拽等过错行为，该行为应当评价为实行行为。摔倒这一介入因素的出现亦为该实行行为所制造出的危险，且这一介入因素在冲突争执过程中通常是常见的、不异常的，是应当被避免和注意的。在此基础上，合议庭认定范某某的死亡结果与窦某的争抢拖把的实行行为存在因果关系。

2. 主观上行为人是否应对死亡结果有预见可能性

本案需要判断窦某是否具有预见死亡结果的义务和预见可能性，即其是否“应当预见”。如果没有预见可能性，则本案属于意外事件。判断案件是否属于意外事件需对行为实施进程中的主观认知是否会超出行为人的认知能力和控制范围进行确认。

在被害人醉酒、男女力量悬殊的状态下发生冲突，行为人的积极争抢、用拖把杆击打对方的行为本身都已经对被害人的身体、生命安全产生了现实的、实质性的紧迫危险；同时结合工具的危险性，即拖把柄部顶端的受力面积较小，争执过程中塑料壳脱落暴露出较为锋利的金属端，具有了事实上的危险性是应当被认知的；另外，被害人受伤时上身裸露，拖把柄部顶端对准上半身心脏等关键部位，受力强的金属工具击打、拉拽于脆弱的人体胸腔部位前，此时双方均应当负有避免对方受伤的注意义务，本案属于日常生活经验中应当预见可能会产生伤害结果的行为。结合行为人的认识能力与控制能力，其应当认识到该利用拖把与被害人积极发生激烈冲突的行为有产生起码不低于伤害结果的危险可能性，行为人行为当时亦有避免该伤害结果发生的实际控制能力，而不能将“没有预见”当作“没有预见可能性”。故认定本案被告人对结果有预见可能性却未能预见，属于疏忽大意的过失，本案不属于意外事件。

3. 主观上行为人对于危害后果所持的态度

行为人的主观罪过应当依据客观因素进行判断，从整个过程看，范某某对于双方矛盾从言语争吵上升为肢体冲突负有一定的责任，整个冲突发生的时间较短，除最后范某某心脏部位被刺穿外，双方其他身体机能没有明显受损，前期双方争吵及打架的基础伤害行为没有达到犯伤害罪的程度，也没有超出一般因生活琐事而偶发的冲突范围。就主观罪过内容来说，前期的互相殴打行为系出于发泄愤懑，只是给对方造成暂时性的肉体疼痛，或使对方神经受到轻微刺激。被告人没有追求被害人死亡或破坏其身体完整性、损害生理机能的主观故意，前期的基础伤害行为亦不是产生死亡结果的原因，故本案无法认定为故意伤害致人死亡。

综上，本案被告人的行为构成过失致人死亡罪。

编写人：北京市朝阳区人民法院　李铁凡　孙文

6

轻微暴力致特殊体质被害人死亡的认定

——高某某过失致人死亡案

【案件基本信息】

1. 裁判书字号

山东省聊城市东昌府区人民法院（2021）鲁 1502 刑初 757 号刑事判决书

2. 案由：过失致人死亡罪

【基本案情】

被告人高某某与被害人于某某原系邻居，二人经常开玩笑。2020 年 8 月 20 日 10 时许，在某 1 路与某 2 路西北角，被害人于某某对被告人高某某使用了羞辱性的语言，引发二人互相谩骂，高某某抓扯于某某并打其脸部，于某某掐住高某某脖子、殴打其脸部，二人在推搡互殴时被他人劝开。后二人继续谩骂对方、厮打，高某某用头冲撞于某某胸部，于某某掐住高某某脖子，二人又被他人劝开，后于某某径直面部朝下倒地死亡。经鉴定，被害人于某某存在面部、右下肢皮肤擦挫伤、口唇黏膜挫伤，评定为轻微伤，于某某系情绪激动、剧烈运动等诱发原有心脏疾病加重、发作导致循环衰竭死亡。被告人高某某之伤情不构成轻微伤。

另查明，被告人高某某与被害人亲属达成赔偿协议并取得了谅解。

【案件焦点】

本案的定性为故意伤害罪还是过失致人死亡罪。

【法院裁判要旨】

山东省聊城市东昌府区人民法院经审理认为：被告人高某某过失造成一人死亡，其行为已构成过失致人死亡罪。公诉机关对于被告人高某某犯故意伤害罪的指控，经审理认为，从案件起因看，本案系因于某某对高某某使用侮辱性语言引起谩骂、打斗，导致被害人情绪激动，是诱发心脏病的突发原因；从直接危害后果来看，于某某体表伤情为轻微伤，高某某的行为未造成于某某轻伤以上后果；从高某某的行为与被害人死亡之间的因果关系看，二人互殴、谩骂的行为导致70岁年龄及患有陈旧性心肌梗塞病史的被害人情绪激动，进而诱发心脏疾病，高某某的行为与被害人死亡具有因果关系；从被害人死因看，被害人虽患有四度心脏疾病，死亡系数较大，但仍经常性体育运动，高某某对被害人有心脏疾病不知情符合常理；从高某某主观心态看，互殴的故意不等同故意伤害的故意，对被害人死亡结果，高某某系应当预见而未预见，高某某的行为构成过失致人死亡罪，公诉机关指控被告人高某某犯故意伤害罪不当。鉴于被告人高某某到案后如实供述自己的犯罪事实，已赔偿被害人亲属并取得谅解，且被害人对本案案发负有一定责任，对被告人高某某可从轻处罚，辩护人与之相应的辩护意见予以采纳。

山东省聊城市东昌府区人民法院依照《中华人民共和国刑法》第二百三十三条、第六十七条第三款、第七十二条第一款、第七十三条第二款和第三款之规定，作出如下判决：

被告人高某某犯过失致人死亡罪，判处有期徒刑三年，缓刑三年。

一审宣判后，被告人高某某未提起上诉，检察机关未提起抗诉，该判决已发生法律效力。

【法官后语】

本案涉及轻微暴力致特殊体质被害人死亡的行为定性问题，包括对实行行为的判断、轻微暴力行为与被害人死亡因果关系的判断和主观故意或过失的责任形式判断。

特殊体质是异于健康体质且存在机能缺失，在受到外界刺激时能诱发、促进原有严重疾病发作或产生超乎常人主观认识的不良后果。在行为人实施轻微暴力行为时，通常不会造成人身损害结果或只会造成较轻的人身损害结果，由于被害人特殊体质造成了死亡的危害后果。对于这类案件如何定性，在理论界存在诸多争议，给司法裁判也带来了很大困扰。就本案体现的典型性问题，应按照以下“三步走”方法进行逐一认定。

一、实行行为判断

实践中很少以实行行为作为轻微暴力致人死亡案件分析的第一步，多是直接进入因果关系的判断。但因果关系理论所要判断的是能否将某种结果归属于某种实行行为，因此对实行行为的判断是认定因果关系的前提。实行行为是符合刑法分则犯罪构成要件的行为，从实质上考察就是制造了法所不容许的风险或违反客观注意义务的作为和不作为。不存在实行行为，就不可能构成犯罪，实行行为不同，构成的犯罪也不同。本案中，被告人高某某与被害人推搡、撕扯、用头顶胸部，被害人倒地死亡，其体表伤情仅为轻微伤，不属于故意伤害罪中轻伤以上的实行行为。以行为时的客观情况分析，被害人原有心脏病的特殊体质决定了，被告人实施的行为能够导致被害人的死亡结果，被告人的行为系违反客观注意义务的作为，属于过失致人死亡罪的实行行为。

二、相当因果关系判断

在轻微暴力导致特殊体质被害人死亡的案件中，往往是轻微暴力和特殊体质共同导致死亡结果发生，需要结合鉴定意见予以判定。如果鉴定结果是仅特异体质导致的死亡结果，那么就不能将死亡结果归因于轻微暴力行为。此外，由于特异体质存在于轻微暴力行为之前，因此不属于实行行为实施之后的介入因素，不适用于因果关系中断不构成犯罪的理论。因果关系的判断是一种纯粹的客观的判断，只要轻微暴力、特殊体质和死亡结果之间客观上可以产生引起与被引起的关系，就可以认定具有相当因果关系。本案中，被告人使用侮辱性语言引起谩骂和双方轻微打斗，导致被害人情绪激动，与原有特殊体质心脏病共同导致了死亡的结果，本案实行行为与危害结果存在相当因果关系。

三、被告人责任形式判断

故意和过失都属于责任形式。对于具有实行行为的轻微暴力导致死亡结果发生时，在查明因果关系的基础上，还应查明被告人对死亡结果和伤害行为的主观态度。应当综合被告人对被害人特殊体质是否知晓、案发原因、轻微暴力手段、作案工具、打击力度、是否施救等因素去判断其对死亡是否具有预见可能性，从而确定主观心态。若对死亡结果属应当预见而没有预见或已经预见轻信能避免，可能构成过失致人死亡罪；如果客观上无法预见，主观上又不存在故意或过失，应定性为意外事件；在明确对死亡结果为过失的基础上，需进一步明确是否具有轻伤以上伤害的意图，若只具有轻微伤害的意图，构成过失致人死亡罪，反之为故意伤害致人死亡。本案中从被害人死因看，被害人虽患有四度心脏疾病，死亡系数较大，但仍进行经常性体育运动，被告人对被害人有心脏疾病不知情符合常理；但被害人系70岁高龄老人，其应当预见对老年人实施殴打、谩骂行为可能会诱发老年人的疾病及其他严重后果，被告人没有预见的行为责任形式属于过失，且不具有轻伤以上伤害的意图。最终，一审法院纠正公诉机关对被告人行为的定性，以过失致人死亡罪定罪量刑。

综上，对轻微暴力致特殊体质被害人死亡的案件进行准确定性具有重要意义，不仅涉及罪与非罪、此罪与彼罪，还直接涉及对被告人是判处十年以上有期徒刑、无期徒刑、死刑还是三年以上七年以下有期徒刑的问题。本案从实行行为、因果关系、责任形式三方面按顺序进行严格审查和定性分析，同时注重向被害人家属的释法说理工作，促进双方达成刑事和解，取得了良好的法律效果和社会效果。

编写人：山东省聊城市东昌府区人民法院　邹雪　张富友

7

双方肢体冲突后被害人倒地死亡的案件定性问题

——韩某亭过失致人死亡案

【案件基本信息】

1. 裁判书字号

北京市高级人民法院（2021）京刑终8号刑事裁定书

2. 案由：过失致人死亡罪

【基本案情】

案发前，被告人韩某亭与被害人杨某（男，殁年65岁）一家相识多年，且关系较好。2019年6月7日12时许，应杨某妻子田某之邀，被告人韩某亭到某小区××号楼××室杨某家，与杨某、屈某聊天、吃饭、饮酒。后田某、屈某先后离开，韩某亭和杨某继续饮酒，以致二人均处于醉酒状态，其间发生肢体冲突。当日17时许，韩某亭在杨某家门口过道内骑跨在杨某身上，压迫杨某胸腹部，致其舌根部、会厌部堵塞食物残渣从而机械性窒息死亡。被告人韩某亭于2019年6月7日被北京市公安局丰台分局查获归案。

【案件焦点】

被告人韩某亭构成故意伤害罪还是过失致人死亡罪。

【法院裁判要旨】

北京市第二中级人民法院经审理认为：被告人韩某亭酒后与被害人发生冲突时，应当预见自己的行为会导致被害人伤亡的后果，因为疏忽大意未能预见，致被害人死亡，其行为已构成过失致人死亡罪，依法应予惩处。被告人韩某亭的行为与被害人死亡结果之间具有刑法意义上的因果关系。在案证据不能证明韩某亭基于伤害他人的主观故意，积极实施了伤害行为。本案中，证人证言、鉴定意见等证据证实，案发前韩某亭与杨某大量饮酒，案发时二人均处于醉酒状态。韩某亭作为心智健全的成年人，在醉酒时仍具有一定判断和辨别能力，应当预见与被害人发生肢体冲突时搂、压、骑在醉酒的被害人身上，可能会造成被害人伤亡的后果，因为疏忽大意没有预见到，最终导致被害人因胸腹部受压而窒息死亡的后果，其行为符合过失致人死亡罪的法定构成要件，应当承担过失致人死亡的刑事责任。北京市人民检察院第二分院指控被告人韩某亭的事实清楚，证据确实充分，北京市第二中级人民法院根据案件事实和证据依法认定被告人韩某亭犯罪行为的性质。据此，北京市第二中级人民法院依照《中华人民共和国刑法》第二百三十三条、第十五条、第四十五条、第四十七条、第六十一条、第六十四条之规定，判决如下：

一、被告人韩某亭犯过失致人死亡罪，判处有期徒刑六年（刑期从判决执行之日起计算。判决执行以前先行羁押的，羁押一日折抵刑期一日，即自2019年8月17日起至2025年7月15日止）；

二、在案扣押的物品，由扣押机关依法处理。

一审宣判后，韩某亭以其与被害人关系不错，本案是一个意外，其行为不构成犯罪为由提起上诉。北京市高级人民法院经审理认为：上诉人韩某亭酒后与被害人发生冲突，应当预见自己的行为会导致被害人伤亡的后果，因为疏忽大意未能预见，致被害人死亡，其行为已构成过失致人死亡罪，依法应予惩处。关于韩某亭及其辩护人所提本案系意外，韩某亭无罪的相关上诉理由和辩护意见，经查：在案多名证人证明韩某亭与杨某醉酒后发生了肢体冲突，证人田某证明韩某亭用手紧搂杨某的颈部，骑跨压在杨某身上。尸体鉴定意见证明杨某舌根部、会厌部、食道内残留大量食物残渣，舌根部、会厌部的食物残渣堵塞了呼吸道，导致了一定程度的缺氧窒息。韩某亭骑跨在死者身上，并持续一段时间，造成死者胸腹部受压，抑制了呼吸运动的进行，造成了呼吸困难及缺氧窒息，杨某符合被钝性外力压迫胸腹部，舌根部、会厌部堵塞食物残渣致机械性窒息死亡。韩某亭的上述行为与杨某死亡结果之间具有刑法意义上的因果关系。案发前韩某亭与杨某大量饮酒，案发时二人均处于醉酒状态。韩某亭作为心智健全的成年人，应当预见到与被害人发生肢体冲突时搂、压、骑在醉酒的被害人身上，可能会造成被害人伤亡的后果，因疏忽大意没有预见到，最终导致被害人因胸腹部受压而窒息死亡的后果，其行为符合过失致人死亡罪的犯罪构成要件，应当承担过失致人死亡的刑事责任。关于辩护人所提被害人一方存在过错，韩某亭归案后如实供述案件事实等相关辩护意见，缺乏证据支持。故上诉人及辩护人所提相关上诉理由及辩护意见，缺乏事实根据，均不予采纳。北京市高级人民法院依照《中华人民共和国刑事诉讼法》第二百三十六条第一款第一项的规定，作出如下裁定：

驳回上诉，维持原判。

【法官后语】

本案在案证据可以证明被告人韩某亭与被害人杨某等一起喝酒，二人均处于醉酒状态后一并倒在被害人家门口，被告人韩某亭手搂被害人杨某脖子，压在杨某身上，杨某死亡的案件事实。此案的争议焦点是被告人韩某亭的行为与被害人的死亡之间是否有刑法意义上的因果关系，韩某亭是否应对被害人的死亡承担刑事责任，以及应承担何种刑事责任。

1. 从事实、证据层面分析被告人韩某亭的行为与被害人的死亡是否有刑法意义上的因果关系。在刑法理论中一般认为，刑法意义上的因果关系是危害行为与结果之间存在引起与被引起的关系。只要涉案行为与危害结果之间具有原因作用力，就可以认定为二者具有刑法意义上的因果关系。证人田某及多名邻居的证言可以证实，韩某亭与杨某在醉酒后发生了肢体冲突，且韩某亭用手紧搂杨某的颈部，骑跨压在杨某身上。尸体鉴定意见表明，解剖见杨某舌根部、会厌部、食道内残留大量食物残渣，舌根部、会厌部的食物残渣堵塞了呼吸道，导致了一定程度的缺氧窒息。韩某亭骑跨在死者身上，并持续一段时间，此姿势造成了死者胸腹部受压，抑制了呼吸运动的进行，造成了呼吸困难及缺氧窒息，杨某符合被钝性外力压迫胸腹部，舌根部、会厌部堵塞食物残渣致机械性窒息死亡。韩某亭的上述行为与杨某死亡结果之间具有刑法意义上的因果关系。

2. 从规范层面入手结合韩某亭的主观罪过来确定其是否应当对死亡结果承担刑事责任，以及应当承担何种刑事责任。刑法第十六条规定，行为在客观上虽然造成了损害结果，但是不是出于故意或者过失，而是由于不能抗拒或者不能预见的原因所引起的，不是犯罪。根据前文分析，本案事实和证据显示，被告人韩某亭的行为与被害人的死亡之间具有刑法意义上的因果关系，被害人的死亡结果不属于不能抗拒或者不能预见的意外事件。

结合本案具体情况，合议庭认为被告人韩某亭应该构成过失致人死亡罪。

首先，被告人韩某亭的行为依法不属于故意伤害致死的情形。刑法第十四条规定，明知自己的行为会发生危害社会的结果，并且希望或者放任这种结果发生，因而构成犯罪的，是故意犯罪。根据刑法的规定，行为人主观上具有伤害他人的故意，客观上实施了故意伤害行为，且造成轻伤以上的后果，依法构成故意伤害罪。故意伤害中的伤害行为，必须具有引起或者可能引起轻伤以上伤害结果的行为，应当在客观上具有高度的致害危险性。

在案证据不能证明韩某亭基于伤害他人的主观故意，积极实施了伤害行为。一是，韩某亭没有伤害动机。韩某亭与杨某相识多年，双方关系较好，案发当日韩某亭受杨某妻子田某之邀前去饮酒吃饭，其间双方大量饮酒，在场的证人屈某及与二人通话的杨某之女杨某2的证言，均能证实二人在饮酒过程中关系融洽，未发生矛盾冲突。二是，在案证据无法证实韩某亭实施了具有高度致害性的故意伤害行为。尸检鉴定意见表明，杨某系被钝性外力压迫胸腹部，舌根部、会厌部堵塞食物残渣致机械性窒息死亡；醉酒状态可以是食物返流的原因之一。杨某头面部、颈部、腰腹部的损伤多为挫伤和肌肉软组织伤，系钝性物体作用可以形成。身体其他部位未见外伤，故可以排除暴力致死的可能。死者身体上的条形创伤系钝性物体作用形成，现场勘查时亦未发现导致杨某头部等处条形创伤的作案工具。在案证人证言仅能证实，韩某亭醉酒后实施了手搂杨某颈部、趴在其身上、腿骑其身体两侧的行为，以及案发现场有大声说话声、骂人声及多次磕碰防盗门的情况。据此分析，虽然案发时韩某亭与杨某发生了肢体冲突，但韩某亭的搂、压行为造成的主要是被害人的头面部、颈部、腰腹部等处的表皮损伤，仅是一般殴打行为，不能认定是可能造成轻伤以上后果的高度危险行为，不属于刑法意义上的故意伤害行为。

杨某死亡原因是韩某亭骑跨在被害人身上，并持续一段时间，造成了死者胸腹部受压，抑制了呼吸运动的进行，造成了呼吸困难及缺氧窒息，加上食物返流。

综上，结合案发起因、案发前被告人与被害人的良好关系、被告人实施的客观行为等，被告人韩某亭既没有故意伤害的主观故意，也没有实施故意伤害行为。

其次，被告人韩某亭应承担过失致人死亡的刑事责任。刑法第十五条规定，应当预见自己的行为可能发生危害社会的结果，因为疏忽大意而没有预见，或者已经预见而轻信能够避免，以致发生这种结果的，是过失犯罪。本案中，证人证言、鉴定意见等证据证实，案发前韩某亭与杨某大量饮酒，案发时二人均处于醉酒状态。韩某亭作为心智健全的成年人，在醉酒时仍具有一定判断和辨别能力，应当预见到与被害人发生肢体冲突时搂、压、骑在醉酒的被害人身上，可能会造成被害人伤亡的后果，因为疏忽大意没有预见到，最终导致被害人因胸腹部受压而窒息死亡的后果，其行为符合过失致人死亡罪的法定构成要件，应当承担过失致人死亡的刑事责任。

最后，本案对被告人韩某亭定过失致人死亡罪，既符合罪责刑相适应的原则，也符合一般公众的认知。根据我国刑法规定故意伤害致人死亡的，处十年以上有期徒刑、无期徒刑或者死刑。综合本案的具体情况，以过失致人死亡罪判处被告人韩某亭有期徒刑六年，既做到了罚当其罪，也符合社会公众的一般认知判断。

编写人：北京市第二中级人民法院　王丽娜

（三）故意伤害罪

8

寻衅滋事罪与故意伤害罪的区分与认定

——莫某玚故意伤害案

【案件基本信息】

1. 裁判书字号

广西壮族自治区柳州市中级人民法院（2021）桂02刑终368号刑事裁定书

2. 案由：故意伤害罪

【基本案情】

2021年1月9日1时许，被告人莫某玚在某酒吧××号包厢喝酒，后到总统2包厢门口的卫生间上厕所。之后总统2包厢的被害人覃某某、滕某从总统2包厢出来上厕所发现卫生间门反锁，随后，莫某玚从厕所出来后与覃某某、滕某发生争吵。莫某玚跑回××号包厢从其携带的书包里拿出一把牛角刀返回总统2包厢走廊门口，手持打开的牛角刀与覃某某、滕某继续争吵，此时同在××号包厢的同案人覃某荣、韦某鑫、何某敏、肖某旺、黄某整（均另案处理）等听到争吵后一起从××号包厢出来查看情况。黄某整在劝解莫某玚的过程中因害怕事情闹大，将莫某玚手中的牛角刀拿走并折叠放入自己的裤子口袋，之后莫某玚、覃某荣、韦某鑫、黄某整、何某敏、肖某旺等与总统2包厢出来的人争吵并发生冲突，双方互相殴打。在互殴中黄某整拿出收在裤子口袋的牛角刀，并持牛角刀将被害人韦某某腹部捅伤，覃某荣持卡齿刀将覃某某左大腿捅伤，何某敏、韦某鑫、肖某旺持酒瓶砸向从总统2包厢出来的人，莫某场用拳头殴打对方，冲突结束后覃某荣、莫某场、韦某鑫、黄某整、何某敏、肖某旺离开现场。经鉴定，被害人韦某某因上腹部被单刃尖刀捅刺致下腔静脉破裂大出血而死亡；被害人覃某某、滕某、滕某某三人的受伤损伤程度评定为轻微伤。

【案件焦点】

被告人莫某场的行为构成寻衅滋事罪还是故意伤害罪成为主要的争议焦点。

【法院裁判要旨】

广西壮族自治区柳州市柳江区人民法院经审理认为：首先，寻衅滋事罪侵犯的客体是社会公共秩序，一般侵犯的并不是特定的人身、人格或公私财产，而主要是指向公共秩序。客观方面表现为无事生非，起哄捣乱，无理取闹，殴打伤害无辜，肆意挑衅，横行霸道，破坏公共秩序的行为。随意殴打他人则是指出于耍威风、取乐等不健康动机，无故、无理殴打相识或素不相识的人。故意伤害罪侵犯的客体是他人的身体权，客观表现为实施了非法损害他人身体的行为。在主观方面，行为人明知自己的行为会造成损害他人身体健康的结果，而希望或者放任这种结果的发生。

其次，本案的发生是由于被告人莫某场与被害人覃某某等因上厕所问题发生口角，后莫某场又手持打开的牛角刀与覃某某等争吵，经人劝解并拿走牛角刀后仍未停止争吵，反而因为覃某某等的口头辱骂与对方发生肢体冲突，进而引起双方多人互殴，殴打对象明确，即对方包厢的人。在双方的互殴过程中，韦某某被黄某整使用莫某场携带的牛角刀捅伤致死，覃某某、滕某、滕某某受轻微伤。莫某场虽辩解其拿出打开的牛角刀并挥舞是为了吓退对方，但其应当能认识到该凶器可能会造成损害他人身体健康的结果，在牛角刀被人拿走不受自己控制的情况下，仍与对方发生肢体冲突引发互殴，放任了伤害结果的发生。

故莫某场的行为既不符合寻衅滋事罪的无事生非、起哄捣乱、无理取闹、殴打伤害无辜、肆意挑衅、横行霸道、破坏公共秩序的客观表现，亦不符合随意殴打他人这一寻衅滋事罪的客观行为方式。莫某场及同案人一方与被害人一方互殴，主观上有故意伤害的故意，其行为符合故意伤害罪的构成要件，应当以故意伤害罪追究其刑事责任。

广西壮族自治区柳州市柳江区人民法院依照《中华人民共和国刑法》第二百三十四条，第十七条第一款、第二款、第四款，第二十五条第一款，第二十六条第一款、第四款，第六十七条第一款之规定，作出如下判决：

被告人莫某场犯故意伤害罪，判处有期徒刑三年六个月。

莫某场持原审辩解意见提起上诉。广西壮族自治区柳州市中级人民法院经审理认为：原判定性准确，审判程序合法，故其上诉理由不能成立，应予驳回。

广西壮族自治区柳州市中级人民法院依照《中华人民共和国刑事诉讼法》第二百三十六条，作出如下裁定：

驳回上诉，维持原判。

【法官后语】

本案公诉机关最初的指控和辩护方意见，均认为构成寻衅滋事罪，后公诉机关变更起诉。反映出本案定性的争议较大，综合分析，在于本案发生在娱乐公共场所，起因是双方偶发口角，没有蓄谋的表现，进而演变成双方斗殴，造成人员伤亡，影响了公共安全秩序。犯罪行为表现较为贴近一般人认知的偶然性事件引发的公共秩序混乱及侵害人身财产安全，构成寻衅滋事罪。

然而，寻衅滋事罪与故意伤害罪保护的法益侧重不同，公共秩序是否受到侵害以及侵害的程度，是区分两者的关键，但并不是公共秩序受到侵害就一定构成寻衅滋事罪。另外，根据司法解释的规定，同时符合寻衅滋事罪和故意伤害罪的构成要件的，依照处罚较重的犯罪定罪处罚。但前提是该犯罪同时符合两罪的构成要件，才能依照想象竞合从重处罚的裁判要求。因此，对寻衅滋事罪与故意伤害罪的犯罪构成进行辨析，是区分两罪及准确适用法律的关键：

1. 寻衅滋事罪的犯罪构成及特征

在违法性层面上，寻衅滋事罪规定在刑法分则“妨害社会管理秩序罪”中，旨在保护公共秩序或社会秩序；构成寻衅滋事罪的犯罪行为为随意殴打、任意毁坏、起哄闹事等，表现出行为针对的犯罪对象具有任意性，侵犯了不特定或多数人的利益；且构成寻衅滋事罪的犯罪行为要求达到情节恶劣、情节严重、公共秩序严重混乱的程度，说明严重的危害结果是构成该罪的要件之一。

在主观要件层面上，《最高人民法院、最高人民检察院关于办理寻衅滋事刑事案件适用法律若干问题的解释》作出了较为明确的规定，指出寻衅滋事行为人主观目的是寻求刺激、发泄情绪、逞强耍横、无事生非。主观目的也表明该罪的特征，成为区分该罪与彼罪的关键。

2. 故意伤害罪的犯罪构成与特征

由于故意伤害类型较多，本文将以本案为例，着重从寻衅滋事罪与故意伤害罪的认定区分进行讨论。

其一，故意伤害罪是指非法损害他人身体健康的行为，对伤害结果具有认知和希望或放任的态度。故意伤害罪保护的是他人身体机能健全的法益，不包含财产内容，而寻衅滋事罪保护不特定对象的人身安全、财产安全，以及公共秩序的正常状态。公共秩序受侵害应当根据时间、地点、人群等因素综合分析。

本案中，事件发生在某酒吧公共娱乐场所，但时间是凌晨1点，当时人流量较少，斗殴场地仅限于室内走廊，双方使用的凶器主要有莫某场自身携带的牛角刀、各自包厢的酒瓶、扫把等；事件从发生到结束，至公安人员到达现场总共2个多小时，大部分时间处于对峙状态，激烈的互殴时间较短；再从犯罪对象分析，双方因口角引发冲突，具有为各自一方出头，共同对抗的动机，斗殴对象仅限双方。因此，综合全案分析，本次爆发的冲突对周围公共秩序及公共环境下人财物的影响较少，暴力行为犯罪对象具有针对性，伤害也局限在双方。本案对公共秩序的侵害程度较轻，不符合刑法关于寻衅滋事罪犯罪构成要件，应认定为故意伤害罪。

其二，犯罪行为同时符合寻衅滋事罪与故意伤害罪构成要件，是适用想象竞合从重处罚的前提，寻衅滋事罪最高法定刑是十年以下有期徒刑，故意伤害罪最高法定刑是死刑。但适用从重处罚的前提是定罪的准确性，不可片面地寻求量刑合理而忽视犯罪行为本身的准确定性。

本案坚持从犯罪事实出发，通过物证、书证、证人证言、被害人陈述、同案人供述、监控视频等证据，较为充分完整地还原案发经过，经过全面客观地评价犯罪行为，结合司法解释理解适用法律，从而将本案定性为故意伤害罪，而非寻衅滋事罪。本案不适用想象竞合从重处罚的原则，而是在单独构成故意伤害罪的基础上考量量刑，并不包含寻衅滋事损害公共利益的范畴。因此，本罪在定罪量刑上都严格以事实为基础，准确适用法律。

本案经过二审审理查明事实与证据与一审相同，一审、二审对本案的认定一致。综上，本案经过全面客观地审查事实与证据，准确理解适用法律，判决具有充分的理论依据和现实依据，判决结果体现罪责刑相适应原则。

编写人：广西壮族自治区柳州市柳江区人民法院　黄嘉斯

9

持致命性凶器打击他人要害部位致其轻伤行为的司法定性

——方某某故意伤害案

【案件基本信息】

1. 裁判书字号

广东省汕尾市中级人民法院（2021）粤15刑终313号刑事判决书

2. 案由：故意伤害罪

【基本案情】

上诉人（原审被告人）方某某因先前与刘某某发生矛盾而存在积怨，于2020年10月至2021年1月通过188××××52手机号发送短信对其予以责怪、辱骂，并要求其在上门赔礼道歉和春节期间单挑打架之间二选一。2021年2月13日23时许，刘某某酒后前往方某某位于某村×巷××号的住宅门口，与其发生纠纷和肢体冲突，随后两人到山门便利店附近空地互殴，双方倒地并各自报警。

当双方站起来时，方某某又将刘某某打倒在地，并回家拿菜刀返回现场，对倒地的刘某某后脑勺连砍数刀，后被周围群众控制。经鉴定，刘某某损伤程度为轻伤一级。

公安机关接警到达案发现场，将方某某抓获归案。其未逃离现场，亦未拒捕。

【案件焦点】

本案中，方某某涉案行为应当定性为故意伤害罪还是故意杀人罪未遂。

【法院裁判要旨】

广东省陆丰市人民法院经审理认为：方某某故意持械非法剥夺他人生命，致一人轻伤一级，依法构成故意杀人罪。方某某与刘某某打架时将其打倒后，返回家中拿菜刀对晕倒在地的刘某某头部连砍数刀，结合其伤情鉴定，可见方某某持刀对晕倒在地的刘某某的致命部位连砍数刀，其动机是置其于死地，具有非法剥夺他人生命的主观故意，方某某的行为符合故意杀人罪的构成要件，应以故意杀人罪追究其刑事责任。鉴于方某某已着手实施犯罪，由于意志以外的原因而未得逞的，是犯罪未遂，依法予以减轻处罚；方某某曾因故意犯罪被判处有期徒刑，刑满释放后五年内再犯应当判处有期徒刑以上刑罚之罪，属累犯，依法从重处罚；方某某对认定的罪名有异议，依法不适用认罪认罚从宽处理。

广东省陆丰市人民法院依照《中华人民共和国刑法》第二百三十二条、第二十三条、第六十五条之规定，作出如下判决：

方某某犯故意杀人罪，判处有期徒刑七年。

方某某持原审辩解提出上诉。

广东省汕尾市中级人民法院经审理认为：方某某故意持械伤害他人身体，致人轻伤一级，依法构成故意伤害罪。原审法院仅因方某某实际打击的部位是可致命的部位，而忽视对方某某主观方面、客观打击力度等因素的综合考察，导致对其行为以故意杀人罪定性不当，应予更正。方某某曾因故意犯罪被判处有期徒刑，刑满释放后五年内再犯应当判处有期徒刑以上刑罚之罪，系累犯，依法应予从重处罚。鉴于方某某犯罪后自动投案，如实供述自己的罪行，系自首；到案后自愿认罪认罚并签署具结书，依法可以从轻或者减轻处罚。原审法院未依法认定方某某具有自首情节、以方某某对认定的罪名有异议为由不适用认罪认罚从宽处理不当，应予纠正。

广东省汕尾市中级人民法院经审判委员会讨论决定，依照《中华人民共和国刑法》第二百三十四条、第六十五条第一款、第六十七条第一款、第六十一条，《中华人民共和国刑事诉讼法》第十五条、第二百三十六条第一款第二项之规定，作出如下判决：

一、撤销广东省陆丰市人民法院（2021）粤1581刑初374号刑事判决书；

二、方某某犯故意伤害罪，判处有期徒刑二年六个月。

【法官后语】

本案主要争议焦点在于方某某涉案行为应当定性为故意伤害罪还是故意杀人罪（未遂）。对于民事纠纷引发的案件，如果难以区分是故意杀人还是故意伤害时，一般可考虑定故意伤害罪，持致命性凶器打击他人要害部位致其轻伤的，需综合考察打击工具、方式、部位、强度，打击工具使用技术的娴熟程度、使用力度的节制程度，犯罪起因、动机等因素以认定故意内容，进而区分故意伤害和故意杀人未遂。

本案中，对影响方某某涉案行为定性的相关因素考察如下：

1. 打击的工具、方式、部位和强度。（1）从打击工具和打击方式看，方某某打击刘某某时，所使用的工具是厨房家用菜刀，所使用的方式是砍。刀砍具有可致损性乃至可致命性，具体取决于打击部位和强度。（2）从打击部位看，经司法鉴定，刀砍位置为刘某某的后枕部，并未伤及颅骨。（3）从打击强度看，方某某连砍了倒地的刘某某数刀，虽然后来被周围群众控制致菜刀脱手，但是方某某以厨师为业，在用刀技术和力度的掌握方面均超过一般人，具有据以自信不会伤及刘某某性命的条件。在不考虑情绪因素的情况下，方某某使用菜刀砍倒地的刘某某，无论是意欲致伤还是意欲致命，均易如反掌；实际上，方某某系在气愤的状态下使用菜刀砍倒地的刘某某后枕部，既未对该部位一刀致命，亦未砍脖子等更易致命的部位，最终造成刘某某整体损伤轻伤一级，说明其砍刘某某后枕部时对用刀力度有节制、有掌控。由上可见，方某某主观上并无杀人故意。

2. 犯罪起因和动机。（1）关于最初方某某与刘某某积怨的由来，方某某及其亲属方某甲、方某乙均称，数年前刘某某因误认为方某某殴打其朋友而向方某某讨要说法，而在知悉朋友被殴打的真相后未向方某某道歉，方某某对此耿耿于怀；刘某某对积怨由来则含糊其词。此后，2020 年 10 月至 2021 年 1 月，方某某向刘某某发送内容为“我不想做那么过分”“我们不用连累其他人，就我们俩，两个选择：第一是拿礼品到我家给我道歉。第二是我们两个来打一打，当年你不是一直拉着打我的吗?”等的手机短信，即要求其在上门赔礼道歉和春节期间单挑打架之间二选一。案发当日，刘某某先后两次主动上门向方某某约架。上述犯罪起因能够证明，案发当时方某某主观上持伤害而非杀人的概括故意和放任故意。（2）关于方某某从案发现场回家取菜刀砍刘某某的动机，方某某供称，在其打了刘某某锁骨一拳后，刘某某就枕着右手肘侧着身子再次倒地装死。在两人互骂中，其问刘某某：“你这样装死有意思吗?”刘某某未予搭理。其当时特别生气，便回家取来菜刀砍刘某某。结合前述犯罪起因，可见方某某的犯罪动机是激情泄愤，并非事先有所预谋。

3. 其他方面。（1）在案证据中只有刘某某的亲属刘某甲在作证时提及方某某在案发时通话中说过“好，砍死他”“出来后又是一条好汉”等。方某某在接受检察机关讯问时供称：“我在砍刘某某过程中没有说过要砍死他，砍完之后一时气愤才有说要砍死他。”显然，证人刘某甲的证言不足以认定方某某作案时主观上具有杀人故意。（2）退一步讲，即使根据方某某所供述的“我拿菜刀砍刘某某时往他头部砍，并没有想那么多，没想过砍他头部会造成他死亡”，认定其主观上存在杀人故意，该杀人故意也只可能是对死亡结果持放任心态的间接故意，而不可能是积极追求死亡结果的直接故意。但是，间接故意犯罪的成立必然要求出现危害结果。由于本案中并不存在刘某某死亡的结果，所以方某某自然不构成故意杀人罪。

综上所述，处理本案法律适用问题的重点难点在于，围绕行为人主观方面，通过综合考察打击的工具、方式、部位、强度，对使用打击工具时技术掌控的娴熟程度、力度掌控的节制程度，以及犯罪的起因和动机等相关主客观因素，最终妥当认定方某某涉案行为构成故意伤害罪，而非故意杀人罪（未遂）。这一判定思路，对持致命性凶器打击他人要害部位致其轻伤行为的司法定性具有参考借鉴价值。

编写人：广东省汕尾市中级人民法院　裴钊

10

多人故意伤害行为和单方聚众斗殴行为的区分

——李某等故意伤害案

【案件基本信息】

1. 裁判书字号

天津市第三中级人民法院（2020）津03刑终67号刑事裁定书

2. 案由：故意伤害罪

【基本案情】

2018年4月13日凌晨3时许，被告人廉某林因怀疑其妻子英某某与被害人毛某之间存在不正当交往，与毛某相约在某小区附近见面，廉某林通知其表弟即被告人李某陪同前往。李某自行联系被告人杨某冬、花某龙前往，并告知二人听其指挥。到达现场后，李某从其驾驶车辆的后备箱中取出一把水果刀交给杨某冬备用、取出一根铁棍自持，等待毛某到场。

毛某到达后与廉某林发生口角，廉某林踹了毛某一脚、打了毛某一个耳光，并招呼李某等前来殴打毛某。李某见状，向杨某冬、花某龙下达殴打指令，杨某冬、花某龙旋即追击毛某，毛某夺路而逃，在逃走过程中摔倒在地。杨某冬追上来后，使用水果刀砍伤毛某的腿部、胳膊等处，花某龙对毛某拳打脚踢，李某驾车赶上后使用铁棍殴打毛某腿部等处并踢踹后背。廉某林赶到殴打地点后，阻止李某、杨某冬、花某龙等继续实施殴打行为。后李某、杨某冬、花某龙将毛某带至码头附近，廉某林亦驾车前往。廉某林与毛某交谈过程中，李某、杨某冬、花某龙再次殴打毛某，后被廉某林再次阻止。事毕，廉某林要求李某、杨某冬、花某龙将毛某送往医院救治，三人将毛某带至医院门口后离开。

2018 年 4 月 26 日，李某、杨某冬、廉某林、花某龙主动向公安机关投案，归案后均如实供述了主要犯罪事实。经鉴定，毛某左腓骨粉碎性骨折的损伤程度为轻伤一级；头部损伤、胸部损伤及左手拇指近节指骨粉碎性骨折的损伤程度分别为轻伤二级；面部、肢体挫擦伤、肢体创口、右胫骨骨折及双眼部、鼻部损伤程度分别为轻微伤。四名原审被告人赔偿毛某 188 万元，并取得了毛某的谅解。

【案件焦点】

被告人李某、杨某冬、廉某林、花某龙对被害人毛某的殴打行为应定性为聚众斗殴罪还是故意伤害罪。

【法院裁判要旨】

天津市滨海新区人民法院经审理认为：本案系因婚恋纠纷等民间矛盾引发，事出有因，目标明确，被告人廉某林伙同被告人李某、杨某冬、花某龙对被害人毛某进行殴打，伤害故意明显，并致被害人轻伤一级一处、轻伤二级三处及轻微伤六处的严重后果，其行为均已构成故意伤害罪，且系共同犯罪，均应当依法予以惩处。

天津市滨海新区人民法院依照《中华人民共和国刑法》第二百三十四条第一款、第六十一条、第二十五条第一款、第六十七条第一款、第七十条、第七十二条第一款、第七十六条、第六十九条以及《中华人民共和国刑事诉讼法》

第二百零一条第一款第四项、第二款之规定，判决：

一、被告人李某犯故意伤害罪，判处有期徒刑九个月，与前罪寻衅滋事罪判处的有期徒刑三年数罪并罚，决定执行有期徒刑三年六个月；

二、被告人杨某冬犯故意伤害罪，判处有期徒刑九个月；

三、被告人廉某林犯故意伤害罪，判处有期徒刑六个月，缓刑一年。在缓刑考验期内，依法实行社区矫正；

四、被告人花某龙犯故意伤害罪，判处有期徒刑六个月，缓刑一年。在缓刑考验期内，依法实行社区矫正。

四被告人均未提起上诉。天津市滨海新区人民检察院以原审对四被告人的行为定性为故意伤害罪有误为由提出抗诉，天津市人民检察院第三分院支持抗诉。天津市第三中级人民法院经审理认为：本案系因家庭婚恋关系等引发的纠纷，事出有因、目标明确。原审被告人李某、杨某冬、廉某林、花某龙故意伤害他人，致被害人毛某轻伤一级一处、轻伤二级三处、轻微伤六处的后果，其行为均已构成故意伤害罪。抗诉机关的抗诉理由，不能成立，应予驳回。

天津市第三中级人民法院依照《中华人民共和国刑事诉讼法》第二百三十六条第一款第一项的规定，裁定：

驳回抗诉，维持原判。

【法官后语】

在司法实践中，多人对一人实施的故意伤害行为与单方聚众斗殴行为具有一定的相似性，二者客观方面均表现为多人殴打了一人，犯罪后果均为导致被害人受伤的结果。对这类案件的定性分析是司法实践中的难题。本案即属于这类案件中的典型案件。本案的主要争议焦点为：对原审被告人李某、杨某冬、廉某林、花某龙的行为应定性为故意伤害罪还是聚众斗殴罪。笔者认为本案应定性为故意伤害罪。理由如下：

一、李某等侵犯的客体是他人身体健康

聚众斗殴罪和故意伤害罪主要的区别在于两罪的侵犯客体不同。聚众斗殴罪规定在刑法第六章妨害社会管理秩序罪第一节扰乱公共秩序罪中，其侵犯的主要客体是社会公共秩序。所谓公共秩序，是指人们在社会生活中应当遵守的共同准则，不应简单地理解为公共场所的秩序。聚众斗殴行为较多地发生在公共场所，往往同时造成对公私财产和公民人身权利的侵犯，但其侵犯的主要不是特定的个人或者特定的公私财物，而是由于行为人公然蔑视法纪和社会公德，公然向社会挑战，破坏公共秩序。[①] 故意伤害罪规定在刑法第四章侵犯公民人身权利、民主权利罪中，其侵犯的客体是他人的身体健康。所谓损害他人的身体健康，主要是指损害人体组织的完整或者破坏人体器官的正常功能。

本案案发地点确实处于繁华街道，属于公共场所，但是案发时间发生在2018年4月13日3时许，当时行人、车辆都非常稀少。现有证据尚并不能证实李某、廉某林、杨某冬、花某龙公然蔑视法纪和社会公德，公然向社会挑战。李某等为了教训毛某而深夜对其实施的殴打行为侵犯的主要客体是毛某的身体健康，而非社会公共秩序。

二、李某等的主观心态中没有公然蔑视国家法纪和社会公德的犯罪动机

聚众斗殴罪与故意伤害罪另外一个区别在于主观方面不同。聚众斗殴罪行为人的主观心态上一般是出于为了争霸一方抢占地盘，或为了报复他人，或为了寻求刺激等公然蔑视国家法纪和社会公德的犯罪动机。故意伤害罪行为人主观方面一般是伤害他人的故意，犯罪动机可能多种多样。

本案起因于廉某林怀疑毛某与其妻子英某某存在不正当关系，廉某林与毛某相约见面的主观心态是想解决问题。见面之前纠集李某时的主观心态是为了教训毛某、防止自己吃亏。李某主观心态是帮助其表兄廉某林教训勾搭嫂子的毛某，杨某冬、花某龙的主观心态是帮助好友李某殴打他人。四人主观上均为伤害他人的故意，并没有抢占地盘、寻求刺激、报复他人等公然蔑视国家法纪和社会公德的故意。

三、本案不属于故意伤害罪与聚众斗殴罪的想象竞合犯

有人认为，本案中廉某林为发泄私愤、报复毛某，纠集多人，李某等构成

---

① 周道鸾、张军主编：《刑法罪名精释：对最高人民法院、最高人民检察院关于罪名司法解释的理解和适用》（第三版），人民法院出版社2007年版，第567页。

故意伤害罪的同时亦构成聚众斗殴罪，属于故意伤害罪与聚众斗殴罪的想象竞合。但是由于本案中李某等属于持械聚众斗殴，故应该按照聚众斗殴罪对上述四名被告人定罪量刑。但是，经过审理查明，廉某林只是纠集了李某，事前对李某纠集杨某冬、花某龙并不知情。故本案不能认定为廉某林事前纠集多人。廉某林只是在打斗现场才发现李某又纠集了杨某冬、花某龙到现场。另外，本案因家庭婚恋纠纷引起，廉某林等目标非常明确，就是要教训毛某，防止毛某再与英某某联系，确系事出有因、目标明确；本案案发于2018年4月13日3时许，当时行人、车辆都非常稀少，谈不上严重扰乱了公共秩序。综合上述理由，本案没有侵犯社会公共秩序，不构成聚众斗殴罪，亦不属于故意伤害罪与聚众斗殴罪的想象竞合。

四、对类似行为定性为故意死伤害罪有案例支持

笔者通过类案检索发现，《刑事审判参考》第507号指导案例与本案类似。该案基本案情为：被告人王某刚、王某东、何某伟、马某艳等于2006年10月6日中秋节晚上一起吃饭喝酒。次日2时许，王某刚与胡某发生口角，胡某扬言还要回来“算账”。王某刚等准备了剔骨尖刀、菜刀等以防不测。胡某纠集朱某等六七个人拿着炒菜铁铲、饭勺等前往打架，最终致多人受伤、朱某死亡。

在该案中，双方参与互殴的人数均超过了三人，形式上符合聚众斗殴罪的客观特征。但从主观上看，以胡某为首的一方持械主动进行挑衅，被告方的被动性较为明显，最初并没有非法侵犯胡某一方的意图。王某东作为老板不仅没有对在场的人提出参与斗殴的积极要求，反而前后两次对王某刚等进行劝阻，并表示如果胡某不挑衅，不能主动惹事，还是做生意要紧。在胡某一方过来挑衅时，王某东仍进行说和。可见，被告方缺少报复、争霸等动机和目的，如认定为聚众斗殴罪，则是片面重视了被告人的客观表现，忽略了被告人的主观心态，不符合主客观相统一的定罪原则。

结合上述案例，查明被告人的主观心态对区分故意伤害罪与聚众斗殴罪至关重要。结合本案，基于李某等的主观心态，根据主客观相一致的定罪原则，本案宜定性为故意伤害罪。

综上，本案对李某等的行为应定性为故意伤害罪。

编写人：天津市第三中级人民法院 路诚

11

恶意别车发生碰撞后造成人员伤亡的定性与处理

——夏某某故意伤害案

【案件基本信息】

1. 裁判书字号

浙江省杭州市富阳区人民法院（2021）浙 0111 刑初 482 号刑事判决书

2. 案由：故意伤害罪

【基本案情】

2021 年 4 月 8 日上午，被告人夏某某驾驶浙 A1××××号轻型货车从某街道驶往某 2 街道，途经某 2 街道某路段时，多次按喇叭欲超车前方被害人严某某驾驶的电动三轮车。因道路右侧停放着机动车，被害人严某某未及时让道。后被害人严某某驾驶车辆往右侧让道时，被告人夏某某驾驶车辆加速超车，并在超车过程中突然向右侧打方向盘别车，致使货车尾部与被害人严某某驾驶的电动三轮车发生碰撞，造成被害人严某某及电动三轮车上乘员被害人何某某摔下车受伤，被害人严某某经医院抢救无效死亡。经法医鉴定，被害人严某某系头颅及胸腹部遭受严重钝器损伤致多脏器破裂死亡；被害人何某某损伤程度构成轻伤二级。

案发后，被告人夏某某经公安机关电话联系至指定地点配合调查。被告人家属已赔偿被害人严某某家属并取得谅解，赔偿被害人何某某人民币 4 万元。

【案件焦点】

本案争议的焦点是对被告人夏某某别车行为的定性问题，即恶意别车发生碰撞造成人员伤亡的后果，行为人是构成交通肇事罪还是构成故意伤害罪。

【法院裁判要旨】

浙江省杭州市富阳区人民法院经审理认为：被告人夏某某故意伤害他人身体并致一人死亡、一人轻伤，其行为已构成故意伤害罪。关于被告人夏某某和辩护人提出的被告人不构成故意伤害罪，而是构成交通肇事罪的辩解及辩护意见，经查，在案证据能够证实涉案三轮车当时装满木床板，二被害人同乘驾驶座且无车厢保护，车辆安全性、稳定性较差。被告人夏某某作为一名有十几年驾龄的驾驶员，明知其在超车后未保证安全距离的情况下变道可能会导致对方车辆和人员不安全，但其仍故意为之，其明知危害结果发生的现实可能性，不予避免、防范，持放任态度，其主观上系间接故意，最终导致两车剐擦后涉案三轮车上人员伤亡，被告人夏某某的行为构成故意伤害罪。公诉机关指控的事实和罪名成立，适用法律正确。被告人夏某某具有自首情节，本院依法予以减轻处罚。被告人夏某某家属积极赔偿对方损失，并获得谅解，本院酌情予以从轻处罚。

浙江省杭州市富阳区人民法院依照《中华人民共和国刑法》第二百三十四条，第六十七条第一款，第六十一条之规定，作出如下判决：

被告人夏某某犯故意伤害罪，判处有期徒刑六年六个月。

一审宣判后，被告人未提起上诉，检察机关未提起抗诉，该判决已发生法律效力。

【法官后语】

本案争议的焦点是对被告人夏某某别车行为的定性问题，即恶意别车发生碰撞造成人员伤亡的后果，行为人是构成交通肇事罪还是构成故意伤害罪？

对于本案定性的不同意见源于对行为人主观方面的不同认识。第一种意见认为，被告人在案发当时只是想吓唬对方，并无撞击对方车辆、伤害对方的想法。被告人在主观上是过于自信的过失，其已经预见到其行为可能造成他人受伤的结果，但由于轻信能够避免以致造成他人伤亡。其自认为超车一二米之后再打方向不会发生碰撞，说明其轻信能够避免发生这种后果。被告人构成交通肇事罪；第二种意见认为，被告人主观上是间接故意。二被害人驾驶的无车厢的电动车安全性、稳定性差。被告人作为一名多年驾龄的老司机，在明知可能造成他人受伤的情况下，仍故意短车距别车，并放任危害结果的发生，客观上两被害人因两车碰撞后摔下车，一人受伤、一人死亡。该恶意别车行为与两被害人的伤亡有因果关系，基于被告人主观上并无希望或放任死亡结果的发生，根据主客观相统一原则，被告人构成故意伤害罪。如何正确界定被告人的行为，可以从以下几个方面分析。

一、恶意别车行为的主观方面认定

交通肇事罪的主观方面为过失，故意伤害罪的主观方面为故意，两者并不相同。过失包括疏忽大意的过失与过于自信的过失，故意包括直接故意与间接故意。一般认为间接故意与过于自信的过失就认识因素上看，两者都能认识到结果发生可能性，两者区别在于意志因素，间接故意是放任危害结果发生，过于自信的过失是轻信自己能避免危险结果。实践中对意志因素较难判断，就本案而言，被告人与被害人并无夙怨，被告人辩解其系出于吓唬被害人而在超车一二米后打方向盘完成超车，其主观并不希望被害人受伤。据此较难判断被告人对危害结果的追求程度。我们可以从被告人对危害结果发生的认识、对行为的支配力以及有无认识错误予以综合判断。

一是从行为人对危害结果发生的认识判断。行为人主观上必须对危害结果有所认识，无认识则无故意。认识到危害结果可能性越大，则行为人主观认识因素越强，该负的罪责也应越大。被告人夏某某系具有十年驾驶经验的驾驶员，陈述平常超车时要超出三四米的安全距离再别车，此次仅出于想吓唬被害人，在超出一二米距离且车速尚未提上去时别车。可见按被告人日常的驾驶习惯，该别车距离是远小于安全距离的，对于别车的安全距离被告人具有清晰的认识，故被告人明知小于安全距离别车会“不安全”。因此，在车速并未提速且小于安全距离别车时，被告人并不确定该危害结果不会发生，而放任造成他人受伤结果的发生。而在案发时，两名被害人乘坐在无车厢的驾驶座上，无任何保护措施，以致在发生碰撞后，造成死伤的危害结果。综前，被告人对自己别车的行为会发生危害结果具有“明知”的认识。

二是从对行为的支配力判断。对行为的支配力产生于认识能力，行为人认识到行为具有危害性情况下，实施该行为具有导致危害结果的高度可能性时，行为人则对行为进程有高度的支配力。反之，行为人若认识到自己行为仅有较小可能导致危害结果发生，则行为人对行为的进程具有较小支配力。行为的支配力从高到低，能不同程度地反映行为人对行为导致危害结果的可能性。行为的支配力的强弱，也是被告人故意的一个方面。被告人在实行别车行为时，路段、车距选择与车速、别幅控制均由被告人自由支配，不受外界因素干扰。可见，被告人对别车行为的支配力强。

三是主观认识错误分析。主观认识错误即对具体问题的判断错误。通常，间接故意犯罪的行为人对自身行为与危险结果之间的因果关系认知是明确的，不存在认识错误。而过于自信的过失犯罪的行为人对自身行为与危害结果的因果关系存在认识错误，因为认识错误导致轻信能避免危害结果。如果不存在轻信，则不能成立过于自信的过失。认识错误属于主观方面，若依照被告人的口供去认定，往往难以辨明。需要结合被告人客观行为再作判断。就本案而言，被告人具备多年汽车驾驶经验，其事先并未有过超出一二米别车的经历。相反，其明知未达安全距离别车为高度危险的行为。在别车行为实行中，被告人也没有采取避免结果发生的措施，行车速度也未提升。事后，被告人通过后视镜看到被害人驾驶电动车冲上了马路缘石上，并没有停车查看，而是继续前行。可见，被告人并未在事后采取补救措施，这些客观行为均能反映被告人并非产生主观认识错误。

二、恶意别车行为的客观方面认定

一是对犯罪对象的判断。交通肇事罪规定于危害公共安全罪这一章，而故意伤害罪则规定于侵犯公民人身权利、民主权利罪这一章，两罪名的犯罪对象都可以指向“人”，公共安全中的“人”为不特定或多数的人，该特征成为区分两章各罪的关键，多数是公共的核心特征，不特定意味随时有向多数发展的可能，使社会中更多遭受不法侵害。这就是“公共安全”，就本案而言，被告人的行为指向无车厢的电动车，车上仅有两人，该指向的对象具体、明确，结合被告人供述其是出于吓唬对方，可以得出被告人针对的犯罪对象属于特定少数人的结论。

二是危险状态的判断。公共安全是不特定或多数人的安全，别车行为的具体对象虽然特定，但也有可能导致危险状态的扩散，影响公共安全。在具体案件中，可就别车行为发生的路段、路况、行人数量等，具体判断该行为有无导致危险状态向不特定多数人扩散的可能。例如，在车流量众多的高速公路上恶意别车，导致多车相撞的危害结果，可视具体案情认定以危险方法危害公共安全。就本案而言，案发地点为本地区流量较小路段，道路一侧为多辆在停车辆，该行为不会导致后车多车相撞等危害公共安全结果发生，故就本案的案发路段、路况等行为的危险状态并不会扩散。

综上，一审法院通过对被告人的驾驶经验、路段、车距选择、车速、别幅控制等方面综合分析，认定被告人对恶意别车会发生危害社会结果系明知，而放任别车行为指向的两被害人的危害结果的发生，并无导致危险状态扩散到不特定或多数人的可能，应认定被告人犯故意伤害罪。另外，关于本案被告人行为构成寻衅滋事罪的观点，根据《最高人民法院关于办理寻衅滋事刑事案件适用法律若干问题的解释》的规定，实施寻衅滋事行为，同时符合寻衅滋事罪和故意杀人罪、故意伤害罪、故意毁坏财物罪、敲诈勒索罪、抢夺罪、抢劫罪等罪的构成要件的，依照处罚较重的犯罪定罪处罚。故本案定性为故意伤害罪。

编写人：浙江省杭州市富阳区人民法院　朱恺　高春芳

12

实施高空抛物行为造成他人轻伤应从一重处断

——赵某某故意伤害案

【案件基本信息】

1. 裁判书字号

北京市通州区人民法院（2021）京 0112 刑初 1655 号刑事判决书

2. 案由：故意伤害罪

【基本案情】

2021 年 8 月 22 日 19 时 40 分许，赵某某在 11 层家中，因琐事与其丈夫发生争执，其丈夫将赵某某放在冰箱内的红薯扔在地板上，被告人赵某某随后将 3 块冷冻红薯从屋内阳台窗户扔出，砸伤楼下行人郑某某头部，砸坏茹某停放在楼下的轿车车顶前侧；经司法鉴定中心鉴定，送检的 01 号红薯检出混合基因型，不排除包含郑某某的脱氧核糖核酸（DNA）分型，送检的 03 号红薯检出混合基因型，不排除包含赵某某的 DNA 分型，郑某某身体所受损伤为轻伤一级；经评估，涉案车辆损失价值人民币 1200 元。赵某某于 2021 年 8 月 22 日在家中被民警抓获，案发后积极赔偿郑某某、茹某经济损失并取得谅解。涉案 3 块红薯已被公安机关扣押。

【案件焦点】

对赵某某高空抛物的行为如何定性。

【法院裁判要旨】

北京市通州区人民法院经审理认为：赵某某遇事不能冷静处理，在居民小区内从建筑物11层向建筑物下面的马路和停车位抛掷物品，未观察建筑物下有无行人或车辆，明知其行为可能伤害他人身体、损坏他人财物而放任危害结果的发生，致一人轻伤、一车损坏，不仅妨害了社会管理秩序，还侵犯了他人身体健康、财产权益，其行为已构成高空抛物罪和故意伤害罪，因故意伤害罪的法定刑重于高空抛物罪，依法应当以处罚重的故意伤害罪定罪处罚。赵某某到案后如实供述犯罪事实，自愿认罪认罚，依法可以从轻处罚。赵某某不仅损害了他人身体健康，还损坏了他人财物，依法可以酌情从重处罚。赵某某无犯罪记录，积极赔偿被害人经济损失并取得谅解，依法可以酌情从轻处罚。鉴于赵某某因一时冲动而实施高空抛物行为，对于伤害他人在主观方面属于间接故意，并考虑到本案其他具体情节，本院依法决定对其适用缓刑。

北京市通州区人民法院依照《中华人民共和国刑法》第二百九十一条之二、第二百三十四条第一款、第六十七条第三款、第六十一条、第七十二条第一款、第七十三条第二款和第三款、第六十四条以及《中华人民共和国刑事诉讼法》第十五条之规定，判决如下：

一、被告人赵某某犯故意伤害罪，判处有期徒刑一年四个月，缓刑一年六个月；

二、扣押在案的红薯三块，予以没收。

一审判决后，被告人未提起上诉，检察机关未提起抗诉，该判决已发生法律效力。

【法官后语】

高空抛物罪与他罪的竞合是司法实务中的常见问题，也是高空抛物入刑后此类案件审理的难点所在。

探讨高空抛物罪与他罪的竞合首先要厘清高空抛物罪与以危险方法危害公共安全罪的竞合。刑法第一百一十四条、第一百一十五条将“危险方法”限定为放火、决水、爆炸以及投放毒害性、放射性、传染病病原体等物质或其他危险方法，从文本解释角度出发，“其他危险方法”应当与放火、爆炸等行为在方法手段上和损害后果上具有等价性。因此，高空抛物行为构成以危险方法危害公共安全罪前提必须是能够将高空抛物行为评价为“其他危险方法”。“公共安全”中的“公共”，通常是指不特定多数人的安全，公共安全的核心不在于对象的“不确定性”而是对象的“多数性”，“不确定性”则意味着可能侵犯的对象和可能造成的结果事先无法确定，但造成的危险或侵害后果可能随时扩大或增加。因此，高空抛物行为只有达到足以危及或损害不特定多数人生命健康或重大公私财产安全的程度才能构成以危险方法危害公共安全罪。

想象竞合犯，是指一个行为同时触犯数个罪名的犯罪形态，通行的处罚原则是“从一重处断”。成立想象竞合犯必须满足两个条件：一是实施一个行为，主观上既可以是故意也可以是过失，若是出于故意，则无论是确定的故意还是概括的故意，均不影响想象竞合犯的成立；二是一行为必须触犯数个罪名，即一行为在形式上符合刑法规范所规定的数个罪名，既包括刑法分则所规定的不同性质的数个罪名，也包括同一种犯罪不同形态的数个罪名。从刑法分则体系来看，高空抛物罪属于扰乱公共秩序的犯罪，故意伤害罪属于侵犯公民人身权利的犯罪，若实施一个高空抛物行为同时伤害到他人身体，则是一个行为触犯数个不同形态的罪名，属于典型的想象竞合犯。对于行为人实施高空抛物行为时主观上是否存在确定的伤害他人的故意并不影响其故意伤害罪的成立，事实上，高空抛物案件中，行为人多数抱有不确定的故意，即行为人虽然对于高空抛物行为本身持有故意的心态，但是对高空抛物行为会造成何种结果是不能确定的，但无论造成何种结果其内心均持放任结果发生的态度。因此，只要是一个高空抛物行为造成了特定危害后果，同时触犯了其他罪名，则应当适用刑法第二百九十一条之二第二款的规定，从一重处断。

本案中，赵某某高空抛物的地点为居民小区人行步道和停车场，不属于一般意义上的人流聚集公共场所，其抛掷3个红薯的行为达不到与放火、爆炸相当的程度，不会危及不确定多数人的生命健康安全，危害后果也不具有无限扩大的现实可能，应评价为一般意义上的高空抛物行为，不应以以危险方法危害公共安全罪定罪处罚。作为完全刑事责任能力人，赵某某能够意识到自己从11层阳台抛掷红薯的行为会扰乱小区的公共秩序，更有可能伤及楼下行人，但仍对可能造成的危害后果持放任态度，表明其主观恶性较大、危害行为性质极为恶劣，已达到情节严重的程度，符合高空抛物罪的构成要件。同时，其高空抛物行为又造成了一人轻伤的危害后果，亦符合故意伤害罪的构成要件，属于一行为触犯数罪名的想象竞合犯，而故意伤害罪的法定刑高于高空抛物罪，故按照刑法第二百九十一条之二第二款的规定以故意伤害罪定罪处罚是恰当的。

编写人：北京市通州区人民法院　徐莉

（四）拐卖妇女、儿童罪

13

介绍婚姻型拐卖妇女案中被害人同意的违法阻却性

——马某某等拐卖妇女案

【案件基本信息】

1. 裁判书字号

河南省平顶山中级人民法院（2022）豫04刑终90号刑事裁定书

2. 案由：拐卖妇女罪

【基本案情】

薛某某、马某某通过上线输送、自行联系、运送等方式将A国妇女马某、对某、文某、文某某、吴某、丁某、三某、苏某、木某、吴某某、呆某、马某某、拉某某、丹某某、印某某、蚂某某等拐卖至河南省郏县、汝州市等处。其间，采用没收手机、身份证、禁止外出等方式限制A国妇女人身自由。王某飞、丁某芝、董某安、陈某法、张某利、李某在不同阶段参与对被害人出卖、接送、看管、居间介绍等。

【案件焦点】

介绍婚姻型被拐卖妇女案件中，被害人是否同意被拐卖的认定，以及能否阻却构成被拐卖妇女罪。

【法院裁判要旨】

河南省平顶山市卫东区人民法院经审理认为：本案被害人除被以找工作为由骗至中国的外，部分 A 国妇女明知到中国的目的是嫁人，其明知的内容为嫁人后可拿到一笔收入，一年后便可离开，但在买卖双方达成的合意中，并未约定被害人在一年后可离开买方家，系被告人使用欺诈手段骗取了被害人的表面"同意"，此时即使被害人同意，也不影响犯罪的认定，盖因欺诈手段本身即属违背被害人意志，被害人所作同意属无效同意，不阻却犯罪成立。本案被告人以介绍婚姻为名，利用 A 国妇女人地生疏、语言文字不通的境况，且对部分被害人有扣押证件、手机、限制人身自由等，对被害人出卖、接送、看管、居间介绍，侵害了妇女的人身自由及人格尊严，符合拐卖妇女罪的构成要件。判决如下：

一、被告人薛某某犯拐卖妇女罪，判处有期徒刑十四年，并处罚金人民币 10 万元；

二、被告人马某某犯拐卖妇女罪，判处有期徒刑十二年，并处罚金人民币 8 万元；

三、被告人王某飞犯拐卖妇女罪，判处有期徒刑七年，并处罚金人民币 5 万元；

四、被告人丁某芝犯拐卖妇女罪，判处有期徒刑五年，并处罚金人民币 2 万元；

五、被告人董某安犯拐卖妇女罪，判处有期徒刑五年，并处罚金人民币 2 万元；

六、被告人陈某法犯拐卖妇女罪，判处有期徒刑三年，缓刑三年，并处罚金人民币1万元；

七、被告人张某利犯拐卖妇女罪，判处有期徒刑二年六个月，缓刑三年，并处罚金人民币5000元；

八、被告人李某犯拐卖妇女罪，判处有期徒刑二年，缓刑二年，并处罚金人民币5000元；

九、对被告人薛某某、马某某的违法所得人民币200000元、被告人王某飞的违法所得人民币3000元、被告人丁某芝的违法所得人民币6000元、被告人董某安的违法所得人民币1000元、被告人张某利的违法所得人民币5000元、被告人李某的违法所得人民币6000元予以追缴，上缴国库；

十、对被告人陈某法的违法所得人民币10000元予以没收，上缴国库。

马某某、王某飞、丁某芝、董某安不服一审判决，提起上诉。河南省平顶山市中级人民法院审理认为：薛某某、马某某等人以介绍婚姻为名，将A国妇女拐卖至河南省郏县等处，扣押部分被害人证件、手机，限制人身自由，并对被害人出卖、接送、看管、居间介绍。王某飞、丁某芝、董某安提供场所协助看管被拐卖的A国妇女，丁某芝、董某安又为他人居间介绍被拐卖的A国妇女，王某飞、丁某芝、董某安的行为均符合拐卖妇女罪的构成要件。遂裁定如下：

驳回上诉，维持原判。

【法官后语】

近年来，以婚姻介绍名义，进行拐卖妇女的案例屡见不鲜。在介绍婚姻型被拐卖妇女案件中，对于被害人同意的理解，以及是否构成被拐卖妇女罪在理论与实践中还存在颇多争议。

一、刑法视野下被害人同意的理解

刑法视野下的被害人同意，需要符合下列条件：一是具有完全的刑事责任能力人，或者虽然是限制行为能力人，但足以对婚姻事项作出明确意思表示。二是被害人仅能同意涉及自己的事项，且不得违反国家、公共利益和他人的法益。三是被害人同意属于事前承诺，事后追认无效。四是被害人同意是其真实意思表示，不是被迫的。值得注意的是，在介绍婚姻型拐卖妇女罪中的被害人同意，只有当妇女的“同意”明确具体时，即妇女的目的和意愿是嫁与他人一起生活且愿意嫁给特定的这个人时，才是真正的被害人“同意”，此时属于男女双方在自愿及地位平等的条件下的自由结合。如果被害妇女因受蒙骗而误以为他人是在为自己介绍婚姻或者受到胁迫，从而作出同意的意思表示，则并不能成立拐卖妇女罪中的被害人同意。

二、介绍婚姻型拐卖妇女罪中被害人同意的违法阻却性分析

在学界主要有以下三种观点：第一种观点认为，由于本罪是侵犯妇女人身自由的犯罪。所以，如果拐卖行为得到了妇女的同意，就阻却构成要件符合性，不应以犯罪论处。第二种观点认为，本罪的客体是人身权利中人身不受买卖的权利，拐卖行为是否“违背被害人的意志”，不影响以本罪论处，但可作为从宽量刑情节考虑。第三种观点认为，该罪侵犯的客体是复杂客体，不仅侵犯了被拐卖妇女的人身自由、人格尊严，而且还影响了被拐卖者家庭的稳定，应以犯罪论处。笔者认为认同第一种观点。根据《最高人民法院关于审理拐卖妇女儿童犯罪案件具体应用法律若干问题的解释》第三条的规定，以介绍婚姻为名，采取非法扣押身份证件、限制人身自由等方式，或者利用妇女人地生疏、语言不通、孤立无援等境况，违背妇女意志，将其出卖给他人的，应当以拐卖妇女罪追究刑事责任。由此可以看出，违背妇女意志是构成拐卖妇女罪的前提条件，而被拐卖妇女同意阻却构成要件符合性，不应以犯罪论处。

在实践中，行为方式各异，情形较为复杂，特别是对于妇女处于人地生疏、语言不通、孤立无援的境况下，行为人实施介绍婚姻行为并索要他人数额较大钱财的，被害妇女可能会作出表面同意的意思表示。在这类案件中，要综合考察被害妇女的陈述、证人证言等证据，结合常理常情，分析行为人是否有意利用被害人的脆弱境况，使被害人不得不屈从行为人的要求，而同意与他人结婚；对行为人而言，是基于男女双方自愿及地位平等，为促成婚姻的缔结而居间介绍、联系，还是明知妇女非自愿但仍将妇女作为非法获利的筹码。在本案中，薛某某、马某某等以介绍婚姻为名，虽然征得部分被害人同意（对有些被害人

采取欺骗的行为），其间利用A国妇女人地生疏、语言文字不通的境况，且对部分被害人有扣押证件、手机、限制人身自由等行为，并不是属于真正的被害人同意，符合拐卖妇女罪的构成要件，应当依拐卖妇女罪定罪。

编写人：河南省平顶山市中级人民法院　杜伟杰

（五）强奸罪

14

强奸幼女犯罪中被告人轮奸故意的认定

——凡某、岑某强奸、猥亵儿童案

【案件基本信息】

1. 裁判书字号

广西壮族自治区南宁市中级人民法院（2021）桂01刑终625号刑事判决书

2. 案由：强奸罪、猥亵儿童罪

【基本案情】

2020年8月24日，被告人岑某、凡某在明知被害人黎某某（女，2006年8月28日出生）未满十四周岁的情况下，与黎某某入住某酒店××号房。岑某与黎某某在该房内发生多次性关系后，凡某提出与黎某某发生性关系，岑某有言语阻止，但在黎某某同意后，凡某与黎某某发生了一次性关系。在凡某与黎某某发生性关系的过程中，岑某还拉开了凡某。之后一个多小时，岑某还与黎某某发生性关系。

2020年8月25日至2020年8月28日，被告人岑某与黎某某在被告人凡某位于××路××号出租房内发生多次性关系。被告人凡某曾趁被告人岑某上厕所之机与黎某某发生一次性关系，被告人岑某发现后予以阻止。其间，被告人凡某还用手摸黎某某的下体及胸部，被告人岑某发现后予以阻止。

另外，被告人凡某因犯盗窃罪于2019年10月10日被南宁市西乡塘区人民法院判处有期徒刑十一个月，于2020年1月13日刑满释放。

【案件焦点】

被告人凡某、岑某不认为构成轮奸，如何根据在案证据定罪。

【法院裁判要旨】

广西壮族自治区南宁市兴宁区人民法院经审理认为：轮奸是指二人或者二人以上在同一时间段内，基于共同强奸同一妇女或者幼女的故意而轮流实施奸淫的行为，即轮奸要求具有共同轮流强奸的故意。本案中，岑某与被害人是男女朋友关系，二人发生性关系时系自愿。凡某在岑某与被害人结束性关系后，在被害人自愿的情形下再与被害人发生性关系，而凡某、岑某在与被害人分别发生性关系时并未互相提供任何帮助，且岑某在凡某与被害人发生性关系前有言语阻止、发生性关系的过程中有行为阻止，凡某、岑某在奸淫前并不具有共同轮流奸淫被害人的预谋和故意，在奸淫过程中也不存在相互协同实施奸淫行为的意思沟通。虽然岑某、凡某目睹对方奸淫被害人，但不负有有效阻止对方实施奸淫行为的义务。综上，凡某、岑某的行为分别单独构成强奸罪，不成立轮奸情形。

广西壮族自治区南宁市兴宁区人民法院依照《中华人民共和国刑法》第二百三十六条第一款和第二款、第二百三十七条第三款、第六十五条第一款、第六十七条第三款之规定，作出如下判决：

一、被告人凡某犯强奸罪，判处有期徒刑六年六个月；犯猥亵儿童罪，判处有期徒刑二年。数罪并罚，决定执行有期徒刑八年；

二、被告人岑某犯强奸罪，判处有期徒刑六年；

三、公安机关扣押在案的手机一台，由公安机关依法处置。

广西壮族自治区南宁市兴宁区人民检察院提起抗诉。

广西壮族自治区南宁市中级人民法院经审理认为：凡某、岑某均明知被害人黎某某系不满十四周岁的幼女，仍在酒店、出租房等地先后、轮流对同一被害人实施奸淫，凡某、岑某各自实施奸淫行为时，对方均在场目睹，起到默示的相互配合作用，故二人的行为符合二人以上共同轮奸的情节。

广西壮族自治区南宁市中级人民法院依照《中华人民共和国刑法》第二百三十六条第三款第四项、第二百三十七条第三款、第六十五条第一款、第六十七条第三款，《中华人民共和国刑事诉讼法》第二百三十六条第一款第一项、第二项的规定，经该院审判委员会讨论决定，作出如下判决：

一、维持广西壮族自治区南宁市兴宁区人民法院（2021）桂0102刑初26号刑事判决第三项，即公安机关扣押在案的手机一台，由公安机关依法处置；

二、撤销广西壮族自治区南宁市兴宁区人民法院（2021）桂0102刑初26号刑事判决第一项、第二项，即被告人凡某犯强奸罪，判处有期徒刑六年六个月；犯猥亵儿童罪，判处有期徒刑二年。数罪并罚，决定执行有期徒刑八年；被告人岑某犯强奸罪，判处有期徒刑六年；

三、原审被告人凡某犯强奸罪，判处有期徒刑十年六个月；犯猥亵儿童罪，判处有期徒刑二年。数罪并罚，决定执行有期徒刑十一年；

四、原审被告人岑某犯强奸罪，判处有期徒刑十年。

【法官后语】

本案处理重点主要在于对被告人主观上具有轮奸故意的认定。

通说认为，轮奸指二人或者二人以上在同一时间段内，基于共同强奸同一妇女或者幼女的故意而轮流实施奸淫的行为。从犯罪人的角度来看，轮奸犯罪完全无视被害人的自由与尊严，无视社会伦理规范的约束，侵犯妇女的性自主权，主观恶性较一般强奸犯罪更深，人身危险性更大；对被害人而言，相对于遭受一人强奸，轮流遭受两人两次以上的强奸所受到的侵害，无论在身体上还是在精神上，都更为严重，社会危害性更大，刑法规定为加重处罚情节，是罪刑相适应原则的必然要求。因此，准确界定二人以上的行为是否构成轮奸，既是保护被害人合法权益，从严打击此类犯罪的需要，也是保障被告人合法权益，避免罪刑失衡的要求。

轮奸是强奸罪的共同犯罪形态，需要依照共同犯罪的构成要件加以判断，同时轮奸还是强奸罪的共同实行犯的唯一形式，各共同犯罪人主观上必须具有共同实行犯罪的故意，各共同犯罪人的行为在它的支配下成为一个统一整体，即均有共同实施强奸的故意，不但本人有强奸的故意，还应知道自己与他人共同直接实行犯罪。各共同犯罪人必须实行同一犯罪构成客观要件的行为，即均对同一对象实施了强奸，并且行为人的行为在时间、空间上是有联系的，或相互补充，或相互协助，与犯罪结果之间都存在因果关系。共同犯罪故意支配着客观行为，客观行为体现了共同犯罪故意。因此，判断是否构成轮奸情节，应当结合案件具体事实、情节，社会危害程度，从犯罪主体、犯罪对象、犯罪地点、犯罪手段、犯罪后果等诸多方面综合判断。

本案中，在主观犯意联络方面，在岑某与被害人发生性关系之后，凡某要求并实际与被害人发生了性关系，二被告人在主观上具有轮流与被害人发生性关系的故意。在客观方面，二被告人在一段时间内在同一地点均明知对方要奸淫被害人，客观上先后目睹并轮流实施了奸淫幼女的行为，起到默示的相互配合作用。本案有别于一般的强奸行为，被害人系不满十四周岁的幼女，不具有性自主权和性承诺能力，即使幼女自愿性交，仍构成强奸罪。因此，二被告人的行为符合二人以上共同轮奸的情节。一审判决未能准确认定强奸幼女的轮奸故意，导致量刑畸轻，二审判决认定轮奸情节，予以改判，量刑正确。

编写人：广西壮族自治区南宁市兴宁区人民法院　沈志平

15

奸淫幼女案件中主观明知的认定

——唐某强奸案

【案件基本信息】

1. 裁判书字号

湖南省永州市中级人民法院（2021）湘11刑终136号刑事裁定书

2. 案由：强奸罪

【基本案情】

被告人唐某原系某中学的教师，2020年上半年在该校从事生物课教学工作，被害人唐某某为该校初二学生，系未满十四周岁的幼女，双方认识后互添加为聊天软件好友。2020年7月至8月，原审被告人唐某与被害人唐某某分别在私人影院、轿车内发生三次性关系。2020年9月11日20时许，被害人唐某某在其姐姐陪同下向公安机关报案，当晚21时许，被告人唐某经传唤主动到东安县公安局刑侦大队投案。

【案件焦点】

如何判断行为人是否明知被害人系不满十四周岁的幼女。

【法院裁判要旨】

湖南省东安县人民法院经审理认为：被告人唐某身为一名人民教师，多次与不满十四周岁的学生发生性关系，其行为已构成强奸罪。被告人被抓获归案后，如实供述犯罪事实，系坦白，可以从轻处罚。被告人唐某自愿认罪认罚，可以依法从宽处理。被告人唐某违背人民教师职业要求，利用职业便利对学生实施强奸，为预防其再犯，应禁止其一定期限内从事教师行业。

湖南省东安县人民法院依照《中华人民共和国刑法》第二百三十六条第一款和第二款、第六十七条第三款、第三十七条之一第一款、第六十七条第三款，《中华人民共和国刑事诉讼法》第十五条之规定，作出如下判决：

一、被告人唐某犯强奸罪，判处有期徒刑五年；

二、禁止被告人唐某从事教师行业五年。

唐某以“原审没有认定其自首情节，对其量刑畸重”为由向提起上诉。

湖南省永州市中级人民法院经审理认为：被告人唐某系某的教师，被害人唐某某系该校初二学生，案发时唐某在该校从事生物课教学工作，履行教师职责，其明知被害人系该校初二学生，与被害人交往两月有余，双方经常通过聊天软件进行联系，多次与被害人发生性关系，对被害人不满十四周岁的实际年龄是应当知道的，无论被害人是否自愿，被告人唐某行为都已构成强奸罪。被告人唐某违背人民教师职业要求，利用职业便利对学生实施强奸，为预防其再犯，应禁止其一定期限内从事教师行业。

湖南省永州市中级人民法院依照《中华人民共和国刑事诉讼法》第二百三十六条第一款第一项之规定，作出如下裁定：

驳回上诉，维持原判。

【法官后语】

在奸淫幼女案件中，如何认定行为人是否明知被害人系不满十四周岁的幼女，如何推定行为人的主观明知？本案中，采用推定明知规则及“职业禁止”规定对审理教职人员奸淫幼女类案件起到了一定的推动作用。

1. 不同情形下认定行为人的“明知”状态

关于行为人是否明知被害人系未满十四周岁的幼女，可分为两种情形：第一种情形为确实明知。行为人明确知道被害人系不满十四周岁的幼女，或被害人曾明确告知行为人的自己系不满十四周岁，仍与被害人发生性关系，且行为人在讯问时也未置可否，即可认定行为人对被害人的年龄系“明知”；第二种情形为推定明知。行为人知道被害人可能是幼女，仍故意与其发生性关系，此种情形不需要达到确实明知的程度，只要明知对方可能是幼女，或者不管对方是否幼女，仍实施奸淫行为的，就具备奸淫幼女的故意，也可结合行为人是否知道被害人的身份证明、学校年级、与其密切程度等方面，从而推定行为人是否明知对方是幼女而故意实施奸淫行为，《最高人民法院、最高人民检察院、公安部、司法部关于依法惩治侵害未成年人犯罪的意见》第十九条第三款①（以下简称《意见》）采用的是推定明知规则。唐某明知被害人系学校初二学生，可能系不满十四周岁的幼女，但其未认真核实被害人的真实年龄，也未及时中止奸淫行为，从而继续与被害人保持联络并持续发生三次性关系，此时可以推定唐某是明知被害人系不满十四周岁的幼女，在没有确凿的证据证实行为人是否处于明知状态，为充分保障幼女的合法权益，应适当采用推定明知规则来综合评判。

2. 推定行为人主观明知的成立要素

判定行为人主观上是否明知对方系幼女，可以结合以下三个要素来把握：一是主观要素。若被害人谎称自己已满十四周岁，则结合行为人是否已经尽到谨慎审查义务，主动排查对方是否为未满十四周岁的幼女；若行为人认为对方可能系不满十四周岁的幼女，但心存侥幸，仍对被害人实施了奸淫行为，其主观上是持放任的故意，对刑法所保护的法益是持漠视态度，此时可认定行为人是明知的。本案唐某主观上明知被害人系初二学生，未主动核实被害人的实际年龄，对被害人的年纪持放任状态，对奸淫幼女的危害后果也是明知的，即可推定唐某具有明显主观故意；二是客观要素。行为人有证据或合理依据证明其对幼女的年龄产生了误认，在实施奸淫行为前仍认为被害人不可能为幼女，且此种情形是普通人难以避免的，唐某未提供充分证据证实自己不属于明知，也未对被害人年龄达到足以产生误认的程度，不足以支撑其不明知对方是幼女的

---

① 《最高人民法院、最高人民检察院、公安部、司法部关于依法惩治性侵害未成年人犯罪的意见》第十九条第三款规定，对于已满十二周岁不满十四周岁的被害人，从其身体发育状况、言谈举止、衣着特征、生活作息规律等观察可能是幼女，而实施奸淫等性侵害行为的，应认定行为人“明知”对方是幼女。

辩解。三是客体要素。主要是着眼于被害人的外部特征，包括被害人的身体发育情况、衣着特征、言行举止、生活规律等方面，也可结合行为人是否知道被害人就读学校及年级进行判断，综合普通人的社会认知，能判断出被害人为不满十四周岁幼女的，可认定行为人的主观明知，被告人唐某作为学校老师，被害人唐某某系该学校初二学生，唐某与其交往两月有余，双方经常通过聊天软件联系且多次与被害人发生性关系，其对被害人的年龄情况是应当知情，则可推定唐某明知被害人系不满十四周岁的幼女，即使唐某拒不承认具有明知故意，在《意见》第二十一条第一款①规定了行为人的此种行为应当以强奸罪论处，不论唐某是否主观明知，被害人是否自愿，只要其与幼女发生了性关系就应当构成强奸罪。

3. 教职人员奸淫幼女案件的延伸思考

刑法第三十七条之一第一款②规定了“职业禁止”条款，法院可以禁止人员从事相关职业三年至五年，那么禁止期间可参照刑法关于刑期的规定，根据行为人的主观恶性和人身危险程度的不同，对其禁止的期限也可不同，一是对初犯偶犯、主观恶性小、再犯危险性低的人员可设置相对较短的禁止期限，二是对累犯、主观恶劣、再犯罪风险高的人员可设置相对较长的禁止期限，用于区分不同行为人在个案中存在的危害程度。司法部门对性侵幼女犯罪一以贯之从严惩处方针，不能仅靠单纯打击，必须结合源头预防，对接触未成年人的特殊职业加以限制，本案被告人唐某身为人民教师，负有保护、教育学生的特殊职责，本应自觉履行教师职责，却利用教师身份的便利，多次与不满十四周岁的在校学生发生性关系，人民法院根据唐某的人身危险程度，对其禁止从事教师行业五年，充分体现了罪责刑相适应的原则，以及严格适用“职业禁止”的

---

① 《最高人民法院、最高人民检察院、公安部、司法部关于依法惩治性侵害未成年人犯罪的意见》第二十一条第一款规定，对幼女负有特殊职责的人员与幼女发生性关系的，以强奸罪论处。

② 《中华人民共和国刑法》第三十七条之一规定，因利用职业便利实施犯罪，或者实施违背职业要求的特定义务的犯罪被判处刑罚的，人民法院可以根据犯罪情况和预防再犯罪的需要，禁止其自刑罚执行完毕之日或者假释之日起从事相关职业，期限为三年至五年。

规定，从源头上避免教职人员性侵学生的现象发生，全力为未成年人的健康成长构筑一道安全的“保护墙”。

编写人：湖南省江永县人民法院　杨慧

16

长期自愿保持婚外情关系中强迫性行为的认定

——文某强奸案

【案件基本信息】

1. 裁判书字号

江西省进贤县人民法院（2021）赣 0124 刑初 314 号刑事判决书

2. 案由：强奸罪

【基本案情】

2018 年 8 月起，被告人文某与甄某保持婚外情人关系，其后文某陆续给予甄某钱款使用。被告人文某与甄某的情人关系被文某的妻子王某发现后，王某以确认合同无效为由，于 2020 年 10 月向人民法院提起民事诉讼，要求甄某返还钱款，2020 年 12 月进贤县人民法院判决由甄某向王某返还人民币 14 万余元。

2021 年 1 月 10 日晚，被告人文某出差回来途中，与甄某联系，甄某要文某慢点开车，文某遂表示第二天去找甄某。2021 年 1 月 11 日上午，被告人文某来到甄某家中。甄某要文某把法院判决甄某向王某返还钱款的事情解决。文某从后面抱住甄某，把甄某压在床上，并把甄某用手拉住的内裤撕掉，文某自己脱掉裤子后把生殖器插进甄某阴道，发生性关系时甄某反抗，文某抓住甄某的手，使得甄某手上有伤痕。文某与甄某发生完性关系后，甄某抓打文某，文某遂打伤甄某脸部、手部、踩伤甄某足趾等部位。案发后，被告人文某与甄某先后打电话报警，被告人文某因殴打甄某的行为，被公安机关行政拘留5日并处罚款500元。此后，被告人文某与甄某亦多次联系。因甄某至人民检察院申请立案监督，人民检察院经审查后通知公安机关对被告人文某涉嫌构成强奸罪立刑事案件处理。

【案件焦点】

1. 长期自愿保持婚外情人关系的两人之间是否有可能会存在强奸；2. 婚外情人关系是否会因为其关系的不法性而影响强迫性行为性质的认定。

【法院裁判要旨】

江西省进贤县人民法院经审理认为：本案涉及有过多次自愿的性行为，并长期保持婚外性关系的双方之间强迫性行为的认定，该类行为性质的认定不同于一般强奸罪认定，应当结合案件发生的时间、现场情况、两人之间的关系变化等情况综合认定。

本案的行为认定中主要涉及以下争议：长期自愿保持婚外情人关系的两人之间是否有可能会存在强奸？按照刑法规定，强奸罪的构成要件是违背妇女意志，强行发生的性关系，因此，只要确定性行为的发生违背妇女意志，是强行发生的，即便两人之间曾经有过多次自愿的性行为，仍可以依法认定。

此外，本案涉及的另一个认定难点是，婚外情人关系是否会因为其关系的不法性而影响性行为性质的认定？首先，刑法中并没有规定强奸罪必须以结婚为发生性关系的合法前提，即婚内同样可能构成强奸罪，站在这个角度而言，结婚本身并不是法律规定强奸罪合法性的条件，构成强奸罪最重要的一点就是是否违背妇女的意志，并采取暴力等强迫性行为；其次，强奸罪的保护法益是妇女的性自主权，是自然人自主支配自己性利益的具体权益，包括性对象选择自主权和性行为自主权，其中的自主权就包括在法律允许的范围内自己按照自己的意愿所作出的选择，既包括同意也包括拒绝。因此，即使双方之间的婚外情关系具有不法性，妇女在婚外情关系中依旧拥有性自主权，对其合法权益的保护并不受影响。

综上，被告人文某与甄某之间虽保持婚外情人关系，且多次发生性行为，但在本案中被告人文某违背妇女意志，以暴力手段强行与甄某发生性关系，其行为已构成强奸罪。公诉机关提出被告人文某当庭表示认罪认罚，如实供述犯罪事实，可依法从宽处理，予以采纳。公诉机关提出甄某当庭对被告人文某表示谅解，可酌情从轻处罚的意见，予以采纳。被告人文某系初犯，可酌情从轻处罚。进贤县司法局同意对被告人文某进行社区矫正，法院作出如下判决：

被告人文某犯强奸罪，判处有期徒刑三年，缓刑四年。

一审宣判后，被告人未提起上诉，检察机关未提起抗诉，该判决已发生法律效力。

【法官后语】

亲密关系中强迫性行为的认定本身就有难度，尤其是两人之间曾经有过多次自愿的性行为，有时很难区分是否违背了妇女的意志。因此，对该类案件的裁判应当从时空情境分析、两人之间的关系变化、性行为发生后女方的态度等方面综合考量。

1. 时空情境分析。强奸行为产生的时空情境条件，包含特定时间、空间和环境等要素。实践中，强奸行为往往对侵害行为的实施时间、空间环境等因素具有特定要求，如选择光线昏暗、视线遇阻，受害人无法准确掌握反击方式，偏僻之所或封闭狭小场域。有时为实现犯罪目的，在作案时空情境选取上追求出其不意、趁其不备之效果，使受害人心理处于高度紧张、惶恐、崩溃状态，无法及时精准认识侵害人的侵害手段和真实意图，反抗能力大幅下降，以达到“心理强制力”，最终实现犯罪目的。因此，对强迫性行为的认定，应当根据案发时特定时空情境条件，有利于精准打击和有效防控。本案中，案件发生的时间是白天，上午，在女方的家中，文某与甄某之间因前期交流而促成此次的会面，但见面后，甄某就通过语言、行为等方式向文某表达了自己的不满情绪，文某通过背后抱住、压倒在床、脱裤子等方式对甄某进行压制，进而实施了强迫性行为。

2. 两人之间的关系变化。以强迫性行为前后两人的关系变化作为辅助判断要素，主要是，本身具有亲密关系的两人之间，是否违背妇女的意志可能会涉及“半推半就”、女方为保住自己的脸面而告男方强奸、女方事后反悔而告男方强奸。因此，全面审查男女双方关系，尤其是两人之间的关系变化，如强迫性行为发生前关系如何，是否有亲密行为；强迫性行为发生后关系如何，两人之间是否继续保持正常交往。本案中，被告人文某与甄某虽然在2018年开始保持婚外情人关系，但自2020年10月起，因文某的妻子王某发现了文某与甄某的关系，并起诉至法院要求甄某返还文某给甄某的钱款，此时文某与甄某之间的关系已经出现异常。

3. 性行为发生后女方的态度。司法实践中，如何界定性行为发生后女方的态度，也应当根据案件实际情况予以考量。（1）在性行为发生前，双方保持稳定亲密关系，性行为的发生伴随轻微强迫行为，性行为发生后女方出于其他原因报警称男方涉嫌强奸，不应当认定为强奸；（2）在性行为发生前，男方实施如恐吓、威胁等心理强制，当心理强制程度达到一定饱和度，足以对女方的反抗行为产生心理压制，那么，即使女方在性行为发生时未伴随反抗行为，性行为发生后女方报警称男方具有强奸行为，根据案件情况可认定为强奸。本案中，被告人文某与甄某在性行为发生前，甄某已经实施了反抗行为，如拉住内裤，不让文某脱掉，后文某为顺利进行，用手将内裤撕破。性行为发生后，甄某用手抓文某，打电话报警，打电话给自己朋友告诉被强奸的事实，从以上事实均可推知甄某的真实意愿。

综上，被告人文某与甄某之间虽保持婚外情人关系，且多次发生性行为，但在本案中被告人文某违背妇女意志，以暴力手段强行与甄某发生性关系，其行为已构成强奸罪。

编写人：江西省进贤县人民法院　易铭　杨康　肖慧

17

在公共场所当众强奸的认定

——王某忠强奸案

【案件基本信息】

1. 裁判书字号

福建省泉州市中级人民法院（2020）闽05刑终668号刑事判决书

2. 案由：强奸罪

【基本案情】

2019年9月21日18时许，王某忠与同事傅某飞、刘某辉等在某酒店包厢饮酒吃饭后，一起到由王某忠联系的酒店服务员被害人吴某敏订下的该酒店KTV[①]包厢，与被害人吴某敏等继续饮酒。后王某忠利用其同事醉酒不注意，趁被害人吴某敏醉酒而瘫坐在沙发上之机，将吴某敏的裙子、内裤脱掉对其实施性侵。当晚22时50分许，当酒店楼面主管韩某推门进入该包厢欲征询客人对酒店服务意见时发现后制止，并由韩某通知熊某铃、詹某强等工作人员到场后报警。同日，公安机关在该包厢抓获王某忠。

【案件焦点】

在KTV等娱乐场所的包厢内强奸，能否认定为“在公共场所当众强奸”。

【法院裁判要旨】

福建省安溪县人民法院经审理认为：被告人王某忠违背妇女意志，趁被害

① KTV，指的是提供影音设备与视唱空间的场所，下文对此不再提示。

人醉酒，在公共场所当众与之发生性关系，其行为已构成强奸罪。公诉机关指控被告人王某忠犯强奸罪的罪名成立。被告人王某忠自愿认罪，被害人对其表示谅解，予以从轻处罚。依照《中华人民共和国刑法》第二百三十六条第一款、第三款第三项之规定，以强奸罪判处被告人王某忠有期徒刑十年。

宣判后，王某忠提出上诉称，其在KTV包厢与被害人发生关系，既不是在公共场所，亦不是当众的强奸行为。原判量刑畸重，请求依法改判。

福建省泉州市中级人民法院经审理认为：上诉人王某忠违背妇女意志，趁被害人醉酒之机，与之发生性关系，其行为已构成强奸罪。上诉人王某忠实施强奸犯罪的KTV包厢系由上诉人租订，在该段期间内仅就上诉人王某忠及其朋友以及酒店服务人员依职可以出入，其他人无权随意出入该包厢，故上诉人王某忠在其租订的KTV包厢内消费期间，该地点不属刑法意义上的公共场所。原判认定上诉人王某忠在公共场所当众强奸妇女不当，应予纠正。故判决如下：

一、撤销安溪县人民法院（2019）闽0524刑初977号判决对上诉人王某忠的量刑部分；

二、上诉人王某忠犯强奸罪，判处有期徒刑七年。

【法官后语】

本案的争议焦点为在KTV等娱乐场所的包厢内强奸，能否认定为“在公共场所当众强奸”。

《中华人民共和国刑法》第二百三十六条规定，在公共场所当众强奸妇女的，处十年以上有期徒刑、无期徒刑或者死刑。可见，是否认定为在公共场所当众实施性侵害犯罪，关系到加重处罚情节的适用，影响重大。笔者认为，在把握这一情节适用时，应从两个方面进行考量。

首先，关于“公共场所”的认定。《公共场所卫生管理条例》及《中华人民共和国刑法》关于聚众扰乱公共场所秩序罪的相关规定中均明确了几种典型公共场所的范围，如车站、码头、民用航空站、商场、公园、影剧院、展览会、运动场等。可见，公共场所是指供社会上大多数人从事工作、学习、购物、娱乐、体育、社交、参观、旅游和部分生活需求的一切公用建筑物、场所及其设施的总称。刑法将“公共场所当众”规定为法定刑升格的理由是基于该行为将对被害人的性侵行为暴露在不特定或多数的公众面前，严重羞辱了被害人，对被害人的伤害加重，破坏了社会中关于性的私密性观念。故刑法意义上的公共场所，相对于私人场所而言应具有涉众性的对象特征和对不特定人员或多数人开放的功能性特征。

其次，关于“当众”情节的认定。认定在公共场所当众实施性侵害犯罪，除要求作案的地点需在公共场所外，还要求有其他多数人在场。具体而言，一是要具备“众”的现实性。即在实施强奸行为时，必须有其他多人在场，而不是有多人在场的可能性。其次要具备“当”的时间性。即在实施强奸行为时，其他在场的多人所处空间应具有看到的可能性，“众”人客观存在于犯罪行为实施现场。

在本案中，公诉机关及一审法院均认为，被告人王某忠实施强奸行为的犯罪地点是酒店 KTV 包厢，属娱乐场所，具有向公众开放的特点。虽然消费者在消费时段内对 KTV 包厢享有一定的占有使用权利，但物理空间的相对隔断并不等同于私密性，KTV 包厢仍具有不特定人员可出入的特征，可以认定为公共场所。且被告人王某忠实施犯罪时，包厢内还有刘某辉、傅某飞，以及巡逻发现异常而进入包厢的韩某，在场人数达三人，存在目睹可能性，足以认定为当众。据此，认定被告人王某忠系“在公共场所当众强奸妇女”。

从形式上看，被告人王某忠的行为似乎符合“在公共场所当众强奸”的规定。但深究不难发现，本案被告人实施强奸犯罪的 KTV 包厢系由其本人租订，属于行为人支付对价的一种服务合同场所，在消费期间内仅由被告人及其朋友使用，酒店服务人员也只能依客人召唤方能出入，其他人员更无权随意出入该包厢。故在被告人王某忠租订 KTV 包厢的消费期间，该地点是较为隐蔽的私人场所，不是对不特定人员或多数人开放的、人来人往较多的地方，不应认定为刑法意义上的公共场所。其次，被告人王某忠实施强奸行为时没有“当众”。本案发生在当天 23 时左右，包厢内只有被害人、被告人及朋友傅某飞、刘某辉。根据傅某飞、刘某辉的证言，几人从当天 18 时左右开始饮酒，至 21 时左右已全部喝醉睡着了，二人并未注意到被告人的犯罪行为。原审法院认为KTV管理人员韩某在楼层巡逻，随时可能发现异常而进入包厢，也应认定为在场人员。笔者认为上述理解扩大了对“当众”情节的解释。《最高人民法院、最高人民检察院、公安部、司法部关于依法惩治性侵害未成年人犯罪的意见》第二十三条规定，在校园、游泳馆、儿童游乐场等公共场所对未成年人实施强奸、猥亵犯罪，只要有其他多人在场，不论在场人员是否实际看到。故“当众”虽不要求其他在场的多人实际看到，但从空间上讲，其他多人要在行为人实施犯罪地点视力所及的范围之内，性侵害行为处于其他人员随时可能发现、可以发现的状况。韩某显然并不符合“在场”条件。故被告人对被害人实施性侵行为时并没有多人在场，不是“当众”。

最后，被告人供述其实施强奸行为时看到朋友都已喝醉睡着了，可见其主观上虽有强奸的目的，但是并不想将强奸行为公之于众，没有不顾在场其他人员可能发现甚至故意为之的恶劣性。刑法之所以规定在公共场所当众实施性侵犯罪加重处罚是基于该行为对人身权利侵害的严重性，被害人身体的受辱过程被不特定他人所知悉，势必对被害人心理造成极大的伤害。对法益的侵害也将扩张到对社会公序良俗的侵害，社会影响更加恶劣。另外，行为人主观的恶性更大。本案从被告人王某忠的主观恶性、对被害人身心造成的伤害后果、对社会公序良俗的损害程度上，均未超越基本犯的限度。基于罪刑相适应原则和刑法谦抑性的考虑，被告人王某忠的行为不宜认定为在公共场所当众强奸妇女。

编写人：福建省泉州市洛江区人民法院　王莹

福建省泉州市中级人民法院　陈越新

（六）强制猥亵、侮辱罪

18

从“众”的状态及危害结果准确认定“公共场所当众猥亵”

——刘某强制猥亵案

【案件基本信息】

1. 裁判书字号

江苏省连云港市中级人民法院（2020）苏07刑终129号刑事判决书

2. 案由：强制猥亵罪

【基本案情】

2019年9月11日3时许，被告人刘某强酒后携带螺丝刀、门锁，翻越栅栏进入某学校，采取撬门别锁方式进入宿舍×号楼，窃取女生内裤未果，后进入一楼××寝室，寝室女生皆已熟睡，被告人刘某强趁张某某（女，17岁）熟睡之际，采取抚摸下体的方式对其进行猥亵。张某某被惊醒后，被告人刘某强要求其脱下内裤未果后退出该宿舍。宿舍除被害人外均在床上蚊帐内。

【案件焦点】

被告人刘某强的行为是否构成“公共场所当众猥亵”。

【法院裁判要旨】

江苏省连云港市赣榆区人民法院经审理认为：被告人刘某强以满足性刺激为目的对妇女实施猥亵行为，侵犯了妇女的人格和隐私权，构成强制猥亵罪，应依法惩处。本案发生在集体宿舍，被告人对被害人实施犯罪行为的空间处于相对隔离、封闭状态，案发时间为凌晨三点，光线较暗，宿舍内其他人员均在蚊帐内熟睡，并未发现被告人刘某强的犯罪行为，且被告人刘某强短暂猥亵被害人，手段、危害程度较轻，并非十分恶劣，也无“当众”的故意。根据罪责刑相适应原则，被告人刘某强的行为应当在有期徒刑五年以下量刑为宜。依据《中华人民共和国刑法》第二百三十七条第一款之规定，判决：

被告人刘某强犯强制猥亵罪，判处有期徒刑一年六个月。

宣判后，原公诉机关江苏省连云港市赣榆区人民检察院以原判适用法律错误，本案构成“公共场所当众猥亵”为由提起抗诉。江苏省连云港市人民检察院支持抗诉。

江苏省连云港市中级人民法院经审理认为：原审被告人刘某强违背妇女意志，强制猥亵妇女，其行为已构成强制猥亵罪，依法应予惩处。本案中，案发时间为凌晨3点，光线昏暗，原审被告人刘某强实施的猥亵行为强度较轻、持续时间短暂，在案证据反映原审被告人刘某强在实施该猥亵行为时，除被害人外宿舍其他人员仍处于熟睡状态中，刘某强的行为并非处于可被在场其他人员随时可能发现、可以发现的状态，也未实际感知、发现该犯罪行为。据此，结合原审被告人刘某强并没有公然实施猥亵、不惧怕其犯罪行为被公众发现的主观意图等因素，原审法院未认定原审被告人刘某强的行为系“公共场所当众猥亵”，定性准确，并对抗诉及支持抗诉意见认为原审被告人的行为系“公共场所当众猥亵”的意见，不予采纳。原审被告人刘某强针对未成年人实施猥亵犯罪，应当从重处罚。原审被告人非法潜入学生集体宿舍实施猥亵犯罪，更应从严处罚。原审法院适用法律准确，但量刑欠妥。依照《中华人民共和国刑法》第二百三十七条第一款，《中华人民共和国刑事诉讼法》第二百三十六条第一款第二项之规定，以强制猥亵罪，作出如下判决：

被告人刘某强有期徒刑三年。

【法官后语】

刑法对“在公共场所当众猥亵”之所以加重处罚，其原因既在于该行为实施于众人面前，对被害人性的自主权及羞耻心伤害更大、对社会良好风尚冒犯程度更大，又能反映行为人置他人在场于不顾，目无国法、肆意妄为，主观恶性深。

本案公诉机关认为，被告人刘某强在多人在场的情况下，对被害人进行猥亵，其行为属于公共场所当众猥亵。

一审、二审法院对此持否定态度有以下理由。

判断在公共场所当众犯罪的标准，第一层面是对“公共场所”的判断，本案案发于学生集体宿舍，该场所作为不特定未成年人活动的场所，应当认定为公共场所。也就是说，在本案中，被告人系在“公共场所”实施猥亵行为，这一事实是确定的。在这一前提下，是否适用升格刑，就需要进行第二层面的审查，即被告人刘某强是否系“当众”犯罪。如果要适用“当众实施”升格刑，要基于三点：(1) 对被害人的伤害程度更大；(2) 对公共秩序的损害更大；(3) 行为人的主观恶性更大。分析本案是否适用升格刑，一是要分析行为人实施犯罪行为的环境，即是否“当众”，二是要分析行为人的犯罪行为有无造成了上述三方面的结果。对此，逐项分析如下。

虽然《最高人民法院、最高人民检察院、公安部、司法部关于依法惩治性侵害未成年人犯罪的意见》第二十三条对于“当众”实施犯罪不要求其他在场的多人实际看到，但明确要求必须要有其他多人在场。所谓“在场”，从空间上讲，就必然要求其他多人在行为人实施犯罪地点视力所及的范围内，在场人员要处于随时可能发现、可以发现的状态。本案中，行为人实施短暂猥亵行为时，并非处于可被在场其他人员随时可能发现、可以发现的状态。

对于本案的犯罪后果，一是对被害人的伤害程度的问题。被害人是知道其受到侵害时，宿舍其他人员都是处于熟睡状态的，因而对于该犯罪行为的主要反应为“被陌生男人进到宿舍摸了，感觉害怕”，而非“当众被摸了，感觉羞耻”。被害人的性羞耻心及道德情感客观上受到的伤害程度并未突破强制猥亵罪的基本犯。

二是对公共秩序的损害程度问题。本案中被害人性自主权、性羞耻心的客观损害结果仅及于受害人本人，对宿舍其他同学并未产生直接影响。而对于公共秩序，相对于是否“当众”，产生损害更大的是非法进入学生集体宿舍实施猥亵行为这一事实。而猥亵行为本身对社会秩序的侵害程度和危害后果未超越基本犯限度，未达到适用加重处罚情节的程度。

三是行为人的主观方面问题，即从行为人的角度判断具有为众人发现的现实可能性。本案中，从行为人的表现来看，行为人并没有公然实施猥亵、不惧怕其犯罪行为被公众发现的主观意图，行为人行为的主观恶性尚未达到损害社会基本公共秩序程度。

此外，从强奸罪和猥亵犯罪的严重性程度来说，通常情况下，强奸重于猥亵，故而刑法为强奸罪设置的最低法定刑为有期徒刑三年，而普通情节的猥亵犯罪是五年以下有期徒刑或者拘役。举重以明轻，本案中，行为人短暂猥亵被害人，手段、危害程度较轻，并非十分恶劣，尚未达到应判处五年以上有期徒刑的程度。

编写人：江苏省连云港市中级人民法院　董亚楠　王辉

19

强制侮辱罪的定罪界限及妇女权益保护和惩戒的平衡

——张某、温某某强制侮辱案

【案件基本信息】

1. 裁判书字号

浙江省温州市瓯海区人民法院（2021）浙0304刑初616号刑事判决书

2. 案由：强制侮辱罪

【基本案情】

2020 年 11 月底以来，被告人张某（男）与被害人秦某通过网络认识交往，并多次发生性关系，被告人张某为被害人秦某偿还欠款、购置车辆等花费数十万元。2021 年 2 月农历春节期间，被告人张某与其前妻即被告人温某某复婚，双方之前虽办理离婚登记手续，但属于离婚不离家状态，被害人秦某在明知二被告人婚姻状况后仍与被告人张某来往，后被告人温某某为被告人张某与被害人秦某交往及交往期间花费问题多次发生争吵。2021 年 3 月 12 日下午，被告人温某某与被告人张某因此事再次发生争吵后，被告人张某将被害人秦某约至公园商谈二人交往期间的花费问题。当日 22 时许，被告人张某将被害人秦某带至出租房内。被告人温某某发现后，随即拉拽被害人秦某头发并对其进行殴打，被害人秦某被打倒在地后，被告人张某上前控制被害人秦某的腿部，并与被告人温某某一起殴打被害人秦某。其间，被告人温某某扒光被害人秦某的衣裤，抓挠被害人秦某的面部和乳房等部位，并持剪刀、菜刀等威胁、辱骂被害人秦某；被告人张某用菜刀刀背拍打被害人秦某，并指着其胸部、阴部进行辱骂。当日 23 时许，被告人温某某先行离开，被告人张某继续胁迫被害人秦某书写欠条，后被害人秦某借故支开被告人张某，逃离现场。经法医鉴定，其损伤程度为轻微伤。案发后，被告人张某、温某某赔偿被害人秦某经济损失，并取得谅解。

【案件焦点】

强制侮辱罪侵害的是被害人“性”的自主选择性。

【法院裁判要旨】

浙江省温州市瓯海区人民法院经审理认为：被告人张某、温某某结伙以暴力方法强制侮辱妇女，其行为已构成强制侮辱罪。公诉机关指控的罪名成立。鉴于被告人张某、温某某归案后如实供述自己的罪行，且自愿认罪认罚，已经赔偿被害人经济损失并取得谅解，予以从轻处罚、从宽处理。公诉机关的量刑建议适当，予以采纳。因本案系事出有因，结合本案起因过错等具体案情，对被告人温某某适用缓刑。对被告人温某某及其辩护人提出的相关意见予以采纳，对被告人张某提出的缓刑意见不予采纳。依照《中华人民共和国刑法》第二百三十七条第一款、第二十五条第一款、第六十七条第三款、第七十二条第一款及《中华人民共和国刑事诉讼法》第十五条之规定，作出如下判决：

被告人张某犯强制侮辱罪，判处有期徒刑十个月；被告人温某某犯强制侮辱罪，判处有期徒刑十个月，缓刑一年。

一审宣判后，被告人未提起上诉，检察机关未提起抗诉，该判决已发生法律效力。

【法官后语】

《中华人民共和国刑法》第二百三十七条规定，以暴力、胁迫或者其他方法强制猥亵他人或侮辱妇女的，处五年以下有期徒刑或者拘役。刑法修正案（九）对强制猥亵、侮辱妇女罪作了修改，猥亵的对象从“妇女”扩大到“他人”，但“侮辱妇女”的客体仍然仅有妇女，这也是法律对妇女这一主体特殊保护的体现之一。“侮辱妇女”与侮辱罪中以妇女为侮辱对象的行为很相似，二者都有实施暴力、损毁他人人格和名誉的社会危害性，而侮辱罪侵害的法益一般为他人的人格和名誉，强制侮辱妇女罪所侵犯的法益除妇女的人格权外，更多地倾向于侵害受害人的“性”的自主决定权，一般该类案件会涉及侵犯不愿意被外人窥探的身体隐私，该内容没有作具体的界限规定，但应理解为一般意义上为社会公众所不能容忍的内容。侮辱罪要求侵害行为及后果为第三人所知晓，即要求具有公然性；而是否有第三人在场或公然性对于强制侮辱妇女罪则非定罪要件，是否具有公然性仅作为量刑情节考虑。故本案中，二被告人在隐蔽的空间内实施的对被害人隐私部位的侵害行为，侵害的不仅仅是抽象的人格尊严和名誉，还侵犯了被害人“性”的不可侵犯的权利，应构成强制侮辱妇女罪。

本案二被告人均认罪认罚，审判过程中对犯罪事实没有争议，本案中被害人及被告人同为妇女，在量刑时引入社会主义核心价值观及社会认可度的评判标准，对案件起因、各方过错等综合因素进行考量，找寻刑法惩戒和妇女权益保护的平衡点。法律的规定和适用需要符合社会对正义的诉求和公众的情感、认知，还要与社会道德伦理相契合，一方面应起到对相似情况的刑罚震慑，另一方面，需对有违道德风尚、善良风俗的行为有所引导。本案中，被害人在明知二被告人离婚不离家的情况下仍实施破坏家庭和谐的行为，于社会道德所不容，被害人的行为固然不值得提倡，也确实给被告人温某某的情感造成了伤害，但被害人作为社会公民，应保障其基本人身权利和人格权利，二被告人采取极端的方式处理纠纷，已经触犯了刑罚，二被告的行为应收到相关刑罚的制裁，以维护被害妇女的合法权益。二被告人对被害人进行赔偿并取得谅解，社会矛盾已得到化解，本案被告人温某系婚姻及情感的无过错方，在对冲动行为付出代价的同时，合议庭考虑其初犯、认罪态度、被害人对起因有过错等综合因素，对二被告人判决不同种类的刑罚，体现了对婚姻关系中弱势群体和无过错方利益的平衡。

编写人：浙江省温州市瓯海区人民法院　王群英

（七）猥亵儿童罪

20

性侵未成年人案件中对证据及情节的认定

——谢某猥亵儿童案

【案件基本信息】

1. 裁判书字号

广西壮族自治区贺州市中级人民法院（2021）桂11刑终149号刑事裁定书

2. 案由：猥亵儿童罪

【基本案情】

被告人谢某于2016年9月调到某小学任教至今，在2020年至2021年春季学期期间，谢某利用其在校的时间，如课堂、课间、放学后等，在学校的教室、厕所等公共场所先后以亲脸、摸阴部等方式当众猥亵了被害人罗某、莫某等数名学生。另查明，2021年3月22日21时许，被告人谢某派出所民警传唤到案。

【案件焦点】

1. 对性侵儿童犯罪中的证据确实、充分标准的准确把握；2. 对犯罪行为空间环境及情节是否恶劣的认定；3. 对禁业限制的准确适用。

【法院裁判要旨】

广西壮族自治区贺州市平桂区人民法院经审理认为：被告人谢某利用教师身份和工作便利，在教学场所当众多次猥亵多名未满十二周岁的儿童，情节恶劣，其行为触犯了《中华人民共和国刑法》第二百三十七条第三款之规定，构成猥亵儿童罪，依法应处五年以上有期徒刑，并应从重处罚。公诉机关指控被告人谢某犯猥亵儿童罪成立。对被告人谢某辩称是因为学生们说肚子痛，他才帮她们揉肚子，摸莫某和孔某的阴部，是因为他闻到有臭味，需要确认是不是莫某或者孔某的隐私部位散发出来的，其行为不构成犯罪的辩解意见。经查，被告人谢某在教学场所进行教学时或在课间当众对多名女同学亲脸蛋、摸后背或摸阴部等隐私部位的事实有被害人陈述、证人证言予以证实，并与谢某在公安侦查阶段所作的多次供述相互印证，能充分证实公诉机关指控的事实，且谢某辩称女学生肚子痛或者闻到有臭味才揉她们肚子或者摸阴部的理由实属荒谬。故对被告人谢某的该项辩解不予采纳。对辩护人提出被告人谢某是初犯、偶犯，到案后能如实供述其猥亵被害人孔某、莫某的犯罪事实，自愿认罪认罚，且已临近退休，人身不具危险性，建议本院对被告人谢某从轻处罚的辩护意见。本院认为，被告人谢某利用教师身份在教学场所多次猥亵儿童，不属于初犯、偶犯，其行为违背师德，丧失道德底线，严重破坏教学秩序，极大地伤害学生的身体和精神健康，社会危害性极大，且被告人谢某在开庭过程中亦当庭翻供，拒不认罪。故对辩护人的该项辩护意见不予采纳。被告人谢某作为一名教师，是对未成年人负有特殊职责的人员，但仍利用职业便利对未成年人实施违背职业要求的犯罪行为，依法应禁止其自刑罚执行完毕之日起从事相关职业。

综上，广西壮族自治区贺州市平桂区人民法院依照《中华人民共和国刑法》第二百三十七条第三款、第三十七条之一第一款之规定，作出如下判决：

一、被告人谢某犯猥亵儿童罪，判处有期徒刑十二年；

二、禁止被告人谢某自刑罚执行完毕之日起五年内从事与未成年人相关的教育职业。

谢某持原审辩解提起上诉。广西壮族自治区贺州市中级人民法院经审理认为：上诉人谢某利用教师身份和工作便利，在教学场所当众多次猥亵多名未满十二周岁的儿童，情节恶劣，其行为 构成猥亵儿童罪。对于谢某及其辩护人所提上诉理由和辩护意见，原判根据在案证据和法律规定已作具体评判，二审评判与原判一致。原判量刑已综合考量了本案的具体情节，量刑适当。上诉人及其辩护人所提上诉理由和辩护意见不能成立，不予采纳。原判认定的事实清楚，证据确实、充分，定罪准确，适用法律正确，量刑适当，审判程序合法。故谢某的上诉理由不能成立，应予驳回。

广西壮族自治区贺州市中级人民法院依照《中华人民共和国刑事诉讼法》第二百三十六条第一款第一项之规定，作出如下裁定：

驳回上诉，维持原判。

【法官后语】

近年来性侵未成年人的案件时有发生，如何能体现对未成年被害人“最高限度保护”和“最低限度容忍”的指导思想，并在案件中依法从重从严准确打击此类犯罪，笔者认为有以下几个重点。

一、对案件证据确实、充分标准的准确把握。

刑事诉讼法规定“重证据，重调查研究，不轻信口供”的办案原则，并规定，只有被告人供述，没有其他证据的，不能认定被告人有罪和处以刑罚；没有被告人供述，证据确实、充分的，可以认定被告人有罪和处以刑罚，即一方面不能单凭口供定罪，另一方面经法庭审理查证属实的其他证据确实、充分，可以证明被告人有罪的，也可以对被告人定罪、判刑。但对于猥亵罪、奸淫幼女等此类性侵案件，因为犯罪行为的隐蔽性和被害人由于年幼而缺乏自身保护意识和对性侵害行为的认知和辨识能力等原因，取证更为困难，导致常常出现被告人心存侥幸，不供认犯罪的情况。在此情况下，笔者认为要重点审查被害人陈述、证人证言客观真实性，排除合理怀疑后结合其他在案证据进行综合认定。

例如，在本案中，被告人谢某辩称是因为学生们说肚子痛，他才帮她们揉肚子，摸阴部，是因为他闻到有臭味，需要确认是不是学生的隐私部位散发出来的，其行为不构成犯罪的辩解意见。通过对被害人陈述、证人证言的逐一核查，排除矛盾及合理怀疑后，与被告人谢某在侦查阶段的供述高度相符，并与其他在案证据形成完整的证据链证实谢某在教室等场所猥亵多名未成年被害人的事实，本案证据确实、充分，对被告人谢某的辩解不予采纳。

二、对情节恶劣的认定

我国刑法规定“猥亵儿童多人或者多次的”“在公共场所当众猥亵儿童，情节恶劣的”属于法定刑升格量刑情节。为突出刑事司法领域对未成年被害人的优先保护原则，以及体现对未成年被害人“最高限度保护”和“最低限度容忍”的指导思想，《最高人民法院、最高人民检察院、公安部、司法部关于依法惩治性侵害未成年人犯罪的意见》，该意见第二十五条从犯罪主体、犯罪地点、犯罪手段、犯罪对象、犯罪后果、行为人的一贯表现等七个方面，对奸淫幼女、猥亵儿童从重从严惩处的情况作了具体规定，在司法实践中，如果被告人同时具有其中列举的某几项情形的，可以认定为“情节恶劣”的情形，依法应在有期徒刑五年以上进行量刑。另外，该意见第二十三条规定，在校园、游泳馆、儿童游乐场等公共场所对未成年人实施强奸、猥亵犯罪，只要有其他多人在场，不论在场人员是否实际看到，均可以依照刑法第二百三十六条第三款、第二百三十七条的规定，认定为在公共场所“当众”强奸妇女，强制猥亵、侮辱妇女，猥亵儿童。

具体到本案中，被告人谢某利用其教师身份和工作便利，在教室、卫生间等公共场所对多名被害人实施多次猥亵行为，且证据证明，谢某对被害人实施多次猥亵行为时周围有其他多名学生，其行为严重破坏教学秩序，丧失道德底线，极大地伤害学生的身体和精神健康，影响恶劣，社会危害性大。因此，被告人谢某多次在校园教室、卫生间等场所对被害人实施猥亵的行为符合刑法及意见规定的情形，应当认定为“在公共场所当众猥亵儿童，情节恶劣”。

三、对禁业限制的准确适用。

在性侵未成年人犯罪的被告人中，利用职务便利对未成年人实施犯罪的不在少数，而且由于未成年人集中就学、培训等原因，所以往往这类案件一旦发生就比一般的案件更具社会危害性，社会影响更为恶劣。因此，刑法第三十七条之一第一款特别规定，因利用职业便利实施犯罪，或者实施违背职业要求的特定义务的犯罪被判处刑罚的，人民法院可以根据犯罪情况和预防再犯罪的需要，禁止其自刑罚执行完毕之日或者假释之日起从事相关职业，期限为三年至五年，利用职业限制来防止此类前科人员从事相关职业，从源头上预防犯罪。具体到本案中，因被告人谢某系教师，属于对未成年人负有特殊职责的人员，但其仍利用职业便利对未成年人实施违背职业要求的犯罪行为，依法应当禁止其自刑罚执行完毕之日起从事教育相关职业。

综上，根据本案查明的事实、性质、情节，以及社会影响和社会危害程度，贺州市平桂区人民法院依法对被告人谢某以猥亵儿童罪判处其有期徒刑十二年，并禁止被告人谢某自刑罚执行完毕之日起五年内从事与未成年人相关的教育职业。被告人谢某上诉后，二审法院经审理后认为原判认定的事实清楚，证据确实、充分，定罪准确，适用法律正确，量刑适当，审判程序合法，依法驳回上诉，维持原判。

编写人：广西壮族自治区贺州市平桂区人民法院　赵澜岚

21

加重情节作用变更在猥亵儿童罪中的适用

——肖某某猥亵儿童案

【案件基本信息】

1. 裁判书字号

福建省南平市中级人民法院（2022）闽07刑终24号刑事判决书

2. 案由：猥亵儿童罪

【基本案情】

2021年9月3日13时许，被告人肖某某为满足个人性欲，驾驶电动车至某中学校外斜坡处，以检查校牌为由，乘机分别用手摸了一下被害人吴某甲（女，12岁）、吴某乙（女，12岁）的胸部，吴某甲、吴某乙随后往校内逃离。肖某某又在上述位置以相同理由乘机用手摸了一下被害人张某某（女，12岁）的胸部后离开。之后，肖某某骑电动车来到便利店红绿灯附近，看到了正在准备上学的被害人黎某某（女，13岁），以自己需要带路为由，让黎某某乘坐自己的电动车，将黎某某带至某路××号民房旁巷子内，给予黎某某人民币50元后询问她是否愿意让其搂抱，遭到黎某某的拒绝后作罢。随后，黎某某自行离开前往学校。当日，被告人肖某某被抓获归案。

【案件焦点】

1. 肖某某猥亵单一儿童的行为是否构成犯罪；2. 肖某某“在公共场所当众猥亵儿童”的行为是否构成“情节恶劣”；3. 肖某某猥亵多名儿童的行为是否构成猥亵儿童罪加重犯。

【法院裁判要旨】

福建省邵武市人民法院经审理认为：肖某某在公共场所当众对多名儿童实施猥亵行为的全过程进行整体评价，将“猥亵儿童多人”这一加重情节变更为入罪基本构成要素，与“在公共场所当众猥亵”情节、欲搂抱一名儿童未得逞等情节，一并评价为猥亵儿童罪基本犯的构成事实，认定被告人肖某某的行为成立猥亵儿童罪基本犯。依照《中华人民共和国刑法》第二百三十七条第三款、第六十七条第三款及《中华人民共和国刑事诉讼法》第十五条的规定，判决如下：

被告人肖某某犯猥亵儿童罪，判处有期徒刑一年六个月。

一审宣判后，福建省邵武市人民检察院以原判适用法律有误，量刑畸轻为由提出抗诉，福建省南平市人民检察院支持抗诉。

福建省南平市中级人民法院经审理认为：被告人肖某某猥亵单一儿童的行为手段、情节、危害一般，仅属于《中华人民共和国治安管理处罚法》（以下简称《治安管理处罚法》）规范的猥亵行为，但综合考虑肖某某猥亵多名儿童的行为，且系在公共场所当众实施的情节，肖某某的主观恶性、行为的社会危害性已然达到应予刑罚处罚的程度，应依法追究其刑事责任。故对肖某某在公共场所当众对多名儿童实施猥亵行为的全过程进行整体评价，将“猥亵儿童多人”这一加重情节变更为猥亵儿童罪基本犯的构成要素，与“在公共场所当众猥亵”、欲搂抱一名儿童未得逞等情节，一并评价为猥亵儿童罪基本犯的构成事实，认定肖某某的行为构成猥亵儿童罪基本犯。因肖某某“猥亵儿童多人”的加重情节已变更作为猥亵儿童罪的入罪情节认定后，不应再将其作为法定刑加重处罚情节重复评价。肖某某虽具有坦白、自愿认罪的情节，但原判对其判处有期徒刑一年六个月偏轻，其在公共场所当众猥亵多名儿童的行为，行为性质恶劣，应当严惩。根据《中华人民共和国刑法》第二百三十七条第三款、第六十七条第三款及《中华人民共和国刑事诉讼法》第二百三十六条第一款第二项之规定，判决如下：

一、撤销福建省邵武市人民法院（2021）闽 0781 刑初 217 号刑事判决；

二、原审被告人肖某某犯猥亵儿童罪，判处有期徒刑四年。

【法官后语】

一、肖某某猥亵单一儿童的行为属于一般违法行为

刑法和治安管理处罚法分别对上述猥亵儿童的行为设置了不同的责任形式。其中治安管理处罚法第四十四条处罚的“猥亵不满十四周岁的人”的行为是一般违法程度的猥亵儿童行为。基于对儿童的特殊保护，刑法并未将暴力、胁迫等强制方法作为猥亵儿童罪的构成要件，但并非一旦发生猥亵儿童的行为，必然构成猥亵儿童罪。猥亵儿童的一般违法行为和犯罪行为的界限并非泾渭分明，在审判实践中应秉持刑法谦抑性原则，从整体、辩证地综合考量猥亵儿童行为的主体，猥亵儿童行为侵犯的身体部位所代表的性象征意义，猥亵儿童的手段、猥亵儿童行为持续的时长、猥亵儿童行为发生的环境、对被害儿童身心伤害的大小、对社会风尚的冒犯程度等因素，对猥亵犯罪与猥亵一般违法行为作相应区分。

肖某某在公共场所当众乘被害女童不备，隔着衣物，用手短暂触摸性敏感部位乳房后迅速离开的行为，猥亵手段较轻、无强制性，针对的身体部位性象征意义有别于生殖器官，猥亵持续时间极短，对社会良好风尚的损害程度较轻，对法益侵害的程度较小，遵循刑法适用的谦抑性原则和罪刑相适应原则，不宜被评判为猥亵儿童犯罪，应认定为猥亵儿童一般违法行为。

二、肖某某“在公共场所当众猥亵儿童”的行为不应认定为“情节恶劣”

肖某某猥亵被害女童的地点分别位于某中学校外斜坡处及某路××号民房旁巷子，显属社会公众一般认知的公共场所。司法实践中如何认定“当众”猥亵，一直存在争议。一种意见认为，“当众”猥亵是指行为人在公共场所不惧怕被公众发现，公然地、肆无忌惮地实施猥亵；另一种意见认为，“当众”猥亵是当着众人实施。上述两种理解都无法全面反映刑法将“在公共场所当众”作为猥亵儿童罪法定刑加重情节的立法意图。刑法立法时主要考虑，当众实施性侵犯罪行为不仅对被害人的性羞耻心造成更严重的伤害，而且侵犯了普通公民最基本的道德情感，是对公共秩序的公然藐视，应配置更高法定刑。

基于此，《最高人民法院、最高人民检察院、公安部、司法部关于依法惩治性侵害未成年人犯罪的意见》第二十三条规定，在校园、游泳馆、儿童游乐场等公共场所对未成年人实施强奸、猥亵犯罪，只要有其他多人在场，不论在场人员是否实际看到，均可以认定为在公共场所“当众”强奸妇女，强制猥亵、侮辱妇女，猥亵儿童”。上述规定采用目的解释的方法，对“当众”作适度扩张解释，符合将“在公共场所当众”作为强奸妇女，奸淫幼女、猥亵儿童犯罪法定刑加重情节的立法目的，亦符合对性侵害妇女、儿童犯罪从严从重打击的刑事政策理念。换言之，“在公共场所当众实施”的认定，不要求其他在场人员实际看到，只要场所具有相对公开性，且在场人员随时可能发现、可以发现或感知猥亵行为即可。具体到本案，案发地为某中学校门外斜坡及路边民房巷子内，在案的监控视频等证据亦反映，肖某某选择学生上学时段实施猥亵行为，存在多名学生或人员进出的可能性，在场人员随时可能发现，或可以发现肖某某的猥亵行为。故肖某某的猥亵行为应被认定为“在公共场所当众”猥亵儿童。

刑法修正案十一为克服近年来司法实践中不考虑猥亵的具体情节轻重与否，简单机械地以是否在公共场所当众实施为标准科以刑罚，而对“在公共场所当众猥亵儿童”增加了“情节恶劣”的限制条件。当前尚无法律以及司法解释针对在公共场所当众猥亵儿童“情节恶劣”的情形予以明文规定，导致司法实践中对“情节恶劣”的认识存在较大差异。司法实践中，应遵循罪责刑相适应的刑法基本原则，综合考虑猥亵儿童行为针对的身体部位、猥亵儿童手段、持续时间、对儿童身心伤害大小等多项因素，合理解释适用“情节恶劣”的法定刑加重条款，以确保罪责刑相当。例如，以极其猥琐、卑劣的侵入型手段猥亵儿童的，实施猥亵行为的时间跨度长的，猥亵行为致使儿童的身心健康损害程度较深的，猥亵儿童造成恶劣社会影响、引发强烈民愤等情形，宜认定为“情节恶劣”的加重情节。本案中，肖某某虽在公共场所“当众”猥亵儿童，但综合考虑肖某某猥亵儿童的手段轻微、持续时间极短，且未对儿童的身心健康及社会安定造成十分恶劣影响等，不宜评判为在公共场所当众猥亵儿童“情节恶劣”的情形，故肖某某在公共场所当众猥亵儿童的行为，不构成刑法第二百三十七条第三款第二项规定的“在公共场所当众猥亵儿童，情节恶劣”的猥亵儿童罪法定刑加重犯。

三、肖某某的行为仅构成猥亵儿童罪基本犯

刑法分则的大多数法条都规定了两个以上的法定刑幅度，但任何条文都不可能完整描述所有案件事实，为了避免出现若不考虑案件的加重情节，则被告人的行为并不成立相应的基本犯，而以更轻的犯罪或者无罪处理也不妥当；若将被告人的行为评价为加重犯，不仅违反禁止重复评价原则，又导致量刑畸重，违反罪刑相适应原则的情形，完全可能将加重情节评价为基本犯的构成事实，从而仅按基本犯处罚。将加重情节评价为基本犯的构成事实，便是本文认定肖某某构成猥亵儿童罪的基本犯的理论依据。亦即，加重情节的作用原本是在行为成立基本犯的前提下为适用加重法定刑提供根据，但在某些情况下可能变更为成立基本犯的事实根据（构成事实）。具体到本案，正如本文第一点所述，肖某某猥亵单一儿童的行为本身仅属于一般违法行为，如果不考虑肖某某具备的“猥亵儿童多人”的加重情节，他的行为将不构成猥亵儿童犯罪，若根据《治安管理处罚法》进行处罚，又无法评判其在校外斜坡处猥亵三名儿童，对多名儿童的性行为自主权和性不可侵犯权的侵害，致其行为不法程度的显著增加的情形。若因肖某某具备“猥亵儿童多人”的法定刑加重情节而将其行为评价为猥亵儿童罪的法定刑加重犯，则导致量刑畸重，违反罪责刑相适应原则。为了避免陷入“不认定猥亵多名儿童的情节，不构成犯罪”与“认定为犯罪同时加重处罚”的两个极端处置方式，对肖某某在公共场所当众对多名儿童实施猥亵行为的全过程进行整体评价，根据加重情节作用变更理论将“猥亵儿童多人”的加重情节变更评价为基本犯的构成事实，与“在公共场所当众猥亵”、欲搂抱一名儿童未得逞等情节，一并评价为猥亵儿童罪基本犯的构成事实，认定肖某某的行为构成猥亵儿童罪基本犯。肖某某“猥亵儿童多人”的加重情节已变更评价为猥亵儿童罪基本犯的构成事实后，依照“禁止重复评价原则”不应再将“猥亵儿童多人”的情节另行评价为法定刑加重情节。综上，根据本案的事实、情节及危害社会的程度，对肖某某的行为应按照猥亵儿童罪的基本犯处罚。

关于本案的量刑，肖某某虽具有坦白、自愿认罪的从轻情节，但结合肖某某主观上出于追求性刺激的卑劣动机，客观上选择炎热的夏天，在学生上学的时间段内，在进入校园的主要道路上，假借检查胸牌的名义，在公共场所当众肆无忌惮地先后触摸多名衣着单薄，正处于青春发育期的女学生的胸部，为保护儿童的性不可侵犯性及身心健康，二审法院改判有期徒刑四年，既符合罪责刑相适应原则，又对打击猥亵儿童犯罪具有积极意义。

猥亵儿童的犯罪行为性质恶劣，严重突破法律和道德底线，极大危害儿童身心健康。司法实践中对猥亵儿童罪的加重情节的理解和适用要在遵循罪刑法定原则及罪责刑相适应原则的基础上，践行儿童利益最大化原则，实现对儿童权利的“最高限度保护”。

编写人：福建省南平市中级人民法院　陈黎明　曾倩颖

22

刑事从业禁止的认定

——李某猥亵儿童案

【案件基本信息】

1. 裁判书字号

河南省新乡市中级人民法院（2021）豫07刑终332号刑事裁定书

2. 案由：猥亵儿童罪

【基本案情】

2020年12月3日晚21时许，被告人李某在某中学综合楼一楼的办公室内，利用给被害人吴某（2008年1月1日出生）辅导功课的便利，搂其肩膀，并在讲解完题目后拍了被害人吴某的屁股。2020年12月7日21时许，被告人李某在某中学教学楼三楼办公室内，利用给被害人吴某辅导功课的便利，让被害人坐在其腿上，讲课期间将手伸到吴某的衣服内摸其后背腰部。2020年12月10日21时许，被告人李某以给被害人吴某辅导功课为由，将被害人吴某叫至综合楼一楼办公室，采取搂抱、抚摸后背、亲吻的方式对被害人吴某实施猥亵。

【案件焦点】

李某是否应当适用从业禁止措施。

【法院裁判要旨】

河南省卫辉市人民法院经审理认为：被告人李某对不满十四周岁的女童实施猥亵，其行为已构成猥亵儿童罪，公诉机关指控罪名成立，本院予以支持。被告人李某作为教导主任，对学生负有教育、保护的职责，但其利用给学生补课之机猥亵儿童，应当从严惩处。鉴于被告人李某当庭能供认其犯罪事实，酌情对其从轻处罚。根据被告人李某的犯罪行为、性质、情节和对于社会的危害程度，依照《中华人民共和国刑法》第二百三十七条第三款、第四十五条、第四十七条、第六十一条之规定，作出如下判决：

被告人李某犯猥亵儿童罪，判处有期徒刑三年。

宣判后，河南省卫辉市人民检察院提出抗诉，河南省新乡市中级人民法院经审理认为：原审被告人李某利用教师的职务便利，猥亵不满十四周岁的女童，其行为已构成猥亵儿童罪。关于河南省卫辉市人民检察院的抗诉意见及河南省新乡市人民检察院的出庭意见，经查，刑法规定的从业禁止是防止犯罪分子利用职业和职务之便再次进行犯罪的预防性措施；另根据《中华人民共和国刑法》第三十七条之一第三款之规定，其他法律、行政法规对其从事相关职业另有禁止或者限制性规定的，从其规定。意即刑法关于从业禁止的规定，相对于其他专门的法律、行政法规的规定而言，起补充性作用。《中华人民共和国未成年人保护法》第六十二条规定，密切接触未成年人的单位招聘人员时，应当向公安机关、人民检察院查询应聘者是否具有性侵害、虐待、拐卖、暴力伤害等违法犯罪记录；发现其具有前述行为记录的，不得录用。密切接触未成年人的单位应当每年定期对工作人员是否具有上述违法犯罪记录进行查询。通过查询或者其他方式发现其工作人员具有上述行为的，应当及时解聘。《中华人民共和国教师法》第十四条规定，受到剥夺政治权利或者故意犯罪受到有期徒刑以上刑事处罚的，不能取得教师资格；已经取得教师资格的，丧失教师资格。《教师资格条例》第十八条规定，依照教师法第十四条的规定丧失教师资格的，不能重新取得教师资格，其教师资格证书由县级以上人民政府教育行政部门收缴。因《中华人民共和国未成年人保护法》《中华人民共和国教师法》《教师资格条例》等法律、行政法规已对有性侵未成年人犯罪记录的人员从事密切接触未成年人职业有更为全面、详细的禁止性规定，为保持刑法和其他法律、行政法规的有效衔接，体现对未成年人权益的长远保护，故不宜再根据刑法的相关规定对李某适用从业禁止措施。依照《中华人民共 和国刑事诉讼法》第二百三十六条第一款第一项之规定，作出如下裁定：

驳回抗诉，维持原判。

【法官后语】

刑事从业禁止从刑法修正案九设定该制度以来，司法适用相对比较单一，从公开的裁判文书网上查询结果来看，主要集中在刑法分则第三章生产、销售伪劣产品罪章节中，占比达到82.3%。同时，为加大未成年人权益保护、严厉打击侵犯未成年人犯罪，在密接者实施性侵未成年人犯罪案件中，刑事从业禁止法律适用具有一定占比、达到5.3%，这从一个侧面反映出刑事执法理念重未成年人权益保护，而忽视刑事从业禁止法律适用条件、范围和法法衔接问题。

一、刑事从业禁止属性及功能的法律分析

根据刑法第三十七条之一第一款、第三款之规定，刑事从业禁止是指人民法院根据犯罪情况和预防再犯罪的需要，对因利用职业便利实施犯罪或者实施违背职业要求的特定义务的犯罪被判处刑罚者，在其他法律，行政法规对其从事相关职业没有禁止性或者限制性规定时，禁止其自刑罚执行完毕或者假释之日起从事相关职业三至五年。该制度通过禁止刑满释放或假释人员从事与前罪相关联职业的手段，隔离相关职业对再犯罪带来的诱因、便利及特定义务等机制性影响，弥补预防管理漏洞，有效实现预防再犯罪发生。其意义体现在功能性隔离、预防和补强三个方面。

1. 隔离功能。刑法第三十七条之一第一款关于“禁止其自刑罚执行完毕或者假释之日起从事相关职业三至五年”之规定表明，刑事从业禁止将特定对象与相关职业实现物理隔离，隔离功能是刑事从业禁止最基本、最直接的功能。其针对利用职业便利，或者职业要求的特定义务实施犯罪被判处刑罚者，刑满释放或假释后仍有再犯风险的，用三至五年的时间隔离阻断相关职业带来的再犯危险。

2. 预防功能。刑法第三十七条之一关于“人民法院根据犯罪情况和预防再犯罪的需要”之规定表明，刑事从业禁止制度设立的根本目的在于预防再犯罪，该制度通过从业禁止隔离阻断回归社会特定罪犯与相关职业的特定关联，强化预防治理效能，实现预防再犯罪的目的。且明确必须遵循没有其他较轻的手段消除再犯罪危险不宣告刑事从业禁止不足以预防再犯罪（确有必要）的相当性原则。

3. 补强功能。刑法第三十七条之一第三款关于“其他法律，行政法规对其从事相关职业另有禁止性或者限制性规定的，从其规定”表明：刑事从业禁止具有对其他法律、行政法规关于从业禁止性规定缺位的补位功能，实现了对从业禁止性规定的全覆盖；刑事从业禁止作为非刑罚预防措施，适用于主刑刑罚执行完毕之后，其功能在于强化刑罚执行效果，故其具有对刑罚执行效果不足的补足功能；当刑事从业禁止规定与其他法律、行政法规对其从事相关职业另有禁止性或者限制性规定相一致的情况下则可以宣告从业禁止，实现对预防措施的强调。

二、刑事从业禁止适用条件的实践研讨

刑事从业禁止需要秉持双向保护理念，准确考察前罪与相关职业的法定关联，刑罚附随效果及相关职业法定关联重现（复制）对再犯罪的影响，坚持不宣告从业禁止不足以预防再犯罪（确有必要性）的适用原则，有效实现预防再犯罪和平等保护就业权的高度统一。

1. 犯罪与相关职业的内在关联性。对前罪与相关职业的法定关联，相关职业与犯罪内在关联对再犯罪的影响及预防再犯罪“需要”之确有必要性的精准考察，是准确适用刑事从业禁止的关键。

（1）犯罪与相关职业的法定关联。一是应具备“利用职业便利”或“违背职业要求的特定义务”犯罪与相关职业的法定关联，即行为人的犯罪行为与其所从事的职业之间的内在关联性的具体表现这一“犯罪情况”根据。二是规范的“职业”要件。禁止的职业应限定在国家明确规定的职业范畴内，应将行为人犯罪时所从事职业属于法定职业范畴作为适用刑事从业禁止的前提，并将“相关职业”限制解释为“相应职业”或“原有职业”。

（2）相关职业与犯罪内在关联对再犯罪的影响。刑事禁止从业施行于行为人刑罚执行完毕或者假释以后，是根据预防行为人再犯罪的需要，避免其回归社会后短期内再次利用职业便利条件，违背从业法定义务实施犯罪而采取的社会防卫行为。预防再犯罪“需要”应将相关职业与犯罪内在关联对再犯罪的影响作为考察的关键。要将行为人罪前、罪中、罪后情节与行为人所从事职业的内在关联性的具体表现及具体表现对再犯罪的影响作为适用从业禁止的主要依据，即将行为人实施犯罪利用了职业的何种便利，利用的具体方式，职业便利作用于犯罪的机制及效果，或违背职业要求的特定义务的具体内容为何，程度是否严重，特定义务与犯罪有何种关联，对特定义务的违背是如何作用于犯罪等是否存在可被复制，重复再现的可能及可能性大小作为适用刑事从业禁止的判断依据。要将对刑罚执行效果的评估和预测纳入其中，既考虑行为人的人身危险性及刑罚对罪犯人身危险性的消减，还要考虑刑罚的附随后果，如果刑罚的附随后果实际起到预防再犯罪的客观效果，刑事从业禁止则无必要。如国家工作人员因故意犯罪被判刑终身不得再获身份，不具再犯罪可能；教师因故意犯罪将不能取得教师资格被终身禁止从业，因而刑事从业禁止无须适用，均体现了刑罚附随效果对刑事从业禁止的适用排除。

作为非刑罚措施的有益补充与强调，对于从业行为与犯罪行为关联度不高的偶发性犯罪，以及主观恶性不深，人身危险性不大的初犯，偶犯和可塑性较强的未成年人犯罪，考虑行为人刑罚执行完毕后足以消除再犯危险的，不存在需要弥补的“刑罚不足”，自然不存在“预防再犯罪的需要”，无须适用刑事从业禁止。

2. 刑事从业禁止与其他从业禁止性规定的关系解读。刑事从业禁止只有在其他法律、行政法规对从业禁止规定缺位，却有适用必要的情况下，才得以适用。若其他法律、行政法规已经规定终身禁业的，刑罚附随效果已经实现犯罪与相关职业的有效隔离，无须再适用刑事从业禁止。例如，《中华人民共和国义务教育法》第二十四条“学校不得聘用曾经因故意犯罪被剥夺政治权利或者其他不适合从事义务教育的人担任工作人员”的规定，《中华人民共和国教师法》第十四条“收到剥夺政治权利或者故意犯罪受到有期徒刑以上刑事处罚的，不能取得教师资格，已经取得的丧失教师资格”的规定对曾故意犯罪的人通过限制从业或者禁授教师资格实现对罪犯终身禁业，刑罚附随效果已经实现犯罪与相关职业关联重现危险的有效隔离，对因故意犯罪被判处有期徒刑以上刑罚的特定罪犯适用刑事从业禁止系多余重复处分，是对相当性原则的违反，不利于维护法律体系的统一，适用即为错用。当刑事从业禁止规定与其他法律、行政法规对其从事相关职业另有禁止性或者限制性规定相一致的情况下则可以通过宣告强调从业禁止。因此，刑事从业禁止依法可以并且只可以补位适用和强调适用。

三、本案件具有的指导性意义

1. 明确刑事从业禁止与“其他法律、行政法规对其从事相关职业另有禁止或者限制性规定的”的适用层级关系。本案中，《中华人民共和国未成年人保护法》《中华人民共和国教师法》《教师资格条例》均对具有教师身份的主体实施犯罪行为法律后果进行规定，违反者终身不得再从事教师职业。在此情形下，刑事从业禁止让步于其他法律、行政法规的特殊规定，法法衔接与适用在本案中得以完整地体现。

2. 刑事从业禁止，禁止的是从事与犯罪行为有关联的相关职业。本案中，抗诉机关抗诉认为被告人李某利用教师身份猥亵不满十四周岁幼女，依法应从重从严惩处；为严厉打击性侵害未成年人犯罪，保护未成年人免遭侵害，依法应当对李某判处从业禁止。请求判令禁止李某自刑罚执行完毕之日起或者假释之日起从事密切接触未成年人职业三年。

综上，刑事从业禁止必须秉持双向保护理念，以预防再犯罪为目的，以犯罪与相关职业的内在关联性的具体表现复制再现可能性、刑罚附随效果及不适用不足以防止再犯罪为法定适用条件，以法律体系完整性为合法性判断基本依据，对刑法三十七条之一精准把握、对适用条件的准确判断，实现预防再犯罪与平等保护就业权的高度统一。

编写人：河南省新乡市红旗区人民法院　王永亮

（八）非法拘禁罪

23

恶势力犯罪与一般恶性犯罪的区分认定

——刘某峰等诈骗、非法拘禁、强迫交易案

【案件基本信息】

1. 裁判书字号

广东省深圳市中级人民法院（2020）粤 03 刑终 2352 号刑事裁定书

2. 案由：诈骗罪、非法拘禁罪、强迫交易罪

【基本案情】

2013 年，被告人刘某峰等控制经营咨询公司，购买大量公民信息，经营放贷业务。被告人利用被害人急需用钱且不熟悉金融及法律知识的弱点，诱骗被

害人签订空白合同、空白借据，通过虚构债权数额，肆意收取高额服务费、管理费等方式诈骗被害人财物。被告人刘某峰等负责审批各类贷款及公司的全面运营。当客户违约没有偿还欠款时，咨询公司便雇佣专门人员去催收款项，默许催收人员对借款人实施非法拘禁等犯罪行为。

2015年，咨询公司因为侵犯公民个人信息罪被查获。刘某峰于2016年登记成立了信息公司作为总公司，统领旗下金融公司、服务公司等“××系公司”，在全国范围内从事套路贷金融犯罪。

被告人刘某峰通过咨询公司及后续的“××系公司”纠集本案多名被告人，形成较为固定的犯罪集团，在深圳、广州、北京、上海、南京、重庆、杭州等地独立注册分公司、开设门店一百余家。总部的业务部负责管理全国各地的门店，按揭部派专员到各大门店协助办理按揭手续。门店的财务做好财务报表后与总部进行对账，按比例进行利润分成。

【案件焦点】

普通恶性犯罪与恶势力犯罪，有近似的表现形式，审判中该如何区分。

【法院裁判要旨】

广东省深圳市福田区人民法院经审理认为：被告人刘某峰等在实施“套路贷”过程中，诱骗被害人签订空白合同、空白借据，通过虚增借贷金额，编造收费项目和理由，肆意认定违约、随意收取高额服务费、管理费、通过司法诉讼骗取胜诉判决等方式诈骗被害人财物。除诈骗犯罪外，还由此引发非法拘禁、强迫交易及强制腾房、软暴力催债等违法犯罪行为，严重侵害被害人财产或人身权益，严重扰乱社会秩序。刘某峰纠集其他被告人，在实施“套路贷”违法犯罪活动中，多次使用暴力、威胁和其他手段，为非作恶，欺压百姓、扰乱经济、社会生活秩序，在贷款中介服务、民间借贷等行业和领域内均造成了非常恶劣的社会影响，属于恶势力犯罪。

广东省深圳市福田区人民法院依照《中华人民共和国刑法》第二百六十六条、第二百三十八条、第二百二十六条、第二十五条、第二十六条、第二十七条、第六十九条、第六十七条、第五十二条、第五十三条、第六十四条，作出如下判决：

一、以诈骗罪判处刘某峰有期徒刑十二年，并处罚金200万元；以非法拘禁罪判处有期徒刑一年；以强迫交易罪，判处有期徒刑二年，并处罚金10万元；数罪并罚，决定执行有期徒刑十四年，并处罚金210万元；

二、其他被告人分别以诈骗罪、强迫交易罪、非法拘禁罪，判处有期徒刑十年至十个月不等；

三、责令刘某峰等退赔各被害人损失；扣押在案的证物由公安机关依法处理；被害人财产，依法返还被害人；被告人及公司名下财物依法拍卖后按比例退赔在案各被害人。

刘某峰等持原审辩解上诉，称本案不构成恶势力犯罪。广东省深圳市中级人民法院经审理认为：刘某峰纠集同案犯为共同实施本案所涉犯罪而组成的较为固定的犯罪组织，应当认定为恶势力犯罪集团。二审法院对一审判决理由予以认可。

广东省深圳市中级人民法院依照《中华人民共和国刑事诉讼法》第二百二十五条第一款第一项的规定，作出如下裁定：

驳回上诉，维持原判。

【法官后语】

检察机关将刘某峰等指控为恶势力犯罪，而被告人认为即便构成犯罪，也只是普通的共同犯罪，并非恶势力犯罪。恶势力犯罪与一般普通恶性犯罪有近似的表现形式，刘某峰等实施的强迫交易、诈骗、非法拘禁等罪名也是普通恶性犯罪的常见罪名。因此，是否构成恶势力犯罪，需要司法机关严格依照法律进行准确认定。

1. 区分恶势力犯罪与一般恶性犯罪的特征

（1）组织特征。从普通共同犯罪到恶势力犯罪，呈现出从临时、松散的组织性，到固定、严密的组织性；从内部的组织性到内外结合的组织性；从人员、物质的组织性到精神、文化的组织性。在探索恶势力犯罪认定的组织标准时，司法机关还应审查组织特征的三性：一是从组织的固定性看，恶势力犯罪的组织应当是相对固定的成员，而非被临时纠集者；二是从组织的经常性看，恶势力犯罪组织需要经常纠集，而非偶尔纠集；三是从组织的纠集者看，恶势力犯罪要有相对固定的纠集者。上述因素是可以相互影响的，在认定时需要综合判断。

（2）行为特征。在探索恶势力犯罪的行为标准时，应审查行为特征的三性：一是从行为的暴力性看，恶势力的犯罪行为应当以暴力、威胁或软暴力等手段进行；二是从行为的公开性看，恶势力实施行为应当具有一定的公开性；三是从行为的多次性看，恶势力实施的犯罪行为须具有多次性，否则无法区分临时聚众犯罪与恶势力组织犯罪。

（3）危害特征。司法解释将危害特征规定为在一定区域或者行业内，为非作恶，欺压百姓，扰乱经济、社会生活秩序，造成较为恶劣的社会影响，但尚未达到黑社会性质组织的破坏程度。

2. 重点把握危害特征

法院在把握恶势力犯罪的危害标准时，审查了刘某峰危害特征的三性，即区域性或行业性、恐惧性、恶名性：一是从危害的区域性或行业性看，恶势力的危害本质是在一定区域或者行业产生危害影响。“一定区域”指市场、码头、车站等空间；“一定行业”包括合法行业如建筑业、酒类经销等，也包括非法行业如放高利贷、黄赌毒等。二是从危害的恐惧性看，恶势力危害造成的恐惧，并不限于被害人的内心恐惧、厌恶或者心理强制，还包括对区域内或行业内其他人员的影响。所以，在证明危害特征时不仅要收集被害人的言词证据，还要注意收集其他人员的言词证据。三是从危害的恶名性看，恶势力的“恶名”可能以多种形式存在，包括“菜霸”“海鲜霸”之类的绰号。

综上，人民法院依据《最高人民法院、最高人民检察院、公安部、司法部关于办理恶势力刑事案件若干问题的意见》规定，严格把握恶势力是指经常纠集在一起，以暴力、威胁或者其他手段，在一定区域或者行业内多次实施违法犯罪活动，为非作恶，欺压百姓，扰乱经济、社会生活秩序，造成较为恶劣的社会影响，但尚未形成黑社会性质组织的违法犯罪组织。本案被告人刘某峰纠集多人，为共同实施本案犯罪而组成较为固定的犯罪组织，应当认定为恶势力犯罪。

编写人：广东省深圳市福田区人民法院　李磊

（九）诬告陷害罪

24

法条竞合情形下诬告陷害罪和伪证罪的区分

——卫某甲等诬告陷害、伪证案

【案件基本信息】

1. 裁判书字号

河南省平顶山市中级人民法院（2021）豫04刑终490号刑事裁定书

2. 案由：诬告陷害罪、伪证罪

【基本案情】

2013年7月，被告人卫某乙、贾某某、王某召等一起承包建设某小学改造工程，因前期工程系被害人王某建、陶某某承包，王某建、陶某某在场地内堆放一些砖块。等卫某乙等施工时，王某建、陶某某赶到现场，并建议施工队先在别处施工，待将砖块运走后再施工。后卫某乙将此事告知被告人卫某甲，卫某甲便在中间协调，让卫某乙给王某建5000元并请其吃饭，工地上堆放的砖由卫某乙施工使用。次日晚上，卫某乙、贾某某等便请王某建、陶某某吃饭，饭后卫某乙给王某建5000元和一些礼品。后卫某乙等将王某建、陶某某堆放在工地上的砖块用于施工。

2013年11月至2015年11月，被告人卫某甲与王某建、陶某某合伙承揽某敬老院扩建工程项目，后因工程款结算问题产生矛盾，陶某某便四处反映卫某甲违法乱纪问题。2017年3月8日，为打击报复陶某某，卫某甲指使被告人卫某乙、贾某某捏造2013年7月在某小学改造工程施工期间，陶某某、王某建采取闯入施工现场、谩骂施工人员、砖头砸毁施工器材并用砖堆堵死小学校门十余天，索要5000元钱以及礼品的事实向公安局报警。在公安局侦查期间，卫某甲指使被告人周某某、董某某作伪证，董某某又指使被告人符某某作伪证，卫某乙指使被告人王某召作伪证，致使陶某某、王某建分别被公安局以敲诈勒索罪刑事拘留38日。

【案件焦点】

1. 本案中七名被告人的行为应如何定性；2. 本案的主从犯关系应如何区分。

【法院裁判要旨】

河南省郏县人民法院经审理认为：被告人卫某甲、卫某乙、贾某某结伙捏造事实诬告陷害他人，意图使他人受刑事追究，导致被害人被错误羁押38天的严重后果，侵犯了他人的人身权利和国家司法机关的正常活动，上述三被告人的行为均已构成诬告陷害罪；被告人董某某、王某召、周某某、符某某在刑事诉讼过程中，故意作虚假证明，意图陷害他人，情节严重，侵犯了司法机关的正常活动和公民的合法权利，上述四被告人的行为均已构成伪证罪。本案系二人以上共同犯罪，被告人卫某甲、卫某乙、贾某某在诬告陷害罪中，被告人董某某、符某某、周某某、王某召在伪证罪中均起主要作用，均系主犯；被告人王某召、贾某某、周某某自动投案，归案后如实供述自己的犯罪事实，均系自首，可从轻或减轻处罚；卫某甲、卫某乙、董某某、符某某归案后均如实供述自己的犯罪事实，亦可从轻处罚；卫某甲、卫某乙、贾某某、王某召、董某某配合家属与被害人达成和解，并取得被害人谅解，在量刑时予以考虑。

河南省郏县人民法院依照《中华人民共和国刑法》第二百四十三条第一

款，第三百零五条，第二十五条第一款，第二十六条第一款，第六十七条第一款和第三款，第六十九条第一款，第七十条之规定，作出如下判决：

一、被告人卫某甲犯诬告陷害罪，判处有期徒刑四年；与河南省平顶山市湛河区人民法院刑事判决执行部分有期徒刑三年六个月并罚，决定执行有期徒刑七年；

二、被告人卫某乙犯诬告陷害罪，判处有期徒刑三年六个月；

三、被告人董某某犯伪证罪，判处有期徒刑三年；

四、被告人符某某犯伪证罪，判处有期徒刑三年；

五、被告人周某某犯伪证罪，判处有期徒刑三年；

六、被告人王某召犯伪证罪，判处有期徒刑二年；

七、被告人贾某某犯诬告陷害罪，判处有期徒刑二年。

卫某乙、符某某提起上诉。

河南省平顶山市中级人民法院经审理认为：原审判决认定事实清楚，证据确实、充分，定罪准确，量刑适当，审判程序合法，但符某某、王某召、周某某系在他人的指使下向公安机关作虚假证明，在共同犯罪中起次要和辅助作用，均应认定为从犯，一审将上述三人均认定为主犯不当，予以纠正。

河南省平顶山市中级人民法院依照《中华人民共和国刑事诉讼法》第二百三十六条第一款第一项之规定，作出如下裁定：

驳回上诉，维持原判。

【法官后语】

本案中，七名被告人的分工较为明确，其中，卫某甲作为幕后主使，意图他人受到刑事追究，故意指使卫某乙和贾某某捏造他人的犯罪事实并向公安机关报案，并指使董某某（董某某除自己参与作伪证外又指使符某某作伪证）、王某召和周某某向公安机关作虚假证明。在具体实施犯罪的过程中，因各被告人的行为同时涉及诬告陷害罪、伪证罪等罪名，在认定时产生了一定的争议。

诬告陷害罪，是指捏造事实诬告陷害他人，意图使他人受到刑事追究，情节严重的行为。而伪证罪，是指在刑事诉讼中，证人、鉴定人、记录人、翻译人对于案件有重要关系的情节，故意作虚假证明、鉴定、记录、翻译，意图陷害他人或者隐匿罪证的行为。司法实践中，诬告陷害罪和伪证罪在犯罪构成上虽有不同，但两罪在部分情形下存在着交叉重合之处。如在侵犯的客体方面，虽然诬告陷害罪的主要侵犯客体是公民人身权利，但不应局限于此，相关行为也可能会影响到正常的司法秩序，如行为人向司法机关实施诬告陷害他人的行为时，所侵犯的就是复杂客体，此时便与伪证罪侵犯的客体产生了交叉；又如，在主观方面，伪证罪的犯罪意图显然包含了诬告陷害罪的犯罪意图。因此，在故意作伪证诬陷他人的情形下，两罪的犯罪意图完全相同，无法区分开来。对此，笔者认为，当两罪构成要素存在交叉重合时，硬作区分是徒劳无益的，应当依照法条竞合的处断原则认定具体行为。伪证罪在主观犯罪意图方面的外延显然大于诬告陷害罪，但诬告陷害罪在犯罪主体、对象以及实行行为起止时间上的范围又大于伪证罪，故两罪不应是从属关系下的法条竞合，而属交叉法条竞合，需区分具体情况认定。

本案中，卫某甲为达到诬告陷害他人的目的，教唆和指使同案被告人分别实施了“报假案”“作伪证”的行为，最终导致公安机关错误立案并造成他人被错误羁押38天的严重后果。需注意的是，在诬告陷害行为人教唆他人作伪证的情况下，还可能会构成妨害作证罪，从而出现诬告陷害罪、伪证罪和妨害作证罪三罪交叉竞合的复杂情形。此时，可根据各被告人的主观故意和具体行为进行认定。首先，卫某甲作为幕后主使，为使他人受到刑事追究，实施了预谋、教唆和指使行为，单从具体行为上分析，同时可构成诬告陷害罪、妨害作证罪和伪证罪三个罪名，且属交叉竞合关系，考虑到其行为最终导致两名被害人被错误羁押38天的后果，不仅严重侵犯了被害人的人身权利，而且影响了司法机关的正常活动并扰乱了司法秩序，在三罪中均属升格情形（关于量刑，诬告陷害罪为三年以上十年以下，妨害作证罪和伪证罪均为三年以上七年以下）。此时，诬告陷害罪作为重罪，以该罪定罪处罚更符合罪责刑相适应原则。其次，在卫某甲的教唆和指使下，卫某乙和贾某某通过向公安机关作虚假告发的方式诬告陷害他人，二人在刑事诉讼程序中扮演了“被害人”的角色，而非证人角色，故结合其具体行为，应认定为诬告陷害罪。最后，符某某、董某某、王某召、周某某在卫某甲及同案被告人的教唆和指使下，向公安机关作伪证，意图陷害他人，虽然四人的行为同时符合诬告陷害罪和伪证罪的犯罪构成，但考虑到四人在刑事诉讼中扮演着“证人”的角色，在行为主体（证人）和所处诉讼程序（刑事诉讼）方面均具有特殊性，此时两罪应属特别法和普通法的竞合关系，伪证罪作为特别法，应优先适用。综上，卫某甲、卫某乙和贾某某构成诬告陷害罪，符某某、董某某、王某召、周某某构成伪证罪。

编写人：河南省平顶山市中级人民法院　李倩　朱至元

（十）侮辱、诽谤罪

25

自诉案件诽谤之情节严重的准确认定

——张某诽谤、侮辱案

【案件基本信息】

1. 裁判书字号

北京市东城区人民法院（2021）京0101刑初445号刑事裁定书

2. 案由：诽谤罪、侮辱罪

【基本案情】

自诉人郭某于2021年7月1日向本院提起刑事自诉，控告被告人张某对其实施侮辱、诽谤行为，要求追究张某的刑事责任。郭某、张某曾存在亲密关系，又是上下级，张某对郭某比较了解，张某因与同事的矛盾被开除，为泄愤发布了不少帖子，同时也通过各种渠道对郭某进行举报，郭某被上级部门调查，并调离原岗位。另外，郭某、与张某发生矛盾的前同事，分别在几个法院，持续数年对张某提起刑事或民事诉讼，民事诉讼中张某基本都是败诉，双方积怨很深。郭某曾于2018年4月11日，以张某犯诽谤罪，向本院提起过指控，当时因证据不足，经谈话，郭某申请撤诉，本院于2018年7月24日，作出同意撤诉裁定。此次，郭某再次提起控诉。

被告人张某认为，自诉人没有证据证明其虚构事实、颠倒黑白；指控的目的是打击报复，相关民事案件已经对此事进行了处理；现有证据无法证明达到严重后果；所发内容是事实，郭某提供的国家开发大学的工作函，来源不正当，要求提供原件，且工作函仅为网站删帖所用，不能证明其所发内容是虚假的；有关民事案件已经对张某作出处理，违反一事不再理原则，郭某反复通过民事、刑事诉讼起诉，是对其的骚扰，是对其作为公民依法举报的打击报复。

【案件焦点】

自诉案件诽谤的刑事责任认定。

【法院裁判要旨】

北京市东城区人民法院经审理认为：被告人实施了辱骂等行为是客观存在的，但这种行为是违法行为，还是犯罪行为，需要严格的界定。我国刑法明确规定，侮辱、诽谤的行为必须达到情节严重的程度，才构成犯罪。所谓情节严重，一般是指手段恶劣、后果严重的情形，如强令被害人当众爬过自己的胯下或者作其他严重有损人格的侮辱动作；当众向被害人身上泼粪便；给被害人抹黑脸、挂破鞋并强行拉去示众；多次用极为低级下流的言辞进行羞辱，致使被害人受到严重刺激而精神失常或者自杀；等等。判断是否达到情节严重，应当参照、比照上述列举式中的行为程度，才可作为入罪的标准。目前，自诉人向法庭提交的证据，虽然证明了被告人实施了侮辱的行为，但不能证实达到了情节严重的程度。其对于给自身及其家人造成的伤害，仅是其个人的言语表述，无客观证据予以支持。自诉人此次是换了具体帖子起诉，但实质上和2018年4

月的起诉，性质和动因是相同的，其撤诉后再次以类似理由提起诉讼，故对自诉人的控诉予以裁定驳回。

本院审查认为，郭某指控被告人张某犯诽谤罪、侮辱罪缺乏罪证，依照《中华人民共和国刑事诉讼法》第二百一十一条第一款第二项及《最高人民法院关于适用〈中华人民共和国刑事诉讼法〉的解释》第三百二十一条之规定，作出如下裁定：

驳回自诉人郭某对被告人张某的起诉。

一审宣判后，被告人未提起上诉，检察机关未提起抗诉，该裁定已发生法律效力。

【法官后语】

虽然我国对利用网络实施诽谤的行为及“情节严重”进行了明确规定，但存在的问题是：一是诽谤行为既可发生在网络空间，也可发生在现实空间，我国刑事立法及司法解释缺乏对现实空间诽谤行为的具体认定；二是《最高人民法院、最高人民检察院关于办理利用信息网络实施诽谤等刑事案件适用法律若干问题的解释》虽有对“情节严重”的规定，但其仅限于对网络诽谤他人，情节严重的规定，且仅对三种类型予以总结，并通过兜底条款的形式予以总结，但缺乏规制的全面性、规范性和具体性。尤其是缺乏具体认定的标准，导致兜底条款的认定存在含糊之处，极易导致各地司法机关各行其是，既关系到罪与非罪的认定，也关系到量刑的轻重，亟须统一性和规范性。

一、捏造事实诽谤他人的认定

在客观行为方面，本罪的构成要求被告人实施捏造事实并散布传播的具体行为，损坏他人人格、破坏他人名誉，故对本罪客观方面的认定重点在于被告人是否具有捏造事实及散布传播的行为。所谓捏造事实，是指无中生有，凭空编造虚假事实，捏造的事实限定为足以败坏他人名誉、具有具体内容且令人可信的事实，既可以完全捏造，也不可以部分捏造，即虽有部分客观事实，但行为人歪曲事实、添加事实，导致信息发生实质性修改，致使事实真相与捏造事实之间面目全非，若达到情节严重的程度，则可构成诽谤罪。所谓散布传播，是指通过文字、语言的形式对捏造的内容进行扩散。散布传播的方式包括书面形式和口头形式，书面形式包括通过图书、报刊、书信、邮件等形式进行扩散，口头形式是通过口口相传或言论方式予以扩散，捏造事实及散布传播同时具备时构成本罪。如果散布传播的是客观存在或略有夸张的事实，损坏他人人格，破坏他人名誉，不构成本罪，但可构成侮辱罪。

本案中，自诉人郭某原系某大学数字出版事业部主任，被告人张某原系某大学数字出版事业部员工，两人原系情人关系，后张某因与同事发生冲突并与郭某发生纠纷而被单位辞退，并与郭某分手，张某被辞退后是通过文字泄愤，在一些网站四处发布针对胡某的信息，如受贿问题、作风问题等，并对郭某百般辱骂，还通过各种渠道对郭某进行举报，导致郭某被上级部门调查，并调离原岗位，但需要强调的是诽谤罪的成立要求行为人具有捏造事实并散布传播，但本案中郭某举报被告人在网站散布的信息是否属于无中生有、编造虚假内容缺乏证据支撑，现有证据仅能证明被告人实施了散布传播及辱骂等内容，但缺少证明客观事实系真实信息还是虚假内容的客观内容，故诽谤罪的基本客观事实不成立。

二、“情节严重”的认定

本罪是自诉犯罪，告诉的才处理，当然，若是严重危害社会秩序和国家利益的除外。对本罪的认定，关键在于其行为是否达到情节严重的程度，此系名誉侵权与犯罪的界限，对此，可从以下方面加以认定。

1. 行为方式、持续时间。行为是犯罪的基础及核心，直接关系到本案的定性及情节严重程度。具体行为方式包括发帖、发视频、音频等方式呈现，鉴于网络具有即时性、快捷性、辐射对象的不特定性，通过网络实施的诽谤行为传播的范围更广、辐射的公众更多、造成的危害后果更为严重。通过网络实施的诽谤行为具有更为严重的社会危害性，尤其是网络具有记忆功能，其散布传播的内容历经多年仍可存在，并被他人浏览、散布、传播。此外，持续时间长短亦是影响情节严重的重要考量因素，若行为人诽谤的行为持续时间长，则其造成的危害后果就更为严重。

2. 辐射范围。被告人实施编造事实并散布传播的辐射范围越广，其造成的危害越大，也就愈加难以清除。散布传播的载体包括视频、音频、文字、图书、图片、语音等形式，也包括含有上述内容的网页、链接等，如通过国家网络媒体散布传播的范围更加广泛、造成的影响也就更加恶劣。若被告人辐射的范围相对固定，且人员较少，则其即使具有危害后果，也相对有限。在网络诽谤犯罪中，点击、浏览、转发是网络空间信息传播的通常手段，也是评判诽谤行为社会危害性的量化指标，因被告人出于损坏他人人格、破坏他人名誉目的，将无中生有、编造的虚假信息通过网络予以传播，被点击、浏览、转发的次数越多，表明该信息受到的关注更大、影响更广、危害也就更为严重，故同一诽谤信息实际被点击、浏览、转发次数的多少亦与情节严重直接关联。

3. 造成的危害后果。被告人造成的危害后果直接关系到其情节严重的认定，若被告人捏造事实或对基础事实进行实质性修改，导致公众对被害人的社会评价降低。由不损害他人名誉到损害他人名誉，既包括将正常（日常）行为歪曲为不道德行为，也包括将不道德行为歪曲为违法甚至犯罪行为，如被害人与情人在约会。若诽谤行为导致被害人自杀、自残、精神抑郁、家破人亡，则其危害后果就更为严重。其他因素包括是否影响到被害人的名誉、声誉，是否导致被害人家庭纠纷，是否导致被害人失业、被撤职、降职等。

4. 前科劣迹。被告人是否曾因诽谤被处罚，若被处罚过仍屡教不改，表明被告人的主观恶性极深、人身危险性极大。尤其是前科较多、行为极为恶劣的情况，更应严惩。

本案中，在二人关系方面，考虑到自诉人与被告人曾是情人关系，因爱致恨，被告人实施的具体行为具有一定的客观性，虽有偏激及部分捏造，但其主体是否系客观事实无法排除合理怀疑；在行为方式及持续时间方面，虽然被告人实施的方式包括现实举报、口口相传、网络传播等多种形式，但其散布传播内容主要在于被害人的作风问题、受贿情况等，且持续时间较短；在危害后果方面，被害人虽有辞去职务的行为，但此行为与被告人的举报是否存在关联性缺乏明确的法律依据。此外，虽有破坏被害人名誉的行为，但并未导致其抑郁、自残等，且被害人通过民事诉讼的方式多次维权，且获得胜诉，但刑事和民事证明标准不同，刑事证明标准要求排除合理怀疑，鉴于本案中无法证实被告人的行为是否属于无中生有、编造虚假事实，故自诉人郭某控诉被告人张某犯诽谤罪的证据不足。

编写人：北京市东城区人民法院　石魏　乔宇

（十一）侵犯公民个人信息罪

26

个人微信号已公开信息的刑法保护限度

——熊某恒等侵犯公民个人信息案

【案件基本信息】

1. 裁判书字号

江西省丰城市人民法院（2021）赣0981刑初376号刑事判决书

2. 案由：侵犯公民个人信息罪

【基本案情】

2020年6月，被告人熊某恒邀集被告人熊某甲、熊某乙、熊某丙一起从事贩卖载有公民个人信息的成品微信号的经营活动，因缺乏经验，在此期间获利较少。为谋取更多利益，2020年9月底，四被告人共同出资在网上购买了一款名叫“××兵”的软件（一款基于电脑版微信运行拥有多号智能群发、加人、拉群、退群、清粉的营销软件），用于非法添加微信好友，并制作成品微信号予以贩卖。2020年10月，被告人熊某恒的朋友秦某斌（在逃）投入5万元（占股百分之40），熊某恒投入2万元（占股20%），被告人熊某甲、熊某乙、熊某丙分别投入一定数量的电脑及手机（分别占股10%），被告人范某某未投资（占股5%），另5%的股份收益用于公司日常开支。共同购置办公桌、电脑、二手手机等物品，租赁某路阁楼，挂牌成立了“贸易公司”。由秦某斌负责对外采购空白微信号、销售成品微信号，被告人熊某恒负责公司内部管理并负责聘请公司员工，被告人熊某甲、熊某乙、熊某丙、范某某与聘请的公司员工均直接参与，使用购买的空白微信号加入行业微信群，进群后再用“××兵”软件智能添加好友，非法制作成含有五六百个微信好友的成品微信号后，通过秦某斌高价卖出，从中非法获取利益。

2021年1月，五被告人与秦某斌结伙，在贩卖成品微信号的同时，通过网上购买方式，非法获取他人求职信息（含姓名、性别、电话号码等公民个人基本身份信息）后，将求职人员的信息分发给公司工作人员。以员工每添加到一名求职人员的微信号，赚约10元不等佣金的奖励方法，让员工谎称自己是“公共科技传媒”的工作人员，并通过事先准备好的“话术”以刷单兼职为理由，让求职者添加“导师”的微信，招揽被害人进群。经营期间，各被告人按份额分配分红共计20余万元。

【案件焦点】

行为人通过技术手段等对已公开的微信号信息实施收集后进而销售或提供给他人等行为，是否构成侵犯公民个人信息罪。

【法院裁判要旨】

江西省丰城市人民法院经审理认为：被告人熊某恒等违反国家规定，结伙出资购买空白微信号和一款智能群发、加人、拉群的营销软件，以及通过网络购买他人求职信息等方式，非法添加微信好友，制作成品微信号出售或者将非法获取公民个人信息提供给他人，并从中获利，情节特别严重，其行为均已构成侵犯公民个人信息罪。本案属共同犯罪。被告人熊某恒在共同犯罪中起主要作用，系主犯；被告人熊某甲、熊某乙、熊某丙、范某某在共同犯罪中起次要、辅助作用，系从犯，对被告人熊某甲、熊某乙、熊某丙、范某某减轻处罚。被告人熊某恒、熊某甲、熊某乙、熊某丙、范某某具有坦白情节，对其从轻处罚。

江西省丰城市人民法院依照《中华人民共和国刑法》第二百五十三条之一、第二十五条第一款、第二十六条第一款、第二十七条、第六十七条第三款、第六十四条之规定，作出如下判决：

一、被告人熊某恒犯侵犯公民个人信息罪，判处有期徒刑三年零二个月，并处罚金人民币100000元；

二、被告人熊某甲犯侵犯公民个人信息罪，判处有期徒刑一年零十个月，并处罚金人民币600000元；

三、被告人熊某乙犯侵犯公民个人信息罪，判处有期徒刑一年零十个月，并处罚金人民币600000元；

四、被告人熊某丙犯侵犯公民个人信息罪，判处有期徒刑一年零十个月，并处罚金人民币600000元；

五、被告人范某某犯侵犯公民个人信息罪，判处有期徒刑十个月，并处罚金人民币30000元；

六、被告人范某某退缴的违法所得人民币14500元予以没收，依法上缴国库；继续追缴被告人熊某恒的违法所得人民币58000元、被告人熊某甲的违法所得人民币29000元、被告人熊某乙的违法所得人民币29000元、被告人熊某丙的违法所得人民币29000元予以没收，依法上缴国库；

七、扣押的手机予以没收，由扣押机关依法处理。

一审宣判后，被告人均未提起上诉，检察机关未提起抗诉，该判决已发生法律效力。

【法官后语】

本案处理重点在于行为人通过技术手段等对已公开的微信号信息实施收集后进而销售或提供给他人等行为是否构成侵犯公民个人信息罪。

一、与特定自然人信息关联的微信号可识别公民个人身份

个人信息必须与自然人相关联，而且与特定自然人相关联，同时具有识别

性，即通过该信息已识别或者可识别特定自然人。因此，微信号是否属于公民个人信息范畴，关键在于判断其是否能够单独或者与其他信息结合识别特定自然人身份或者反映特定自然人活动情况。根据《即时通信工具公众信息服务发展管理暂行规定》第六条的规定，即时通信工具服务提供者应当按照“后台实名、前台自愿”的原则，要求即时通信工具服务使用者通过真实身份信息认证后注册账号。微信通常与个人移动电话、银行卡绑定，经实名认证，微信号能反映和记载注册人姓名、身份，能最终识别到特定个人身份，故本案中的微信号属于公民个人信息。

二、非法获取他人微信号的转售行为构成实质性违法

对某一行为进行入罪规制的前提是该行为具备刑事违法性，应受刑罚惩罚性和社会危害性在决定犯罪中是密不可分的两个本质性概念。按照民法典和个人信息保护法的规定，处理已公开的个人信息，仅在合理利用该信息的限度内不需要得到权利人的同意。行为人在未告知权利人可能获取其个人信息的情况下，违法采集、获取公民个人信息的，与个人信息保护法第十三条所规定的知情同意原则相抵触，对于“窃取或者以其他方式非法获取”，无论是哪一种方式，其核心都突出了“非法”，其行为方式本身就为法律所禁止，其获取公民个人信息的行为缺乏合法性基础，具有实质违法性。本案中，行为人将收集的他人微信号转卖获利，超出了在合理范围内处理他人个人信息范畴，侵害了他人的重大利益，既违反网络安全法第四十二条“未经被收集者同意，不得向他人提供个人信息”等国家相关规定，也违背权利人的处分意思，构成实质性违法，具有刑事可罚性和刑罚必要性。

三、权利人基于法益处分目的错误所作承诺无效

微信号是具有特定主体资格或特定权利关系才可访问的个人信息，属于限制开放的个人信息，该信息并未向不特定主体无条件地一般性开放。因此，不论是在自愿授权还是法律法规强制的层面，行为人都没有擅自处理这类信息的正当性。行为人隐瞒“个人信息处理目的”，收集个人信息后为牟利而单纯倒卖的，他人的承诺属于法益处分目的错误。本案中，行为人在未告知权利人可

能获取其个人信息的情况下，违法采集、获取微信号，隐瞒获取微信号的真实意图，滥用信息技术，获取、出售他人在微信号中公开的个人信息，导致权利人在法益处分目的上发生错误的，权利人的承诺理应无效，无法阻却行为人的违法性。行为人收集后再次提供已公开个人信息的微信号时，侵害了权利人的法益处分自由，不存在权利人推定的概括授权，需要权利人二次授权才能使信息处理行为正当化，否则属于刑法第二百五十三条之一第三款规定的“窃取或者以其他方法非法获取公民个人信息的”行为。因此，本案行为人构成侵犯公民个人信息罪。

编写人：江西省宜春市中级人民法院　蒋玲玲

江西省丰城市人民法院　王跃华

27

个人信息的数量标准和违法所得数额标准的认定

——宁某侵犯公民个人信息案

【案件基本信息】

1. 裁判书字号

湖北省武汉市江岸区人民法院（2021）鄂0102刑初531号刑事判决书

2. 案由：侵犯公民个人信息罪

【基本案情】

被告人宁某通过网络结识了卢某（另案处理）。后卢某提出让被告人宁某帮助查询信用卡持有人的电话号码等信息用于信用卡催收，并按照信息查询条数给予报酬。

2019年4月开始，被告人宁某在某路××号，根据卢某提供的信用卡持卡人的姓名和身份证号码，向他人购买相关持卡人电话号码等信息后，以每条信息人民币 6 至 8 元的价格出售给卢某。经检验和统计卢某的手机电子数据，卢某与宁某之间传输公民个人信息数量为 6365 条；卢某与宁某微信用户共计 38 笔转账记录，卢某微信号向宁某微信号转账人民币 178074 元。经查，转账金额中用于购买公民个人信息的违法所得至少为 38190 元。

2020 年 12 月 23 日，被告人宁某被公安机关抓获归案。

【案件焦点】

1. 传输公民个人信息数量认定；2. 违法所得数额的认定。

【法院裁判要旨】

湖北省武汉市江岸区人民法院经审理认为：对于第一个争议焦点，公诉机关在起诉书中认定个人信息数量为 10000 条。公诉机关认定数量的依据是被告人在侦查阶段的两次供述，但该供述无其他证据相互印证。宁某和卢某的微信聊天记录中，存在 6 个涉及公民个人信息表格文件，经过汇总和排重，得出两人传输公民个人信息数量为 6365 条。经审查在案证据，依照罪责刑相适应的原则，将控辩双方没有争议的传输个人信息数量确定为 6365 条。对于第二个争议焦点，公诉机关在起诉书中指控被告人违法所得数额为人民币 80000 元，因违法所得的认定不扣除成本，即违法所得超过 50000 元，达到情节特别严重的认定标准，应在三年以上七年以下有期徒刑的幅度内量刑。公诉机关认定违法所得数额的依据同样是被告人在侦查阶段的两次供述，本院在送达起诉书时被告人宁某表示对起诉书中违法所得认定有异议，其认可的违法所得为人民币 40000 余元。银行流水显示被告人宁某作为出售方，与购买方的卢某之间经济往来超过 170000 元，卢某在证言中称其中有 90000 元是用于买卖公民个人信息的费用。宁某与卢某关于买卖公民个人信息的起始时间也存在矛盾，宁某称从 2020 年 4 月开始买卖公民个人信息，卢某称从 2020 年 11 月开始买卖公民个人信息，但卢某指认双方经济往来中用于买卖公民个人信息的流水是从 2020 年 4 月开始指认，关于违法所得数额认定的证据之间未形成完整的证据链。

合议庭根据卢某的证言及卢某公司的财务人员的证言，结合被告人的供述，认定双方是以每条6元的标准进行买卖公民个人信息，结合双方买卖公民个人的数量为6365条，得出宁某与卢某的转账金额中用于购买公民个人信息的违法所得至少为人民币38190元。

对于违法所得是否需要扣除成本的问题。刑法中的“违法所得”，一般是指犯罪分子因实施违法犯罪活动而取得的全部财物。对于实践中需要资质的经营活动，行为人由于缺乏资质而构成非法经营罪等犯罪的，通常会区分“违法所得数额”与“非法经营数额”，对于违法所得数额的认定应当扣除成本。对于司法实践中根本不允许存在的活动，或者法律所禁止从事的活动，如本案中出售、提供公民个人信息的行为，构成相应犯罪的，通常只有“违法所得”而非“非法经营数额”的标准，则不应当再扣除成本。本案中，行为人非法出售公民个人信息，获得了38190元的对价，将其全部认定为违法所得，因违法所得未超过50000元，故在三年以下有期徒刑的刑档内定罪量刑。

湖北省武汉市江岸区人民法院依照《中华人民共和国刑法》第二百五十三条之一第一款、第六十七条第三款、第五十二条、第五十三条、第六十四条及《中华人民共和国刑事诉讼法》第十五条之规定，作出如下判决：

一、被告人宁某犯侵犯公民个人信息罪，判处有期徒刑二年，并处罚金人民币5000元；

二、依法追缴被告人宁某违法所得人民币38190元，上缴国库；

三、扣押于公安机关的涉案物品由公安机关依法予以处理。

一审宣判后，被告人未提起上诉，检察机关亦未提起抗诉，该判决已发生法律效力。

【法官后语】

随着互联网的发展，公民个人信息的经济价值日益凸显。与此同时，侵犯公民个人信息的刑事犯罪频频发生，犯罪主体、犯罪手段、社会危害等呈现日益复杂的态势。《中华人民共和国刑法修正案（九）》设立“侵犯公民个人信息罪”，扩大了犯罪主体和侵犯个人信息行为的范围。所有主体都有可能构成侵犯公民个人信息的犯罪主体，可以更有效地保护个人信息的权益；“公民个人信息”包括身份识别信息和活动情况信息，是指以电子或者其他方式记录的能够单独或者与其他信息结合识别特定自然人身份或者反映特定自然人活动情况的各种信息，包括姓名、身份证件号码、通信通讯联系方式、住址、账号密码、财产状况、行踪轨迹等。非法获取、出售或者提供公民个人信息，情节严重的，处三年以下有期徒刑或者拘役，并处或者单处罚金；情节特别严重的，处三年以上七年以下有期徒刑，并处罚金。本案在准确认定案件事实的基础上，在判决前听取控辩双方的意见，保障被告人、辩护人充分行使辩护权，罪责刑相适应，审理查明的事实控辩双方均无异议。本案一审宣判后，被告人未提起上诉，检察机关亦未提起抗诉，判决已发生法律效力。本案示范效应在于：(1) 严厉打击侵犯公民个人信息犯罪，撑起公民个人信息的保护伞；(2) 严格落实宽严相济刑事政策，综合把握犯罪事实、危害后果、主观恶性和人身危险性以及认罪态度等多重情节，宽严有据，宽严有度；(3) 普及公民个人信息司法保护有关法律知识，警醒社会公众遵纪守法、提高司法保护意识。

该案例确认的裁判要点为：

1. 公民个人信息的具体认定。公民个人信息，是指以电子或者其他方式记录的能够单独或者与其他信息结合识别特定自然人身份或者反映特定自然人活动情况的各种信息，包括姓名、身份证件号码、通信通讯联络方式、住址、账号密码、财产状况、行踪轨迹等。本案信息涉及姓名、身份证号码、电话号码，属于公民个人信息。

2. 认定公民个人信息数量，应当在全面固定数据基础上有效甄别。侵犯公民个人信息案件中，信息一般以电子数据形式存储，往往数据庞杂、真伪交织、形式多样。审判机关应当把握公民个人信息“可识别特定自然人身份或者反映特定自然人活动情况”的标准，准确提炼出关键性的识别要素，如家庭住址、电话号码、姓名等，对信息数据有效甄别。对包含上述信息的认定为有效的公民个人信息，以准确认定信息数量。

3. 认定非法牟利，本案结合在案证据，依照罪责刑相适应的原则，认定被告人宁某用于出售公民个人信息的违法所得至少为38190元。对于公安机关扣押的其他涉案物品，无证据证明系犯罪工具的，由公安机关依法处理。

近年来，国家高度重视个人信息保护工作，出台个人信息保护法等相关法律，保护个人信息权益，促进网络文明建设。本案系个人信息保护法发布前夕判决生效的案件，表明司法机关持续加大对侵犯公民个人信息的打击力度，强化个人信息源头保护。

公民个人信息非法流入公共领域存在较大风险，严重威胁公民人身财产安全、社会公共利益，甚至危及国家信息安全，应当依法惩处。侵犯公民个人信息罪定量标准的一个特点就是侵犯个人信息的数量标准与违法所得的数额标准并存，本案中个人信息的数量标准和违法所得数额标准同时达到了情节严重的入罪标准，本院结合被告人的认罪态度及主观恶性做出了判决，判决后被告人服判息诉。

编写人：湖北省武汉市江岸区人民法院　马鑫

28

公民个人信息的动态识别

——王某侵犯公民个人信息案

【案件基本信息】

1. 裁判书字号

北京市东城区人民法院（2021）京0101刑初13号刑事判决书

2. 案由：侵犯公民个人信息罪

【基本案情】

2020年8月至9月，被告人王某在网络上制作、销售可以读取他人移动电话内全部短信息、通讯录和移动电话经纬度定位信息并上传到指定服务器的软件。经对该服务器电子数据进行网络在线提取，该服务器共存储他人手机通讯录9万余条，手机经纬度位置信息400余条（其中手机的设备经纬度对应的地址为某小区），手机短信息4万余条。被告人王某于2020年9月10日被民警抓获。涉案物品移动硬盘、手机、笔记本电脑、银行卡已被起获并扣押。

【案件焦点】

如何对公民个人信息进行动态识别。

【法院裁判要旨】

北京市东城区人民法院经审理认为：被告人王某违反国家规定，非法获取公民个人信息，情节特别严重，其行为已构成侵犯公民个人信息罪，依法应予刑罚处罚。北京市东城区人民检察院指控的事实清楚，证据确实、充分，指控罪名成立。被告人王某具有如实供述、认罪认罚的量刑情节，依法予以从轻处罚。公诉机关量刑建议适当，法院予以采纳。依照《中华人民共和国刑法》第二百五十三条之一第一款、第三款，第六十七条第三款，第五十二条，第五十三条，第六十四条，《最高人民法院、最高人民检察院关于办理侵犯公民个人信息刑事案件适用法律若干问题的解释》第一条，第五条，第十二条之规定，判决如下：

一、被告人王某犯侵犯公民个人信息罪，判处有期徒刑三年三个月，并处罚金人民币15000元；

二、未随案移送的作案工具笔记本电脑一台、手机一部，由扣押机关依法予以没收；在案扣押的移动硬盘一个、手机二部、银行卡一张，发还被告人王某。

一审宣判后，被告人未提起上诉，检察院亦未提起抗诉，该判决已发生法律效力。

【法官后语】

在本案审理过程中，涉及的难点问题是刑民对公民个人信息如何界定及区分，此直接关系到本案的罪与非罪及刑罚轻重。

一、刑民个人信息在“可识别性”基础上的动态界定

个人信息，通常是指可以被识别的具体个体信息，包括反映特定自然人的可识别信息以及社交活动中产生的可识别特定自然人的记录，具有鲜明的双重属性，即个体性和社会性。对个人信息概念的界定，我国采用“定义+列举”的方式进行。衡究我国立法，无论是网络安全法第七十六条“能够单独或者与其他信息结合识别”，还是个人信息保护法第四条中的“已识别或可识别”，抑或是《最高人民法院、最高人民检察院关于办理侵犯公民个人信息刑事案件适用法律若干问题的解释》第一条“单独或者与其他信息结合识别”，核心均系对“可识别性”原则的确立。个人信息的定义是动态且高度依赖于具体场景的，仅机械适用“概括+列举”方式静态类型化识别并不符合实际，必须结合个案情况进行动态认定。对于仅侵犯了电话号码、购物信息等单一信息的，应当探究个人信息保护法“保护个人信息人身利益与财产利益”的规范目的，对案涉信息进行限缩解释，从而避免无限关联递归下的动辄得咎。当然，对于具有较高识别能力的个人和企业，也应当根据其客观能力、义务范围等综合判定其对信息的可识别性。尤其是对刑事公民个人信息的认定，要结合具体案件（如案发时间、地点、具体行为、危害后果）因素对信息来源、去处、种类、价值以及其与人身权、财产权的紧密程度等综合加以判定。

二、被告人贩卖信息种类的动态认定

对公民个人信息除以可识别性作为本质认定标准外，还应综合考虑被告人的行为方式及侵犯个人信息的种类、数量、危害后果、识别能力等因素，对案涉信息进行动态识别。

具体到本案中，被告人王某非法获取及贩卖软件中包括手机通讯录9万余条，手机经纬度位置信息400余条，手机短信息4万余条。其中，手机通讯录内容包括当事人的姓名、电话，甚至包括地址等内容，可以轻易直接识别当事

人的身份信息，属于《最高人民法院、最高人民检察院关于办理侵犯公民个人信息刑事案件适用法律若干问题的解释》规定的类型之一，故可以作为公民个人信息加以认定。手机经纬度位置信息是利用三度空间的球面来定义地球上空间的球面坐标系统，能够显示手机所在的任何位置，从而识别出自然人活动的行踪信息，本质上属于行踪轨迹的表现形式之一，故亦可认定为公民个人信息。至于手机短信需要区别对待，若单独可以识别自然人身份情况，可以单独作为公民个人信息加以认定，若需与其他信息结合方可识别自然人身份，则应将结合信息作为单一信息加以认定。此外，身份通讯录、手机经纬度位置信息不仅可作为反映自然人身份或活动轨迹的重要信息，还是自然人参与社交活动、与外界联系代表其本人身份的重要媒介，兼具个体性与社会性，且此类信息的识别具有简易性、便捷性，普通人亦可轻易识别。

故综合考虑到被告人王某非法获取及贩卖个人信息的种类、数量、危害后果、识别能力等，将被告人王某的行为认定为侵犯公民个人信息罪是恰当的。

编写人：北京市东城区人民法院　石魏　李嘉菲

29

利用“暗网”技术手段远程侵犯外国公民财产权的网络共同犯罪认定

——李某某、魏某某侵犯公民个人信息、仇某等盗窃案

【案件基本信息】

1. 裁判书字号

江苏省徐州市云龙区人民法院（2020）苏0303刑初315号刑事判决书

2. 案由：侵犯公民个人信息罪、盗窃罪

【基本案情】

2018年11月27日至2019年6月28日，李某某为牟取非法利益，违反国家有关规定，通过聊天软件向魏某某出售含有德国公民姓名、住址、联系方式、银行账户等内容的信息4400余条，非法获利人民币2770元。案发后，李某某主动退缴全部赃款。2019年2月份至今，韦某某、韦某生共谋通过非法控制外国公民电脑的方式，盗刷外国公民账户钱款或出售非法获取的外国公民礼品卡等获利。在实施犯罪前，韦某某先后通过聊天软件找到仇某、闻某涛等帮忙套现，仇某、闻某涛明知韦某某等钱款系盗刷外国公民账户等方式得来，仍同意并事先就分成比例、转账金额、数量等内容进行了沟通和预谋。闻某涛为实施犯罪，事先从魏某某处购买了大量外国公民信息来注册账户用于接收韦某某、韦某生盗刷的转账资金，并让自己儿子闻某某帮忙操作转账。后韦某某、韦某生共同出资，由韦某生在网络上事先购买含有外国公民邮箱账号和密码的信息，由韦某某分别使用在“暗网”中获取的“查询软件”“××”软件筛选出近期曾登录过“×××”账号的信息并修改“×××”账号密码以获得使用权限。后韦某某、韦某生趁外国公民深夜休息但电脑开机之际，远程登录外国公民的电脑，查找电脑浏览器中保存的具有支付功能的账号和密码，后登录该账户，通过向仇某提供的游戏链接、点卡等充值的方式或者向闻某某提供的账号转账的方式非法占有他人财物。韦某某、韦某生还将获取的他人电脑中保存的礼品卡充值后出售给仇某非法获利。韦某某、韦某生通过上述方式盗取外国公民钱款合成人民币共计56万余元。其中，仇某协助盗取外国公民钱款合成人民币共计11.5万余元；闻某涛、闻某某协助盗取外国公民钱款合成人民币共计44.7万余元。

案发后，闻某涛主动向公安机关投案。在案件审理过程中，闻某涛、闻某某、仇某退缴全部涉案赃款。

【案件焦点】

仇某的行为构成掩饰、隐瞒犯罪所得罪还是构成盗窃罪的共犯。

【法院裁判要旨】

江苏省徐州市云龙区人民法院经审理认为：关于仇某及其辩护人提出的其不构成盗窃罪共犯的辩护意见，经查，根据聊天记录，韦某某发送讯息称“老外申诉啊”等，仇某也多次发送讯息称“这起来要改密码了”等，结合其在侦查机关的供述，能够确认仇某作案时已经认识到韦某某的充值来源系盗刷外国人的支付账户，具有盗窃罪的概括故意，至于其是否能够认识到韦某某采用何种技术手段秘密窃取外国人财物不影响对仇某的定性；另外，韦某某等在仅远程控制外国公民电脑及账户操作权限时盗窃行为尚未实施终结，直至仇某接受充值后，外国公民才失去对自身钱款的控制，因此仇某参与实施了盗窃行为，是盗窃罪的共犯，而不构成掩饰、隐瞒犯罪所得罪。仇某盗窃他人财物，数额巨大，其行为已构成盗窃罪。

江苏省徐州市云龙区人民法院依照《中华人民共和国刑法》第二百六十四条、第二百五十三条之一第一款和第三款、第二十五条第一款、第二十六条第一款、第二十七条、第六十七条第一款和第三款、第七十二条第一款和第三款、第七十三条第二款和第三款、第六十四条之规定，作出如下判决：

一、李某某犯侵犯公民个人信息罪，判处有期徒刑一年六个月，并处罚金人民币5000元；

二、魏某某犯侵犯公民个人信息罪，判处有期徒刑一年八个月，并处罚金人民币6000元；

三、韦某某犯盗窃罪，判处有期徒刑十年，并处罚金人民币80000元；

四、韦某生犯盗窃罪，判处有期徒刑十年，并处罚金人民币80000元；

五、闻某涛犯盗窃罪，判处有期徒刑四年五个月，并处罚金人民币30000元；

六、闻某某犯盗窃罪，判处有期徒刑三年，缓刑三年，并处罚金人民币20000元；

七、仇某犯盗窃罪，判处有期徒刑二年二个月，并处罚金人民币15000元；

八、公安机关扣押的作案工具依法予以没收，退缴的违法所得依法予以没收。

一审宣判后，各被告人均未提起上诉，检察机关亦未提起抗诉，该判决已发生法律效力。

【法官后语】

本案是新类型的涉外网络盗窃案件，涉及一条越过互联网安全防护措施，利用“暗网”技术手段远程登录外国公民个人电脑，盗取外国公民财物的犯罪产业链。犯罪呈现出层次性和分工化，犯罪行为人并未见过面，都是通过网络进行联系，本案中既有负责提供外国公民邮箱信息的，又有采取“黑客”技术手段远程控制外国公民个人电脑实施盗窃的，还有负责转账、套现进行洗钱的。这类案件的审判难点主要在被害人是外国公民，均在境外，难以取证。在办理这类案件时应当深刻认识到此类犯罪的恶劣性质，准确把握刑事政策，穷尽认证思路，不能因为犯罪对象不是本国国民、没有具体被害人报案而认为证据不充分、行为人社会危害性小、情节较轻，侵犯外国公民个人信息及财产安全的犯罪同样受到我国刑法规制，否则有违我国人权保障、平等保护的法治原则。

具体而言，在涉外网络犯罪产业链中，对于提供犯罪工具、犯罪资料或者帮助转账套现、取现的行为人如何定性是当下刑事司法实践中的一大难题。《最高人民法院关于审理掩饰、隐瞒犯罪所得、犯罪所得收益刑事案件适用法律若干问题的解释》第五条规定，事前与盗窃、抢劫、诈骗、抢夺等犯罪分子通谋，掩饰、隐瞒犯罪所得及其产生的收益的，以盗窃、抢劫、诈骗、抢夺等犯罪的共犯论处，其中的“通谋”的内涵和外延如何把握素有争议，是否要求行为人必须认识到上游的具体实行行为以及具体到何种程度存在疑问。在诈骗案件领域，《最高人民法院、最高人民检察院、公安部关于办理电信网络诈骗等刑事案件适用法律若干问题的意见》规定，明知他人实施电信网络诈骗犯罪，帮助转移诈骗犯罪所得及其产生的收益，套现、取现的，以共同犯罪论处，但这一“明知”要达到何种程度、与帮助信息网络犯罪活动罪如何界分也存在较大争议。在涉外网络犯罪案件中，被害人财物的取得往往需要一定的转换过程，亦即需要直接接收外币的支付结算工具以及外汇货币转换的等价物，一般是游戏点卡、购物卡等充值卡。帮助套现的行为人从表面上看只是倒卖充值卡，但实际上在客观方面，上游正犯利用外国公民的支付账户直接向下游共犯提供的充值卡中充值，外国公民才失去对自身钱款的控制，接收款项的行为是整体犯罪实施的一个必要环节；在主观方面，可以通过多名被告人之间的供述以及网络聊天记录，判断行为人对犯罪产业链的认识程度及与其他同案人的意思联络。成立共同犯罪不一定要求行为人要具体地进行共谋商议，通谋也不限于用语言、文字等完全表达通谋实施犯罪的意思，只需要具有一定的犯罪事务联络，主观上只需认识到上游犯罪区别于一般日常活动或其他常见犯罪的主要特征即可，当然这种认识不能是宽泛的、抽象的，是建立在一定的客观事实根据上的认识。正如本案中，在仇某的主观认知上，其通过与韦某某的网络交流，能够确知对方是未经允许用外国人的账户进行充值，虽然韦某某等的具体犯罪手段与仇某认识到的有所不同，但仇某最起码已认识到韦某某是在未经同意的情况下用外国人账号进行充值，而不是韦某某用自己的钱进行充值，仇某认识到了盗窃罪的基本构成要件事实，即具有盗窃罪的概括故意。本案在处理过程中，紧紧围绕同案人之间的聊天记录，对支付记录进行综合分析，确定行为人的犯罪意思联络，从而认定相应的犯罪，厘定各行为人的刑事责任大小，对办理涉外网络犯罪案件的证据采信、犯罪认定具有指导意义。

编写人：江苏省徐州市云龙区人民法院　薛传耀

30

欺骗他人添加第三人商家微信账号而获利的行为应认定为非法出售公民个人信息

——曹某业等侵犯公民个人信息案

【案件基本信息】

1. 裁判书字号

河南省焦作市中级人民法院（2022）豫08刑终49号刑事裁定书

2. 案由：侵犯公民个人信息罪

【基本案情】

2020年10月，被告人曹某业伙同陈某组织他人在软件上虚构多金、单身等身份信息，与20岁至40岁的女性群体互动聊天，取得信任后，假借添加微信好友增进了解名义，将商家指定的微信账号发给不知情的她们添加。添加成功后商家向她们推销产品，并按照添加的人数给曹某业、陈某等结算报酬。2020年11月，被告人陈某杰、陈某泽加入。同年12月，陈某杰、陈某泽另组织他人使用相同方法实施犯罪活动。经统计，曹某业、陈某共获利450412.12元，陈某杰、陈某泽共获利93276.47元。

【案件焦点】

1. 单独的微信账号是否属于公民个人信息范畴；2. 曹某业等假借添加微信好友增进了解名义，将第三人商家的微信账号发给不知情的特定女性添加而获利的行为如何定性、如何适用法律。

【法院裁判要旨】

河南省沁阳市人民法院经审理认为：对于被告人曹某业、陈某、陈某杰、陈某泽及其辩护人所提单独的微信账号并不能识别特定自然人身份或者反映特定自然人活动情况，将商家的微信账号推荐给特定女性，由其决定是否添加的行为，不构成侵犯公民个人信息罪的辩护意见。经查，曹某业等诱导特定女性添加上线指定的微信账号而获利，该行为的实质是曹某业等将特定女性的微信号出售给上线。微信号具备通讯、社交、支付等功能，能够单独或者与其绑定的手机号码、发布的朋友圈动态等其他信息结合识别特定自然人身份、反映特定自然人活动情况，微信号属于“公民个人信息”范畴。在案证据不能证实曹某业等推荐添加微信号是为了实施犯罪，应认定曹某业等是为了合法经营活动而非法收受公民个人信息。故对曹某业等的辩解及其辩护人的该辩护意见，均不予采纳。被告人曹某业、陈某、陈某杰、陈某泽违反国家有关规定，向他人出售公民个人信息，情节严重，其行为均构成侵犯公民个人信息罪。

河南省沁阳市人民法院依照《中华人民共和国刑法》第二百五十三条之一第一款、第二十五条第一款、第二十六条第一款和第四款、第六十七条第一款和第三款、第五十二条、第五十三条第一款、第六十四条，《最高人民法院、最高人民检察院关于办理侵犯公民个人信息刑事案件适用法律若干问题的解释》第五条、第六条之规定，作出如下判决：

一、被告人曹某业犯侵犯公民个人信息罪，判处有期徒刑二年三个月，并处罚金人民币 100000 元；

二、被告人陈某犯侵犯公民个人信息罪，判处有期徒刑二年二个月，并处罚金人民币 100000 元；

三、被告人陈某杰犯侵犯公民个人信息罪，判处有期徒刑一年，并处罚金人民币 20000 元；

四、被告人陈某泽犯侵犯公民个人信息罪，判处有期徒刑一年，并处罚金人民币 20000 元；

五、被告人曹某业的违法所得人民币 245161.51 元、被告人陈某的违法所得人民币205250.61元、被告人陈某杰的违法所得人民币50995.27元、被告人陈某泽的违法所得人民币42281.2元，依法继续追缴并上缴国库；

六、作案工具手机54部，依法予以没收。

曹某业、陈某、陈某杰、陈某泽持原审辩解提起上诉。河南省焦作市中级人民法院经审理认为：本案中的微信账号是通信通讯联系方式之一，属于公民个人信息。上诉人曹某业、陈某、陈某杰、陈某泽未经涉案特定女性同意，骗取微信账号非法出售给他人，曹某业、陈某违法所得共450412.12元，陈某杰、陈某泽违法所得共93276.47元，情节特别严重，其行为均构成侵犯公民个人信息罪。曹某业、陈某、陈某杰、陈某泽依法应处三年以上七年以下有期徒刑，罚金数额一般在违法所得的一倍以上五倍以下判罚。原判认定事实清楚，但适用法律错误，量刑不当。鉴于上诉不加刑原则规定，不予改判。

河南省焦作市中级人民法院依照《中华人民共和国刑事诉讼法》第二百三十六条第一款第二项、第二百三十七条第一款之规定，裁定如下：

驳回上诉，维持原判。

【法官后语】

准确界定公民个人信息的范围、认定行为人的犯罪方式直接影响侵犯公民个人信息罪的定罪与处罚，是适用该罪的重要前提。

一、微信账号系通信通讯联系方式，属于公民个人信息

《最高人民法院、最高人民检察院关于办理侵犯公民个人信息刑事案件适用法律若干问题的解释》（以下简称《解释》）第一条规定，公民个人信息是指以电子或者其他方式记录的能够单独或者与其他信息结合识别特定自然人身份或者反映特定自然人活动情况的各种信息，包括姓名、身份证件号码、通信通讯联系方式、住址、账号密码、财产状况、行踪轨迹等。《解释》对本罪的定义采用了概括加列举的方式，先对公民个人信息的本质特征进行概括，后不完全列举实践中常见的个人信息类型。因此，单独的微信账号作为即时通讯工具，系通信通讯联系方式，不需要与其他信息结合识别特定自然人身份或者反映特定自然人活动情况即能认定为公民个人信息。

从立法背景看，在当下的信息时代，公民个人信息的经济性价值越发凸显，不法分子受利益驱动，通过各种手段将获取的公民个人信息非法提供、出售，而通信通讯联系方式经常被用于营销活动甚至是实施精准诈骗、暴力追债等违法犯罪活动，对公民的正常生活安宁以及人身、财产安全造成严重破坏。因此，立法者对非法提供、出售、获取通信通讯联系方式、情节严重的行为进行刑法规制，目的是用刑法手段来维护公民个人信息的安全和自由。如若非法提供、出售、获取单独通信通讯联系方式的行为不加以惩处打击，客观上势必会纵容此类行为的泛滥，侵犯公民个人信息以及衍生的犯罪行为便屡禁不止，不利于有效保护公民个人权益，显然与立法精神相悖立。

二、欺骗他人添加第三人商家微信账号而获利的行为应认定为非法出售公民个人信息

《解释》第六条第一款第一项规定："为合法经营活动而非法购买、收受本解释第五条第一款第三项、第四项规定以外的公民个人信息……"该条表述是"为合法经营活动"，并非"为他人合法经营活动"，针对的主体是市场经营者如培训机构、中介公司等。而本案中的被告人并非市场经营者，主体不适格，不应适用本条。

从本案的犯罪方式来看，虽然被告人实施的数个行为中，每一个单独的行为都不是本罪惩罚的行为，经对数个行为进行整体评价后可以看出，被告人为了获利，虚构身份、隐瞒真实目的，使他人产生错误认识而添加商家微信账号，这数个行为是在同一个犯罪故意的支配下实施的，被告人采用欺骗方式将他人微信账号变相卖给商家，与典型的非法出售行为本质一样，社会危害程度相当，评价为非法出售公民个人信息更为完整、准确。若认定为非法获取公民个人信息，则对他人同意添加微信好友之后的行为未予评价，对被告人的行为评价不准确。

综上，被告人曹某业、陈某等违反国家有关规定，向他人出售公民个人信息，情节特别严重，其行为均构成侵犯公民个人信息罪。

编写人：河南省焦作市中级人民法院　张阳龙

31

诱使他人办理实名制电话卡并出售或提供给他人牟利行为的定性

——周某、范某、乐某侵犯公民个人信息案

【案件基本信息】

1. 裁判书字号

新疆维吾尔自治区高级人民法院伊犁哈萨克自治州分院（2021）新40刑终193号刑事裁定书

2. 案由：侵犯公民个人信息罪

【基本案情】

2019年11月至2020年2月，被告人周某、范某、乐某在器材公司以搞活动为由，使用赠送礼品的方式，诱使群众办理实名制电话卡，将所办理的电话卡出售和提供给他人予以牟利，其中将3800余张电话卡送至青岛交由他人，用于发送广告信息，每条短信支付0.07元至0.1元不等。并用“外呼机”设备插入实名制电话卡后分别放置于奎屯、乌苏、沙湾等地向不特定人群拨打推广广告语音电话，每拨打1分钟电话支付给周某0.04元。违法所得三人按比例分成，周某非法获利316449元，范某获利38787元，乐某获利54810元。

【案件焦点】

诱使他人办理实名制电话卡并出售或提供给他人牟利的行为，是否构成侵犯公民个人信息罪。

【法院裁判要旨】

新疆维吾尔自治区奎屯市人民法院经审理认为：被告人周某、范某、乐某构成侵犯公民个人信息罪，且属共同犯罪。公诉机关的指控成立，量刑建议适当，本院予以采纳。三被告人的违法所得，依法予以追缴。三被告人违反国家有关规定，将在履行职责或者提供服务过程获取的公民个人信息，出售或者提供给他人，依法可以从重处罚。三被告人到案后如实供述自己罪行，依法可以从轻处罚。被告人周某在共同犯罪中起组织、领导作用，被告人范某在共同犯罪中起主要作用，均系主犯，被告人乐某在共同犯罪中起次要或辅助作用，属从犯，依法应当减轻处罚。三被告人自愿认罪认罚，依法可以从宽处理。三被告人主动退缴违法所得，可以酌定从轻处罚。辩护人关于范某属从犯的辩护意见，经查认为，本案之所以发生，系因范某在被告人周某和外呼机设备提供者及电话卡需求者之间起到了主要的信息联络，且其亲自参与到青岛送电话卡，在本案中起主要作用，但相对于被告人周某作用较小，故该辩护意见本院不予采纳。辩护人对被告人周某适用缓刑的辩护意见，经查认为，被告人周某违反国家有关规定，在办理移动通讯业务过程通过非法手段获取公民个人信息，并出售或者提供给他人，属情节特别严重，法定刑为三年以上七年以下有期徒刑，不属犯罪情节较轻，且系本案主犯，不宜适用缓刑，故该辩护意见本院不予采纳。被告人及辩护人的其他辩护意见，本院予以采纳，并在量刑时予以考虑。综合考虑本案案情、公诉人的意见、调查评估意见及被告人范某、乐某的认罪悔罪表现，本院决定对被告人范某从轻处罚并适用缓刑、对被告人乐某减轻处罚并适用缓刑。

新疆维吾尔自治区奎屯市人民法院依照《中华人民共和国刑法》第二百五十三条之一第一款和第二款、第二十五条、第二十六条、第二十七条、第六十一条、第六十四条、第六十七条第三款、第七十二条第一款和第三款、第七十三条第一款和第二款、第五十二条、第五十三条第一款和《中华人民共和国刑事诉讼法》第十五条、第二百条、第二百零一条之规定，作出如下判决：

一、被告人周某犯侵犯公民个人信息罪，判处有期徒刑三年，并处罚金人民币 40 万元；

二、被告人范某犯侵犯公民个人信息罪，判处有期徒刑三年，缓刑四年，并处罚金人民币5万元；

三、被告人乐某犯侵犯公民个人信息罪，判处有期徒刑二年，缓刑三年，并处罚金人民币7万元；

四、被告人周某退缴的违法所得316449元、被告人范某退缴的违法所得38787元、被告人乐某退缴的违法所得54810元，予以没收，上缴国库；

五、侦查机关扣押的外呼机、猫池、通讯设备、手机、电脑、电话卡等物品，依法予以没收，由扣押机关依法处理。

周某持原审辩解提起上诉。新疆维吾尔自治区高级人民法院伊犁哈萨克自治州分院经审理认为：上诉人周某及原审被告人范某、乐某违反国家有关规定，向他人出售或者提供公民个人信息，非法牟利，其行为均已构成侵犯公民个人信息罪。上诉人周某自愿认罪认罚；退缴违法所得，有立功表现，可依法从轻处罚。周某及其辩护人称有立功表现，原判量刑过重，应对其判处缓刑的意见，本院认为，周某虽有一般立功表现，但原判在法定刑范围内已对其判处最低刑，充分体现了从轻处罚的精神；周某故意违反国家有关规定，在办理移动通讯业务过程中通过非法手段获取众多公民个人信息，并多次大量出售给他人，非法获利，属情节特别严重，而且其故意实施犯罪行为，为他人实施电信诈骗犯提供了方便条件，主观恶性深，社会危害性严重，不宜适用缓刑，故该诉辩意见不予采纳。原判认定事实清楚，证据确实充分，定罪准确，量刑适当，审判程序合法。

新疆维吾尔自治区高级人民法院伊犁哈萨克自治州分院依据《中华人民共和国刑事诉讼法》第二百三十六条第一款第一项之规定，裁定如下：

驳回上诉，维持原判。

【法官后语】

电话卡必须实名办理，这就意味着每一张电话卡都包含着个人的信息。在信息时代，个人的信息一旦泄露，很有可能成为他人牟利的工具。本案中周某、范某、乐某利用在通讯公司工作的便利，非法获取大量实名制电话卡销售他人，用于向不特定人群发送广告语音和信息，谋取非法利益，不仅给公民的正常生活和信息安全带来严重影响，更破坏了社会安宁和正常的社会管理秩序，危害极大。本案主犯周某作为通讯公司负责人，故意违反国家有关规定，在办理移动通讯业务过程中通过非法手段获取众多实名制电话卡，并多次大量出售给他人，非法获利，贩卖实名制电话卡的行为情节特别严重，而且其故意实施犯罪行为，为他人实施电信诈骗等违法犯罪提供了方便条件，主观恶性深，社会危害性严重，不宜适用缓刑。侵犯公民个人信息犯罪是明显的牟利性行为，实施该类犯罪主要是谋取非法利益，因此，有必要加大财产刑的处罚力度，让行为人在经济上得不偿失，进而剥夺其再次实施此类犯罪的经济基础。本案的查处震慑了利用公民个人信息牟利的犯罪，也有力地打击了电信诈骗等相关牵连犯罪，取得了良好的法律效果和社会效果。

随着现代通讯技术和互联网技术的快速发展，侵犯个人信息犯罪处于高发态势，不法分子为了获取非法利益，违反职业道德和保密义务，将在工作中获取的公民个人信息提供给他人，而这些信息往往又被利用，催生电信网络诈骗等关联犯罪，严重威胁公民人身安全、财产安全和社会管理秩序。公民个人信息的保护形势严峻，2021 年 11 月 1 日《中华人民共和国个人信息保护法》颁布实施，本案的判处恰好发生在《中华人民共和国个人信息保护法》颁布后实施前，契合其“不得非法买卖、提供他人个人信息”的立法目的，该法的出台，将“个人信息权益”的私权保护与“个人信息处理”的公法监督相结合，进一步完善统合私主体和公权力机关的责任与义务。此案的判决，打击了出售、提供、非法获取公民个人信息等侵犯公民个人信息犯罪，切断其与电信网络诈骗等犯罪的链条，进而从源头上预防和减少犯罪发生，满足人们对美好生活的向往，成为个人信息保护法落地生根的最好见证，具有重要指导意义。

编写人：新疆维吾尔自治区奎屯市人民法院　杨力

（十二）虐待罪

32

严重的语言恐吓是否构成虐待罪

——赖某某虐待案

【案件基本信息】

1. 裁判书字号

广东省广州市中级人民法院（2021）粤01刑终529号刑事裁定书

2. 案由：虐待罪

【基本案情】

被害人赖甲（未成年人）因家庭原因，自2015年起寄住在其叔叔被告人赖某某的家里，与赖某某等共同生活。2017年3月中旬，赖某某因怀疑赖甲偷拿了他人的东西，用拉直的铁衣架对赖甲鞭打了五十下臀部和腿部。2017年4月1日20时许，赖某某在明知赖甲曾表示如果再被打就跳楼的情况下，仍因为怀疑赖甲偷拿了钱买零食，而在吃饭过程中对赖甲大声呵斥，并声称上次打了50下，这次要打上次的五倍，后其母亲谢某某劝说放过赖甲，其扬言“打死就算了，就扔掉他”，并责令赖甲将身上的厚衣服脱掉以便接受其抽打，导致赖甲心理压力过大，进入房间后从住处29楼的窗口跳下，致当场死亡。经法医鉴定，赖甲符合高坠致重度颅脑损伤而死亡。

【案件焦点】

在管教未成年人的过程中，因平时的虐待行为和事发时的言语威胁，导致被害人跳楼死亡，是否构成虐待罪。

【法院裁判要旨】

广东省广州市花都区人民法院经审理认为：赖某某无视国家法律，虐待家庭成员，致一人死亡，其行为已构成虐待罪，依法应当对其适用“处二年以上七年以下有期徒刑”的量刑幅度予以处罚。鉴于赖某某是被公安机关电话传唤前往调查并供述了基本的犯罪事实，其辩解自己的行为不构成虐待罪，是对其行为性质进行的辩解，不影响其自首的成立，依法可以对赖某某从轻或者减轻处罚。考虑到赖某某案发后支付赖甲家属五万元用于处理赖甲的丧葬事宜，有悔罪表现，没有再犯罪的危险，宣告缓刑对所居住社区没有重大不良影响，决定对其适用缓刑。

广东省广州市花都区人民法院依照《中华人民共和国刑法》第二百六十条第二款、第六十七条第一款、第七十二条第一款、第七十三条第二款、第三款之规定，作出如下判决：

被告人赖某某犯虐待罪，判处有期徒刑二年，缓刑三年（缓刑考验期限，从判决确定之日起计算）。

赖某某持原审辩解提起上诉。

广东省广州市中级人民法院经审理认为：根据《关于依法办理家庭暴力犯罪案件的意见》第十七条的规定，具有虐待持续时间较长、次数较多；虐待手段残忍；虐待造成被害人轻微伤或者患较严重疾病；对未成年人、老年人、残疾人、孕妇、哺乳期妇女、重病患者实施较为严重的虐待行为。这四种情形是并列的，即并不需要虐待行为一定要是持续、多次。赖甲虽然系自杀，但根据该意见的规定，虐待致赖甲不堪忍受自残、自杀，导致重伤或者死亡的，属于《中华人民共和国刑法》第二百六十条第二款规定的虐待致使赖甲重伤、死亡，应当认定为虐待罪。赖某某此前对赖甲的虐待行为和事发时的言语威胁“打死就算了，就扔掉他”，导致赖甲年幼的心灵产生了巨大的压力和恐惧，遂从房间窗户跳下当场死亡，赖某某的行为已构成虐待罪。

广东省广州市中级人民法院依照《中华人民共和国刑事诉讼法》第二百三十六条第一款第一项的规定，裁定如下：

驳回上诉，维持原判。

【法官后语】

虐待家庭成员持续时间长、次数多，并非虐待行为本身的特征，而是情节恶劣的表现。显然，导致被害人自杀身亡是更为恶劣的情节，即使是一两次虐待行为所导致，因此，一两次虐待行为虽没有达到情节恶劣的程度但引起被害人自杀后果的，构成虐待罪。本案有助于打破一个常见的认识误区：只有经常性、持续性的虐待行为，才属于“情节恶劣”，才构成待罪。未成年人的认识与辨别能力较弱，面对恐吓难以辨别真伪，难以自救，因此尤其对于未成年人而言，恐吓作为一种精神折磨是特殊形式的虐待行为。

本案中，赖甲虽因遭受赖某某恐吓，不堪忍受而自杀，但是赖某某的呵斥和恐吓行为仅有事发当天即 2017 年 4 月 1 日 20 时这一次，即使算上 2017 年 3 月中旬，赖某某为教训赖甲而用铁衣架对其鞭打五十下臀部和腿部的一次，而只有两次的虐待行为，而根据司法实践，一般情况下虐待时间持续较长、次数较多，才称之为“情节恶劣”，才构成虐待罪。本案是持续时间较短的一两次虐待行为，行为本身并没有达到情节恶劣的程度，但导致了被害人自杀的后果，是否构成虐待罪呢？笔者认为，这主要有赖于对《关于依法办理家庭暴力犯罪案件的意见》的正确理解：（1）根据《关于依法办理家庭暴力犯罪案件的意见》第十七条的规定，具有虐待持续时间较长、次数较多，虐待手段残忍，虐待造成被害人轻微伤或者患较严重疾病，对未成年人、老年人、残疾人、孕妇、哺乳期妇女、重病患者实施较为严重的虐待行为，这四种情形是并列情形，符合其中一种情形即构成虐待罪，即虐待行为并非一定要是持续、多次。其中一种情形为“虐待造成被害人轻微伤或者患较严重疾病”，而本案是更为严重的自杀后果，入罪举轻以明重，赖某某的行为应该构成虐待罪。（2）《关于依法办理家庭暴力犯罪案件的意见》第十七条还进一步规定，因虐待致被害人不堪忍受而自残、自杀，导致重伤或者死亡的，属于刑法第二百六十条第二款规定的虐待致使被害人重伤、死亡，应当以虐待罪定罪处罚。本案虽然只是持续时间较短的一两次虐待行为，但符合该规定。有观点认为，因虐待致被害人不堪忍受而自残、自杀而适用加重法定刑的规定，应是以虐待行为本身符合情节恶劣的要求为前提的，即持续时间较短的一两次虐待行为导致的自杀后果，应属基本犯的犯罪构成而非结果加重情节，这确有值得商榷之处。《关于依法办理家庭暴力犯罪案件的意见》认为，因某种虐待行为而“致被害人不堪忍受而自残、自杀”的，该种虐待行为必定是非常恶劣的，尽管它表面上不一定是。(3) 未成年人是家庭暴力犯罪案件中的特殊保护对象。《关于依法办理家庭暴力犯罪案件的意见》第十七条规定：“……对未成年人、老年人、残疾人、孕妇、哺乳期妇女、重病患者实施较为严重的虐待行为……应当依法以虐待罪定罪处罚。”被害人赖甲死亡时不满九周岁，属于限制民事行为能力人，其认识与辨别能力较弱，面对一种特殊形式的虐待——恐吓，难以辨别真伪，难以自救。因此，赖某某对赖甲的恐吓，是比较严重的虐待行为。况且，约半个月之前，赖某某因怀疑赖甲偷窃，确曾用铁衣架对其鞭打了五十下臀部和腿部。可以说，赖甲跳下高楼时所怀着的巨大恐惧，是符合他这个年龄的认识水平和心理承受能力的。

编写人：广东省广州市中级人民法院　黄文劲

二、侵犯财产罪

（一）抢劫罪

33

女儿伙同丈夫进入父母家中，以暴力、胁迫等手段取得父母财物行为性质的认定

——盛某、张某抢劫案

【案件基本信息】

1. 裁判书字号

山东省济南市中级人民法院（2020）鲁01刑终58号刑事裁定书

2. 案由：抢劫罪

【基本案情】

被告人盛某、张某（系夫妻）在前期向盛某父母寻求资助未果的情况下，准备了催泪喷射器、防暴警棍等工具，预谋再次回家与父母协商资助之事，如果协商不成就使用工具强行劫取。后二被告人在与父母交谈期间言语不和，盛某遂使用催泪喷射器喷向其母亲姜某、父亲盛某甲的头面部，张某使用防暴警棍威胁盛某甲，其间，二被告人与被害人姜某、盛某甲发生过厮打，后二被告

人使用透明胶带先后将盛某甲、姜某的四肢捆绑，并逼迫二人说出银行卡密码及网上支付密码等。二被告人从姜某、盛某甲处劫取财物价值共计947469元。因二被告人的暴力行为，致使被害人盛某甲肋骨骨折，姜某多发性软组织挫伤。

【案件焦点】

二被告人以暴力、胁迫手段劫取一方父母财物的行为是否构成抢劫罪；二被告人携带上述工具进入一方父母家中劫取财物的行为能否认定为“入户抢劫”。

【法院裁判要旨】

山东省济南市市中区人民法院经审理认为：对于被告盛某所提涉案财物是父母自愿交付的，其没有对他们实施强迫行为，其行为不构成抢劫罪亦不属于入户抢劫的辩解及二被告人辩护人所提二被告人的抢劫行为不构成入户抢劫的辩护意见，经查，被害人盛某甲、姜某的陈述均证明银行卡密码、手机开机密码及网上支付密码系遭受殴打、捆绑之后被迫告诉盛某，且网上转账行为亦由盛某亲自操作，该事实与被告人张某的供述相互印证，被告人盛某辩解称财物系父母自愿交付与在案证据相互矛盾，亦不符合常理，不予采纳；被告人盛某、张某作为被害人盛某甲、姜某的女儿、女婿，双方虽然来往不多且分开居住，但二人进入父母的住宅仍然是合法正当的；虽然被告人盛某、张某携带作案工具进入父母家中，但二人均供述上述工具是以备协商不成再用，且盛某与父母的先期交谈行为亦与此相互印证，据此仅因事先携带工具尚无法得出二人入户目的非法性的唯一结论。综上，起诉指控盛某、张某属入户抢劫加重情形的意见不能成立，对被告人盛某及二辩护人的该项辩解和辩护意见予以采纳。被告人盛某、张某以非法占有为目的，采用暴力、胁迫手段劫取公民财物，数额巨大，其行为已构成抢劫罪，依法应予惩处。

山东省济南市市中区人民法院对被告人盛某依照《中华人民共和国刑法》第二百六十三条第四项、第二十五条第一款、第六十四条之规定，对被告人张某依照《中华人民共和国刑法》第二百六十三条第四项、第二十五条第一款、

第六十七条第三款、第六十四条之规定，作出如下判决：

一、被告人盛某犯抢劫罪，判处有期徒刑十二年，并处罚金人民币3万元。

被告人张某犯抢劫罪，判处有期徒刑十年六个月，并处罚金人民币3万元；

二、冻结被告人张某中国工商银行账户内的余额返还被害人盛某甲、姜某，责令被告人盛某、张某退赔盛某甲、姜某剩余经济损失；

三、作案工具催泪喷射器、刷卡机各1件予以没收。

盛某、张某持原审辩解提出上诉。山东省济南市中级人民法院经审理认为：被告人盛某、张某以非法占有为目的，采取暴力、胁迫的手段，强行劫取他人财物，数额巨大，原审法院认定其二人的行为构成抢劫罪是正确的。盛某、张某夫妇为人子女（女婿），寻求父母帮助未果后，预谋并采取激烈的暴力手段劫取父母钱财，二人行为卑劣、手段残忍，主观恶性大，且被害人不予谅解，原审法院量刑并无不当。故盛某、张某的上诉理由，不能成立，应予驳回。

山东省济南市中级人民法院依照《中华人民共和国刑事诉讼法》第二百三十六条第一款第一项之规定，作出如下裁定：

驳回上诉，维持原判。

【法官后语】

本案的处理重点主要在于认定二被告人是否构成抢劫罪及能否认定为“入户抢劫”。被告人盛某单独针对父母实施的暴力取财行为可不认定为抢劫罪，问题在于被告人盛某伙同丈夫张某暴力取财的行为能否认定为抢劫罪，该问题的关键在于被告人张某的身份认定问题，即是否属于被害人的近亲属或家庭成员。关于近亲属的范围，《中华人民共和国刑事诉讼法》第一百零八条第六项规定，“近亲属”是指夫、妻、父、母、子、女、同胞兄弟姊妹。该条对“近亲属”的范围有了明确的界定，根据文义解释方法，“近亲属”应包括生父母、养父母、有抚养关系的继父母；婚生子女、非婚生子女、养子女、有抚养关系的继子女；同父母的兄弟姐妹。由此可以得出，刑事诉讼法关于“近亲属”的范围，应限于有直系血亲的人。民法领域中对近亲属的范围界定比较宽泛，除上述人员外还包括祖父母、外祖父母、孙子女、外孙子女，同父异母或同母异父的兄弟姐妹、养兄弟姐妹、有抚养关系的继兄弟姐妹。行政法中对于近亲属范围的界定更为宽泛，还包括其他具有抚养、赡养关系的亲属。刑法中关于“家庭成员”的概念及范围并未明确规定，但在《最高人民法院、最高人民检察院关于办理盗窃刑事案件适用法律若干问题的解释》第八条使用过“家庭成员”这一概念，上述解释规定，盗窃或抢劫家庭成员财物的，一般不构成盗窃罪、抢劫罪。基于宽严相济的刑事政策考虑，界定“家庭成员”范围不宜过宽，在充分考虑婚姻、血缘、抚养关系的基础上，应从严掌握认定标准，即“家庭成员”亦限定在以下人员范围：配偶、父母、子女、兄弟姐妹、祖父母、外祖父、孙子女、外孙子女；子女包括婚生子女、非婚生子女、养子女和有抚养关系的继子女；父母包括生父母、养父母和有抚养关系的继父母；兄弟姐妹包括同父母的兄弟姐妹、同母异父或同父异母的兄弟姐妹、养兄弟姐妹、有抚养关系的继兄弟姐妹。除上述人员外，如未共同生活的亲属，则不宜认定为刑法上的“家庭成员”范围。结合本案，被告人盛某系被害人盛某、姜某的子女，属于被害人的近亲属并系家庭成员范畴，而被告人张某系二被害人的女婿，婚后亦未与二被害人共同生活，故被告人张某与被害人之间并无刑法意义的近亲属或家庭成员关系，被告人盛某伙同丈夫张某采取暴力、胁迫等手段劫取其父母财物的，二被告人均构成抢劫罪。

关于“入户抢劫”的认定问题。“入户抢劫”是指为事实抢劫行为而进入他人生活的与外界相对隔离的住所，包括封闭的院落、牧民的帐篷、渔民作为家庭生活场所的渔船、为生活租用的房屋等进行抢劫的行为。“入户抢劫”应从以下三个方面来认定：(1)“户”的范围；(2)“入户”目的的非法性；(3)暴力或暴力胁迫行为必须发生在户内。本案在形式上符合“入户抢劫”的构成特征，但被告人盛某、张某系被害人的女儿和女婿，基于这一特殊身份关系及日常生活经验判断，无论子女成年与否或与父母分开另住，子女进入父母的住宅无异于回家，是符合情理的，无论是否征得父母的同意，都属于合法入户，被告人张某虽不属于被害人的近亲属、家庭成员，但因系被害人的女婿，基于这一特殊身份关系，被告人张某进到被害人家中亦属于合法入户；从二被告人入户目的的审查上看，因“入户抢劫”系法定从重处罚情节，基于罪责刑相适应原则，在入户目的审查上亦应从严掌握标准，本案中，二被告人并非基于实施抢劫的非法目的而进入户内，二被告虽携带了上述工具入户，但二被告人事先亦商量在协商不成的情况下才用工具劫取，这也与二被害人的证言能够相互印证，因此，仅依据二被告人携带上述工具入户，并不必然得出二被告人基于实施抢劫目的而入户的唯一性结论。因此，二被告人不属于“入户抢劫”。

编写人：山东省济南市市中区人民法院　吕青　刘艳青

34

抢劫案件中“冒充军警抢劫”加重情节的认定

——温某山等抢劫案

【案件基本信息】

1. 裁判书字号

福建省泉州市中级人民法院（2021）闽05刑终1466号刑事裁定书

2. 案由：抢劫罪

【基本案情】

被告人温某山、徐某、朱某芳、朱某普、黄某、陈某舞经共谋冒充警察绑架李某桂，勒索钱财。经事先跟踪、踩点，2020年11月16日20时许，由被告人朱某芳、朱某普、黄某、陈某舞在某酒店停车场门口，将李某桂及其同伴郑某城戴上手铐强行抓到租来的闽C0××××小轿车，在往江西方向行驶过程中，被告人朱某芳冒充江西警察的“雷队”，以李某桂参与网络赌博，要带至江西公安机关处理为由，胁迫李某桂以60万元私了，后通过李某桂及其家属的微信、支付宝转走人民币共计101000元，并强行从郑某城支付宝账户转走款项

20000元，直至次日6时许才放走李某桂、郑某城。

被告人温某山、徐某、朱某芳、朱某普、黄某、陈某舞于2020年11月17日被公安机关抓获，归案后均如实供述罪行。

【案件焦点】

六被告人冒充军警抢劫，但在抢劫过程中被害人因客观因素，已识破被告人系非军警身份的情况下，六被告人的抢劫行为是否仍属于刑法第二百六十三条规定的“冒充军警人员抢劫的”的加重情节。

【法院裁判要旨】

福建省安溪县人民法院经审理认为：被告人温某山、徐某、朱某芳、朱某普、黄某、陈某舞以非法占有为目的，冒充军警人员，采用暴力等手段，劫取他人财物，且数额巨大，其行为均已构成抢劫罪，属共同犯罪。公诉机关指控被告人温某山、徐某、朱某芳、朱某普、黄某、陈某舞犯抢劫罪的罪名成立。在共同犯罪中，被告人温某山、徐某、朱某芳起主要作用，应当按照其所参与的全部犯罪处罚；被告朱某普、黄某、陈某舞起次要作用，是从犯，依法减轻处罚。被告人温某山、徐某、朱某芳、朱某普、黄某、陈某舞归案后如实供述自己的罪行，均依法从轻处罚；被告人朱某普在缓刑考验期限内犯新罪，应撤销缓刑，数罪并罚。安溪县人民检察院对被告人温某山、徐某、朱某芳、朱某普、黄某、陈某舞的量刑意见适当。

福建省安溪县人民法院依照《中华人民共和国刑法》第二百六十三条、第二十五条第一款、第二十六条第一款和第四款、第二十七条、第七十七条、第六十七条第三款、第六十四条之规定，作出如下判决：

一、撤销湖北省监利县人民法院（2019）鄂1023刑初364号刑事判决中对被告人朱某普犯交通肇事罪判处有期徒刑九个月，缓刑一年的缓刑部分；

二、被告人温某山犯抢劫罪，判处有期徒刑十一年六个月，并处罚金人民币15000元；

三、被告人徐某犯抢劫罪，判处有期徒刑十一年三个月，并处罚金人民币

1 万元；

四、被告人朱某芳犯抢劫罪，判处有期徒刑十一年三个月，并处罚金人民币 1 万元；

五、被告人朱某普犯抢劫罪，判处有期徒刑六年六个月，并处罚金人民币 5000 元；前犯交通肇事罪，判处有期徒刑九个月。数罪并罚决定执行有期徒刑六年十个月，并处罚金人民币 5000 元 ；

六、被告人黄某犯抢劫罪，判处有期徒刑六年六个月，并处罚金人民币 5000 元；

七、被告人陈某舞犯抢劫罪，判处有期徒刑六年六个月，并处罚金人民币 5000 元；

八、责令被告人温某山、徐某、朱某芳、朱某普、黄某、陈某舞共同退出违法所得款人民币 27400 元，与扣押在公安机关的款项人民币 93600 元，合计人民币 121000 元发还被害人（其中发还李某桂 101000 元，郑某城 20000 元）。

六被告人均不服原判，提起上诉。

福建省泉州市中级人民法院经审理认为：上诉人温某山、徐某、朱某芳、朱某普、黄某、陈某舞以非法占有为目的，以暴力、胁迫手段当场强行索取被害人财物，其行为均已构成抢劫罪，且属冒充军警人员抢劫，数额巨大，是共同犯罪。上诉人朱某普在缓刑考验期限内犯新罪，应当撤销缓刑，依法予以并罚。上诉人温某山系检举揭发公安机关已经掌握的他人犯罪行为，不是立功。故上诉人温某山提出的该意见不予采纳。在共同犯罪中，上诉人温某山、徐某、朱某芳起主要作用，是主犯，应当按照其所参与的全部犯罪处罚；上诉人朱某普、黄某、陈某舞起次要作用，是从犯，依法减轻处罚。六上诉人的违法所得，应当予以共同退赔。六上诉人归案后均如实供述自己的罪行，依法从轻处罚。原判充分考虑本案的事实、情节和社会危害后果，综合评判并予以定罪科刑，对六上诉人的量刑均适当。各上诉人提出原判量刑过重，请求从轻、减轻处罚的意见不能成立，不予采纳。原判认定事实清楚，定罪准确，量刑适当。审判程序合法。

福建省泉州市中级人民法院依照《中华人民共和国刑法》第二百三十六条第一款第一项之规定，作出如下裁定：

驳回上诉，维持原判。

【法官后语】

综观我国刑法的条文，刑法对违法行为是否构成犯罪，以及构成犯罪后达到何种法定量刑幅度规定了诸如“情节严重”“情节恶劣”“造成严重后果”“后果特别严重”等表述，为确保司法实践的可操作性，最高人民法院通过司法解释对某些罪名的“情节严重”“情节恶劣等”作出明确规定，但司法解释并不能全面覆盖到所有罪名。《中华人民共和国刑法》第二百六十三条以列举的方式具体规定了抢劫罪的八种加重处罚情节，冒充军警抢劫作为八种加重情节之一，属情节加重犯。情节加重犯是我国刑法中所特有的一种立法现象和犯罪既遂形态。其基本特点是在基本构成以外存在一个或数个加重情节，刑法根据其加重情节，规定相对加重的法定刑。而所谓加重情节，不是仅指加重结果，而是指能够决定行为的社会危害程度较之基本犯罪增加的主观和客观相统一的事实因素，是一个综合指标。

冒充军警抢劫存在被害人信与不信两种结果，不能简单地依据结果来认定。《最高人民法院关于审理抢劫案件具体应用法律若干问题的解释》未对“冒充军警人员抢劫”作出过规定，2016 年实施的《最高人民法院关于审理抢劫刑事案件适用法律若干问题的指导意见》，规定了一个比较客观、可操作性较强的综合判断标准、常人判断标准，即要注重对行为人是否穿着军警制服、携带枪支、是否出示军警证件等情节进行综合审查，判断是否足以使他人误以为是军警人员，结合抢劫地点、时间、暴力或威胁的具体情形，依照常人判断标准，确定是否认定为“冒充军警人员抢劫”。抢劫罪的侵犯客体是复杂客体，既侵犯财产权利又侵犯人身权利，即具备抢劫财物或侵犯人身的后果均构成既遂。本案被告人在口头宣传是警察的情况下，并以手铐铐住被害人，强行将被害人押上车，使被害人误以为是警察的情况下予以配合，未进行反抗，属冒充警察的身份实施抢劫，符合《中华人民共和国刑法》第二百六十三条规定的加重情节。

刑法适用应当以贯彻、体现刑法基本原则精神为要旨，刑法适用的目的性决定了刑事法官应当具有必要的能动性，发挥主观能动性，结合案件事实，运用主客观相统一原则，从犯罪手段和方法、犯罪动机、犯罪的结果和后果、犯罪对象、主观恶性的具体情况等方面予以判断。

编写人：福建省安溪县人民法院　李森强

35

为劫取财物而预谋故意杀人的如何定罪量刑

——卢某抢劫案

【案件基本信息】

1. 裁判书字号

最高人民法院（2019）最高法刑核15501281号刑事裁定书

2. 案由：抢劫罪

【基本案情】

2005年，被告人卢某从安徽省泗县老家到江苏省南通市务工，后在当地帮助其姑妈卢某艳（被害人，殁年40岁）、姑父荀某庄（被害人，殁年40岁）做生意，经常帮助或随同卢某艳办理银行转账等业务，知晓卢某艳的银行卡、支付宝等账号、密码及资金等情况。卢某因赌博欠债、经济拮据，产生杀害荀某庄、卢某艳以占有二人财物之念。自2016年3月以来，卢某先后上网查询并购买了河豚毒素、汞溶液、毒鼠药、迷药、4升瓶装高纯一氧化碳和氧气面罩等物品，并查询一氧化碳致人死亡含量等信息。同年6月7日14时许，卢某驾驶苏FA××××轿车搭载荀某庄、卢某艳从南通市前往张家港市看货，晚饭后返回某村住处。途中，卢某利用荀某庄、卢某艳熟睡之机，在汽车内排放一氧化碳，自己戴上氧气面罩吸氧避免中毒，致荀某庄、卢某艳一氧化碳中毒死亡。次日1时52分至5时59分，卢某用卢某艳的手机从卢某艳支付宝、微信所绑定的银行卡内转账8万元至其名下金融账户，后取现4万元。

原告荀某彬、刘某英系被害人荀某庄父母，原告荀某雨等三人系被害人荀某庄、卢某艳的子女。荀某庄、卢某艳送医抢救分别用去医疗费1501.2元、1162.63元，原告人为处理二被害人后事，发生一定交通费、食宿费、误工费等经济损失。

【案件焦点】

1. 行为人为抢劫取财物而预谋故意杀人的，如何结合在案证据审查判断行为人的犯罪目的；2. 如何定罪量刑。

【法院裁判要旨】

江苏省南通市中级人民法院经审理认为：被告人卢某以非法占有为目的，采用在汽车内排放一氧化碳致人中毒死亡的手段劫取他人财物，其行为构成抢劫罪。卢某预谋图财害命，抢劫数额巨大，并致两人死亡，主观恶性极深，情节特别恶劣，罪行极其严重，社会影响极其恶劣，依法应予严惩。卢某对其犯罪行为造成原告人的合理经济损失依法应予赔偿。依照《中华人民共和国刑法》第二百六十三条第四项和第五项、第四十八条第一款、第五十七条第一款、五十九条、第六十四条、第三十六条第一款，《中华人民共和国刑事诉讼法》第九十九条第一款、第一百零一条，《最高人民法院关于适用〈中华人民共和国刑事诉讼法〉的解释》第一百三十八条、第一百五十五条第一款、第二款、第一百六十三条，《最高人民法院关于审理人身损害赔偿案件适用法律若干问题的解释》第二十七条之规定，作出如下判决：

被告人卢某犯抢劫罪，判处死刑，剥夺政治权利终身，并处没收个人全部财产；对卢某犯罪所得人民币8万元及被害人卢某艳的手机一只予以追缴发还被害人家属；卢某赔偿附带民事诉讼原告人因荀某庄死亡经济损失人民币

45101.2元、因卢某艳死亡经济损失人民币44762.63元。

卢某上诉称其没有杀人。江苏省高级人民法院经审理认为：上诉人卢某以非法占有为目的，采用在汽车内排放一氧化碳致人中毒死亡的方法强行劫取他人财物，其行为构成抢劫罪。卢某杀人手段极为隐蔽、事后极力掩盖事实逃避侦查，动机极其卑劣，情节极其恶劣，主观恶性极深。卢某抢劫数额巨大，并造成两人死亡的严重后果，罪行极其严重，依法应予严惩。原审判决定罪准确，量刑适当，审判程序合法。依照《中华人民共和国刑事诉讼法》第二百三十六条第一款第一项的规定，作出如下裁定：

驳回上诉，维持原判。

最高人民法院经复核，核准江苏高院（2018）苏刑终34号维持第一审以抢劫罪判处被告人卢某死刑，剥夺政治权利终身，并处没收个人全部财产的刑事裁定。

【法官后语】

本案被告人卢某故意杀人、非法占有被害人财物的犯罪事实清楚，证据确实充分。争议焦点在于定罪及量刑，是构成抢劫罪一罪还是故意杀人罪、盗窃罪两罪，能否适用死刑。

关于定性，《最高人民法院关于抢劫过程中故意杀人案件如何定罪问题的批复》规定，行为人为劫取财物而预谋故意杀人，或者在劫取财物过程中，为制服被害人反抗而故意杀人的，以抢劫罪定罪处罚。故本案的关键在于通过对证据审查判断，认定被告人犯罪目的是劫财还是害命。犯罪动机是刺激行为人实施犯罪行为以达到犯罪目的的内心起因，犯罪动机是犯罪目的的前提和基础，促成犯罪目的的形成，查明犯罪动机对确定犯罪目的意义重大。本案中，卢某有图财的现实动机。案发前卢某经济拮据，其与妻子顾某贺二人名下仅有存款9000余元，除维持一家五口人的日常生活外，卢某每月尚需归还1400余元车贷，并欠杨某超等赌债3万余元，杨某超为索要赌债于2016年3月打了卢某。为归还赌债，卢某曾于2015年10月某日盗窃被害人布料并变卖。因为被害人卢某艳对卢某非常信任，卢某知晓卢某艳银行卡、支付宝等账号、密码、手机开通有短信通知以及卡内有大量流动资金等情况。卢某对犯罪动机亦曾有过明确供述，即为了钱，卢某艳卡上有五六十万元现金，其知道卢某艳银行卡密码，具体经办平时和客户之间的资金结算，所以其想“黑了”这些钱。在案证据能够证明卢某杀人的动机就是图财，目的就是占有被害人财产，故构成抢劫罪。

关于量刑，《最高人民法院关于审理抢劫刑事案件适用法律若干问题的指导意见》规定，为劫取财物而预谋故意杀人，或者在劫取财物过程中为制服被害人反抗、抗拒抓捕而杀害被害人，且被告人无法定从宽处罚情节的，可依法判处死刑立即执行。本案中，卢某经过深思熟虑，精心准备作案工具，设计好隐蔽的作案手段。卢某系卫校毕业，曾学过医学化学专业课程，对一氧化碳中毒等相关知识有一定了解，故选择了一氧化碳毒杀的手段，并在网上查询并使用虚假姓名、冒用附近某公司地址购买了1瓶4升装高纯一氧化碳、氧气面罩、河豚毒素等有毒物质、工具，网上搜索了解一氧化碳等有毒物质的致死含量等信息。案发前两天卢某将一氧化碳、氧气袋等放到车上，伺机作案。结合全案其他事实和证据综合分析，可以确认卢某精心选择了极为隐蔽的作案手段，做了充分准备。卢某犯罪后果严重，造成两名被害人死亡，且并无法定从宽处罚情节，故应对其适用死刑。

综上分析，卢某以非法占有为目的，预谋杀害被害人并劫取财物，构成抢劫罪。卢某预谋抢劫，精心准备，在抢劫过程中杀死二人，并伪造中毒事故，企图逃避法律制裁，抢劫数额巨大，犯罪性质、情节特别恶劣，手段残忍，社会危害极大，后果和罪行极其严重，应予严惩。

编写人：江苏省南通市中级人民法院　杜开林　胡元吉

36

行为人将窃得的钱款扔弃在地上后持刀威胁追赶人员的转化型抢劫行为是否构成既遂

——李某军抢劫案

【案件基本信息】

1. 裁判书字号

北京市第二中级人民法院（2021）京02刑终261号刑事裁定书

2. 案由：抢劫罪

【基本案情】

2020年10月27日13时许，原审被告人李某军酒后携带弹簧刀进入被害人崔某周租住的平房，趁崔某周在平房睡觉不备之机，盗窃其放在平房内桌子上单肩挎包内人民币36元，放进自己外衣右兜。被害人崔某周被响声惊醒后质问李某军进屋理由，李某军谎称租房，后向平房外逃走。被害人崔某周追出平房后，李某军将钱扔在了地上。被害人崔某周随即打电话报警。李某军为阻止报警，掏出弹簧刀对被害人崔某周进行威胁。被害人崔某周返回平房找出菜刀与李某军对峙，并继续打电话报警。后李某军将弹簧刀扔进平房外北侧拆迁垃圾堆内，在平房外等待民警到达现场，后被民警抓获。涉案弹簧刀已被起获在案。

【案件焦点】

1. 李某军的盗窃行为是否构成既遂；2. 李某军将窃得的钱款扔弃在地上后持刀威胁追赶人员的转化型抢劫行为是否构成既遂。

【法院裁判要旨】

北京市丰台区人民法院经审理认为：被告人李某军无视国家法律，盗窃他人财物后，为抗拒抓捕而以暴力手相威胁，其行为已构成抢劫罪，应予处罚。北京市丰台区人民检察院指控被告人李某军犯抢劫罪的事实清楚，证据确实充分，罪名成立。鉴于被告人李某军有犯罪未遂情节，且到案后如实供述犯罪事实，故对其予以减轻处罚。法院作出如下判决：

被告人李某军犯抢劫罪，判处有期徒刑二年六个月，并处罚金人民币5万元；随案移送被告人李某军作案工具折叠刀一把予以没收存档。

一审宣判后，李某军未提出上诉，原公诉机关提出抗诉，认为原判认定本案有犯罪未遂情节错误，导致量刑畸轻。北京市人民检察院第二分院支持抗诉。

北京市第二中级人民法院经审理认为：原审被告人李某军看到被害人报警后持刀对被害人进行威胁，企图阻止报警，被害人是在李某军持刀威胁后才从厨房内拿出菜刀自卫，此事实有被害人的陈述和李某军的庭前供述证明，足以认定，故李某军的行为属于入户盗窃他人财物后，为抗拒抓捕而持刀相威胁，其行为已构成转化型抢劫犯罪，依法应以抢劫罪定罪处罚。本案现仅有被害人陈述证明李某军在屋外将钱扔在地上，不足以证明李某军将所盗窃钱款带出屋外，不能认定李某军盗窃既遂。即使认定其带出屋外，其盗窃行为达到既遂，因李某军在被害人追赶的情况下将窃得的钱款扔在地上，最终未当场取得财物，未造成被害人轻伤以上人身伤害后果，也不能认定李某军的行为构成转化型抢劫既遂。故李某军所犯转化型抢劫罪系未遂，对其可以依法减轻处罚。原审被告人李某军明知被害人报警，在未被控制仍具有逃跑可能的情况下在现场等待，可以视为自动投案；其在到案后一审宣判前能如实供述主要犯罪事实，依法可认定其有自首情节。原判认定事实和定罪正确，审判程序合法，未认定李某军自首不当，但已对李某军减轻处罚，量刑适当，故予以维持并对未认定自首及适用法律问题一并予以纠正。北京市第二中级人民法院作出如下裁定：

驳回抗诉，维持原判。

【法官后语】

关于李某军盗窃行为是否构成既遂的问题，需要准确确定盗窃罪既遂的认定标准才能解决。审判实践中，对涉案财物形成实际控制是认定盗窃既遂的必要条件。但行为人是否形成实际控制，需要结合财物持有人控制范围大小的不同情况分别认定。例如，同样是现金，在公共场所或公共交通工具上扒窃的情况下，只要行为人把现金从原持有人衣袋或提包等随身携带的处所窃取出来，就意味着持有人对现金失控，行为人形成对现金的控制。但在其他情况下，行为人不一定形成对现金的控制，持有人不一定失控。例如，在入户盗窃的情况下，持有人对财物具有控制力的范围是整个户内，现金没有被移动到户外，就应认定为持有人对现金还没有失控，行为人还没有形成对现金的控制。本案被害人居住的房屋内属于其控制范围，李某军只要未将屋内钱款带到屋外，被害人就未对钱款失控，李某军就尚未实际控制钱款。本案现仅有被害人陈述证明李某军在屋外将钱扔在地上，不足以证明李某军将所盗窃钱款带出屋外，不能认定李某军盗窃既遂。二审法院认定李某军盗窃未遂是正确的。

关于李某军的转化型抢劫行为是否构成既遂的问题，需要正确确定转化型抢劫的既遂标准和转化型抢劫既遂的时间基准才能解决。

对于转化型抢劫既遂的标准问题，目前实践中存在不同观点，理论界也存在较大争议。笔者认为，认定转化型抢劫罪既遂的标准应当与一般抢劫罪的认定标准相同。抢劫罪侵犯的是复杂客体，既侵犯财产权利又侵犯人身权利，具备劫取财物或者造成他人轻伤以上后果两者之一的，均属抢劫既遂；既未劫取财物又未造成他人轻伤以上人身伤害后果的，属抢劫未遂。转化型抢劫罪的犯罪性质与一般抢劫罪相同，社会危害性不比一般抢劫罪大，在既未劫取到财物又未造成轻伤以上人身伤害后果的情况下，一般抢劫罪可以认定为犯罪未遂，如果转化型抢劫罪认定为既遂，则会导致对转化型抢劫罪的处罚比一般抢劫罪的处罚更重，违反刑法规定的罪责刑相适应原则。故认定转化型抢劫罪既遂的标准应当与一般抢劫罪的认定标准相同。

关于转化型抢劫既遂的时间基准，笔者认为，与一般抢劫、转化型抢劫既遂标准应当相同的理由一样，判断是否构成既遂时如果不采取相同的时间基准，也违反罪责刑相适应原则。因此，判断转化型抢劫罪既遂的时间基准也应当与一般抢劫罪的认定标准相同。抢劫罪的基本特征在于“当场”，即当场实施暴力或以暴力威胁以及当场劫取财物，这里的“当场”是指在盗窃、诈骗、抢夺的现场以及行为人刚离开现场即被他人发现并抓捕的情形。因此，对于一般抢劫罪，认定既遂即劫取到财物或者造成轻伤以上人身伤害后果，应以抢劫行为当场实施终了为时间基准；对于转化型抢劫罪，认定既遂的时间基准，应当是为窝藏赃物、抗拒抓捕或者毁灭罪证而当场使用暴力或者以暴力相威胁行为的最终结束时。先前的盗窃、诈骗、抢夺行为不是转化型抢劫罪的最终环节，盗窃、诈骗、抢夺行为结束的时间节点不能作为认定转化型抢劫罪既遂的时间基准。因此，不能以盗窃、诈骗、抢夺行为是否既遂作为转化型抢劫罪是否既遂的判断标准。在未造成轻伤以上后果的情况下，即使盗窃、诈骗、抢夺行为既遂，如果行为人在使用暴力或者以暴力相威胁的当场被被害人夺回财物，行为人最终未获取财物，全案仍应当认定为抢劫罪未遂。

本案中，李某军在被害人家中盗窃被发现，在被害人追赶的情况下将窃得的钱款扔弃在地上，持刀对被害人威胁，最终未当场取得财物，未造成被害人轻伤以上人身伤害后果。根据以上分析，不能认定李某军的转化型抢劫行为为既遂，而应当认定为未遂。一审、二审法院认定李某军的转化型抢劫行为属于未遂是正确的。

编写人：北京市第二中级人民法院　杨子良

（二）盗窃罪

37

客运公司点钞员在点钞期间窃取钱款是否利用职务之便

——郑某某盗窃案

【案件基本信息】

1. 裁判书字号

黑龙江省哈尔滨市南岗区人民法院（2021）黑0103刑初95号刑事判决书

2. 案由：盗窃罪

【基本案情】

2020年3月21日至4月25日，被告人郑某某在客运公司点钞室内，利用清点运营款的时机，通过秘密窃取的手段将清点的运营钱款占为己有，金额共计人民币13878元。现郑某某已全部返还被害人损失。

【案件焦点】

郑某某作为客运公司的点钞员，在点钞期间窃取钱款，是否利用了职务上的便利，郑某某的行为构成盗窃罪还是职务侵占罪。

【法院裁判要旨】

黑龙江省哈尔滨市南岗区人民法院经审理认为：被告人郑某某以非法占有为目的，在点钞期间以秘密窃取的手段非法窃取本单位财物，数额较大，构成盗窃罪，依法应予惩处。公诉机关的指控成立。本案中，从点钞员的作业流程来看，郑某某在负责点钞的区域内清点钱款并当场上交，开箱及清点工作均在严密的监控下完成，清点的运营钱款仍处于客运公司的实际控制之下，郑某某对清点的运营钱款并没有实际有效控制，尚不足以认定为对运营钱款的合法占有。因此，郑某某所在的岗位和所担负的工作并无主管、管理或者经手单位财物的职责，其窃取财物并非利用职务之便，不符合职务侵占罪的构成要件。综上，辩护人关于对郑某某的行为符合职务侵占罪的构成要件的辩护意见，与本院查明的事实不符，本院不予采纳。郑某某主动投案，并如实供述自己的罪行，系自首，对其可从轻处罚。公诉机关的量刑建议适当。黑龙江省哈尔滨市南岗区人民法院依照《中华人民共和国刑法》第二百六十四条、第六十七条第一款、第五十二条、第五十三条，《中华人民共和国刑事诉讼法》第二百零一条之规定，作出如下判决：

被告人郑某某犯盗窃罪，判处有期徒刑六个月，并处罚金人民币 1000 元。

一审宣判后，被告人未提起上诉，检察机关未提起抗诉，该判决现已发生法律效力。

【法官后语】

本案的焦点问题是郑某某作为点钞员窃取财物是否利用职务之便，是其构成盗窃罪还是职务侵占罪的重要的判断依据。本案审理过程中，控辩双方针对郑某某的行为是构成盗窃罪还是职务侵占罪展开辩论。检察机关指控郑某某犯盗窃罪；辩方认为郑某某是利用点钞员的身份，在工作期间将单位的财物占为己有，符合职务侵占罪的构成要件，但数额尚未达到法定标准，不构成犯罪。

笔者认为，在符合职务侵占罪主体身份的前提下，盗窃罪与职务侵占罪最主要的区别是判断行为人在实施该犯罪时是否利用了职务上的便利，即利用自己主管、管理、经手单位财物的便利条件，将单位财物非法占为己有。“主管”是指行为人虽不具体管理、经手单位财物，但对单位财物的调拨、安排、使用具有决定权。“管理”是指行为人对单位财物直接负有保管、处理、使用的职责，亦即对单位财物具有一定处置权。“经手”是指行为人虽不具有管理、处置单位财物的职责，但因工作需要，单位财物一度由其经手，行为人对单位财物具有临时的实际控制。

就本案而言，笔者将从郑某某的主体身份、所处岗位职责、作业流程、现场环境及窃取方式等诸多因素进行综合评判。

第一，郑某某符合职务侵占的主体身份。职务侵占罪的犯罪主体是公司、企业或者其他单位的人员，是特殊主体，而盗窃罪的犯罪主体没有此限制。因此，前者的犯罪主体具有特定性。“公司、企业或者其他单位的人员”，包括正式职工、合同工和临时工。本案中，郑某某自2015年起被聘为客运公司的点钞员，符合职务侵占罪中规定的公司、企业或者其他单位的人员主体身份。

第二，郑某某所处岗位的工作流程及现场环境。郑某某所处岗位是客运公司的点钞员。日常工作为现场清点公交车辆票箱钱款，每个点钞员在点钞室都有固定的点钞操作台，每个点钞操作台上方都安装了多个角度实时监控摄像头，要求点钞员在工作台上操作且点钞需在全程无死角的监控下进行，公司监控室配有专职监控员负责实时检查现场工作情况。点钞员每日6点30分上班，进入工作区域落座各自工作台后，主管分配各线路钱箱并统一放到各自工作台座位后方，点钞室的统计员发放给点钞员钱箱钥匙，点钞员的工作就是把钱箱开箱，把钱箱里的钱倒出来进行分拣，待所有的钱箱清点完毕与统计员核账。

第三，郑某某窃取钱款的方式。郑某某每次窃取时都会将其中的一摞捆好的钞票提前放置在桌子边上，在倒钱箱的时候用一只手抖钱箱，另一只手快速将桌边上的钞票拿起反扣到钱箱的内侧，趁其转身向墙面处放空钱箱时，迅速将扣在钱箱内侧的钞票揣到其裤兜里。

综上，郑某某在负责点钞的区域内清点钱款并当场上交，开箱及清点工作均在严密的监控下完成，清点的钱款仍处于客运公司的实际控制之下，郑某某对清点的钱款并没有实际有效控制，其仅是直接接触到财物本身，而无权支配该财物，尚不足以认定为对清点钱款的合法占有。郑某某所在的岗位和所担负的工作并无主管、管理或者经手单位财物的职责，其窃取财物并非利用职务之便，而是以非法占有为目的，在清点钱款期间秘密窃取，其行为符合盗窃罪的构成要件。

编写人：黑龙江省哈尔滨市南岗区人民法院　范一辰　邵娜

38

被盗财物价格无法查明时以销赃数额认定盗窃数额的必要性

——吴某健盗窃案

【案件基本信息】

1. 裁判书字号

浙江省温州市中级人民法院（2021）浙03刑终658号刑事裁定书

2. 案由：盗窃罪

【基本案情】

2020年12月至2021年4月，被告人吴某健伙同黄某华、雷某斌、黄某志、黄某肆（均另案处理）组成盗窃团伙，由吴某健、黄某华负责统一向上家购买假M牌酒、销售真M牌酒、收款、分赃等工作，在浙江省温州市、宁波市、福建省福州市等地应聘酒店服务员，并以假M牌酒（有包装）调换真M牌酒（连包装）的形式实施盗窃，总计作案至少二十余次，销赃总额在人民币141600元以上，被告人吴某健个人获利至少4万余元。

其中，2021年3月19日，雷某斌在某酒店二楼包厢用上述方式窃取被害人李某的M牌酒1瓶；2021年4月11日、13日、22日，被告人吴某健伙同黄某肆在某酒店用上述方式分别窃取被害人吴某某的M牌酒2瓶、被害人何某的M牌酒1瓶（均无法估价）、被害人汪某某的2017年M牌酒1瓶（经鉴定，价值3100元）。检察机关指控被告人吴某健多次盗窃且数额较大，建议判处有期徒刑一年十个月。

【案件焦点】

被盗财物价格无法查明时能否应以销赃数额认定盗窃数额。

【法院裁判要旨】

浙江省温州市鹿城区人民法院经审理认为：（1）根据社会常识和商品交易规律，吴某健的上家将收购的M牌酒再进行转卖，必有转售再获利空间；（2）在没有其他证据证明涉案M牌酒具体价格的前提下，应将销赃金额141600元认定为犯罪金额。综上，一审法院认为被告人吴某健结伙多次盗窃，数额巨大，已构成盗窃罪。检察机关未指控盗窃数额巨大不当，应予纠正。依照《中华人民共和国刑法》第二百六十四条、第六十七条第三款、第六十四条之规定，作出如下判决：

一、被告人吴某健犯盗窃罪，判处有期徒刑四年，并处罚金人民币1万元；

二、责令被告人吴某健退赔违法所得人民币141600元，返还各被害人，其中包括返还人民币3100元给被害人汪某某。

一审宣判后，被告人提起上诉，认为原审以销赃数额认定盗窃数额不当，建议采纳检察机关根据盗窃次数提出的量刑建议。检察机关未提起抗诉。

浙江省温州市中级人民法院经审理认为：一审法院根据查明的销赃数额认定本案被盗M牌酒价值至少141600元，符合相关规定，亦符合常理。原判定罪及适用法律正确，量刑适当，审判程序合法。遂依照《中华人民共和国刑法》第二百六十四条、第二十五条第一款、第六十七条第三款、第六十四条和《中华人民共和国刑事诉讼法》第二百三十六条第一款第一项之规定，作出裁定：

驳回上诉，维持原判。

【法官后语】

本案中的争议焦点在于：被盗财物价格无法查明时是否应以销赃数额认定盗窃数额。对此，存在以下两种观点：第一种观点认为，在无法鉴定涉案M牌酒价值的前提下，直接以销赃数额认定被告人的犯罪数额于法无据，故应以在案证据所推算的被告人的犯罪次数作为认定本案定罪量刑的依据。第二种观点认为，本案应以销赃数额 14 万余元认定盗窃数额，并据此定罪量刑。本案一审、二审法院均支持第二种观点。

一、以销赃数额认定盗窃数额并不违反相关规定

支持第一种观点的认为，2013 年起施行的《最高人民法院、最高人民检察院关于办理盗窃刑事案件适用法律若干问题的解释》（以下简称《办理盗窃解释》）删除了 1998 年起实施的《最高人民法院关于审理盗窃案件具体应用法律若干问题的解释》中“销赃数额高于本解释计算的盗窃数额的，盗窃数额按销赃数额计算”的规定，故将销赃数额认定盗窃数额于法无据。但值得注意的是，上述规定被删除的理由是销赃数额高于实际盗窃数额的，被害人所遭受的损害并没有增加，以销赃数额作为盗窃数额，进而决定对行为人的定罪量刑，有失妥当。[①] 因此，删除上述规定仅是在被盗财物价格与销赃数额均能查明的情况下，否定了销赃数额高于被盗财物价格时将销赃数额直接认定为盗窃数额的特别规定。至于在被盗财物价格无法查明的情况下，能否以查明的销赃数额认定盗窃数额，《办理盗窃解释》中并无明确规定。

在现行相关司法解释中，虽无将销赃数额认定为盗窃数额的一般性规定，但散见于一些特殊情况下按照销赃数额认定盗窃数额的特别规定。例如，《办理盗窃解释》第四条第五项中规定“盗接他人通信线路、复制他人电信码号出售的，按照销赃数额认定盗窃数额”。2016 年起施行的《最高人民法院、最高人民检察院关于办理非法采矿、破坏性采矿刑事案件适用法律若干问题的解释》第十三条第一款规定，非法开采的矿产品价值，根据销赃数额认定；无销赃数额，销赃数额难以查证，或者根据销赃数额认定明显不合理的，根据矿产品价格和数量认定。可见最高人民法院、最高人民检察院对特定情况下将销赃数额认定为盗窃数额持肯定性态度。

---

① 胡云腾、周加海、周海洋：《〈关于办理盗窃刑事案件适用法律若干问题的解释〉的理解与适用》，载《人民司法》2014 年第 15 期。

二、以销赃数额认定盗窃数额在本案中具有现实必要性

本案中，对被盗M牌酒的估价存在着现实的困难。首先，M牌酒作为商品的流通性强，又属于一次性消耗品，导致被销赃的M牌酒实物基本无法追回。其次，在案件办理中发现，作为案发地点的酒店等经营主体，一般难以准确确认数月前某一临时上工的服务员所服务的包厢，甚至出于保护顾客隐私的原因，会定期销毁或拒不提供记载顾客身份信息、联系方式的相关就餐记录。另外，本案调换M牌酒盗窃的作案方式十分隐蔽，大部分被害人可能至今都未发现其M牌酒已被调换。[①] 此外，被告人采取了团伙配合、跨省跨市流窜作案等手段，进一步增加了案件侦办的难度。

在这样的情况下，检察机关采取放弃对犯罪数额的认定，退而求其次以盗窃次数对被告人定罪量刑，这是极其不妥的。[②] 具体理由如下。

首先，刑法中盗窃次数仅为盗窃罪的入罪标准，或在根据盗窃数额确定量刑档次后作为增加量刑的依据。而确定盗窃罪量刑档次的依据，除“数额较大”“数额巨大”“数额特别巨大”外，虽然还有“有其他严重情节”“有其他特别严重情节”的标准，但根据相关司法解释，后者最终认定的落点还是在盗窃数额。因此，不应轻易放弃对盗窃数额的认定，仅以盗窃次数量刑，否则会导致不论被告人的盗窃行为所造成的损失如何巨大，均只能对其在有期徒刑三年以下量刑的不合理后果。

其次，将本案中已查明的销赃数额认定为盗窃数额能够实现对被告人犯罪行为的全面评价。由于本案被告人作案手段隐蔽、反侦查能力较强，虽然最终案发，但侦查机关仍难以通过一一查找，确认被害人的方式逐次查明被告人的犯罪事实。在此前提下，根据被告人与上家的转账记录所确认的销赃数额，反

---

① 本案案发是因为当晚就餐的顾客在购买M牌酒时因为购买量较大，特地记录了M牌酒标识的序列号，故而在发现酒有问题的时候能够及时发现酒已被调换。

② 值得注意的是，在本案的侦查过程中，由于通过查明被害人进而查明被盗M牌酒的价格的侦查方向受阻，而又不确定是否能将销赃数额直接认定为盗窃数额，在羁押近一月后，检察机关对同案犯黄某华、雷某斌、黄某志、黄某肆均以“事实不清，证据不足”为由未批捕。侦查机关随即释放了上述四人并采取取保候审的强制措施。

而是最能反映被告人犯罪事实全貌的一个“指标”。据此定罪量刑，方能最大程度地实现对被告人犯罪行为的全面评价。

综上，本案的查明的销赃金额14万余元已经远高于盗窃“数额巨大”的标准，故认定被告人盗窃数额至少14万余元，并在“数额巨大”一档量刑，是实现罪责刑相适应的必然选择。

编写人：浙江省温州市鹿城区人民法院　黄书瑶　黄天舒

39

被告人的行为不足以对被害人构成威胁、要挟，不构成敲诈勒索罪，盗窃罪案发前返还的钱款应作为退赃情节

——张某林盗窃案

【案件基本信息】

1. 裁判书字号

福建省莆田市荔城区人民法院（2021）闽0304刑初345号刑事判决书

2. 案由：盗窃罪

【基本案情】

一、敲诈勒索罪

2020年8月，被告人张某林在中间人段某涛的担保下，以300元价格将以自己身份信息注册的网络店铺和支付宝账号租赁给王某坤使用二年，王某坤支付租金300元后，将该店铺和支付宝账号提供给被害人林某新一方的工作室经营使用。被害人林某新一方使用上述店铺进行经营销售，销售额均转入对应的

支付宝账户中。2020年10月6日，被告人张某林通过人脸识别擅自登录上述支付宝账号，被害人林某新一方在发现支付宝账号出现异常后，通过王某坤、段某涛与被告人张某林取得联系。被告人张某林要求被害人林某新一方每月支付3000元，否则就不归还支付宝账号。被害人林某新一方因已在上述店铺经营一段时间，且上述支付宝账号内已有经营资金，迫于无奈于2020年10月14日向被告人张某林转账3000元。被告人张某林收款后将淘宝店铺及支付宝账号归还给被害人林某新一方使用。

二、盗窃罪

2020年11月，被告人张某林要求被害人林某新一方支付当月的3000元未果，于2020年11月12日擅自登录上述支付宝账号，先后13次将上述支付宝账户中的资金转走归个人使用，共计38519.49元。2021年1月14日至1月15日，被告人张某林通过王某坤返还被害人林某新一方15000元。

2021年1月26日，被告人张某林在某售楼部被民警抓获归案。案发后，公安机关在被告人张某林处扣押手机1部。

【案件焦点】

1. 被告人张某林的行为是否构成敲诈勒索罪；2. 被告人张某林实施的盗窃罪，案发前返还的钱款是否计入犯罪数额。

【法院裁判要旨】

福建省莆田市荔城区人民法院经审理认为：被告人张某林关于“其不构成敲诈勒索罪”的辩解意见，以及辩护人关于“指控被告人张某林犯敲诈勒索罪事实不清、证据不足”的辩护意见。检察机关认为，在案证据可以证实被害人林某新在发现店铺不能正常使用后前往贵州与被告人张某林进行沟通，因案发时涉案店铺已经经营了两个月，“双十一”将至，被害人林某新如果通过法律途径起诉的话将会失去“双十一”这个商机，基于此被害人林某新在报警之后，迫于无奈转账3000元给被告人张某林，综上，被告人张某林主观上明知被害人林某新不愿意支付3000元款项，其行为已构成敲诈勒索罪。本院经审查认为，被告人张某林以不归还店铺进行“威胁或者要挟”，被害人林某新系基于商业利益考虑答应了被告人张某林支付3000元租金的要求，而非基于恐惧不得不交出财物，故被告人张某林的行为尚不足以对被害人林某新产生精神上的强制，即不足以对被害人构成威胁、要挟，该行为依法不应由刑事法律来调整，公诉机关指控被告人张某林犯敲诈勒索罪不能成立，被告人及辩护人相关辩解、辩护意见有理，予以支持。

关于本案盗窃罪的数额认定问题。经查，被告人张某林在侦查阶段的供述能与被害人林某新的陈述、接受证据清单、支付宝转账记录、微信聊天记录、微信转账记录、提取笔录、提取清单、支付宝账号信息、支付宝收支明细相互印证，证实在2020年11月，被告人张某林在向被害人林某新一方索要3000元未果的情况下，通过人脸识别将涉案店铺及支付宝账户盗回，并在2020年11月12日起至2020年11月29日将涉案支付宝账户内属于林某新一方所有的款项共计38519.49元转移占有并使用。后在被害人林某新一方催讨下，被告人张某林于2021年1月14日至1月15日通过微信转账返还15000元。本案中，被告人张某林在将上述38519.49元转移占有时，被害人对上述款项已经失去控制，此时被告人张某林的行为已构成盗窃罪，数额为38519.49元，其后续向被害人归还15000元属于犯罪之后的退赃行为，不影响盗窃数额的认定，故相关辩解、辩护意见均不能成立，不予支持。

被告人张某林以非法占有为目的，采用秘密手段窃取他人钱款，共计人民币38519.49元，数额较大，其行为已构成盗窃罪。被告人张某林归案后能如实供述所犯的盗窃罪的事实，其对涉案数额性质的辩解，不影响对其如实供述的认定，鉴于其已退出部分赃款，依法可予以从轻处罚。

福建省莆田市荔城区人民法院依照《中华人民共和国刑法》第二百六十四条、第六十七条第三款、第六十四条的规定，作出如下判决：

一、被告人张某林犯盗窃罪，判处有期徒刑一年六个月，并处罚金人民币一万元；

二、责令被告人张某林退出赃款人民币23519.49元，依法返还被害人林某新；

三、扣押在莆田市公安局荔城分局的被告人张某林名下的手机，予以没收，由扣押机关依法处理。

一审判决后，被告未提起上诉，检察机关未提起抗诉，该判决案件已发生法律效力。

【法官后语】

本案审理过程中，关于被告人的行为如何定性，主要存在以下两种观点：

第一种观点认为，被告人张某林的行为构成敲诈勒索罪。在案证据可以证实涉案网络店铺及支付宝账号系由王某坤向被告人张某林租赁而来，并实际由被害人林某新一方经营使用。后被告人张某林擅自将该店铺及支付宝账号盗回，被害人林某新多次尝试与被告人张某林沟通未果，因经营需要，只能按照被告人张某林的要求支付 3000 元，以拿回店铺及支付宝账号。在案证据也足以认定被告人张某林在租赁期内，擅自盗回被害人占有使用的店铺及支付宝账号，并以不归还店铺及支付宝账号致使被害人无法获取支付宝内的财产权益相要挟，索要高额租金，其主观上具有非法占有的目的，客观上通过要挟使得被害人交付了财产，其行为符合敲诈勒索罪构成，应认定为敲诈勒索罪。

第二种观点认为，被告人张某林的行为不构成敲诈勒索罪。被告人张某林以不归还店铺进行“威胁或者要挟”，被害人林某新系基于商业利益考虑答应了被告人张某林支付 3000 元租金的要求，而非基于恐惧不得不交出财物，故被告人张某林的行为尚不足以对被害人林某新产生精神上的强制，即不足以对被害人构成威胁、要挟，该行为依法不应由刑事法律来调整，其行为不构成敲诈勒索罪。

笔者倾向于第二种观点，理由如下：

一、敲诈勒索罪与民事纠纷的界限

敲诈勒索罪，是指以非法占有为目的，对被害人实施威胁或者要挟的方法，强行索取数额较大的公私钱款的行为，其中要挟方法通常是指抓住被害人的某些把柄或者制造某种迫使其交付财物的借口，其客观行为可分为四阶段，分别为：行为人实施威胁、要挟；被害人产生恐惧、害怕心理；被害人不得已交付财物；行为人获得财物，主观上要求行为人具有非法占有他人财物的目的。本案能否认定被告人张某林的行为构成敲诈勒索罪，笔者认为，判断敲诈勒索罪的关键在于行为人客观上所实施的胁迫行为以及被害人由此产生的恐惧心理。

（一）行权手段的必要性与相当性

行为人所使用的手段必须具有必要性及相当性，所谓的必要性，指的是具体案件中，行为人的行权做法符合社会经验和逻辑认可，符合常识、常理、常情；所谓相当性，是指手段相对于权利本身的重大性、侵害相对方权益的程度、紧急程度等综合情况下可为一般大众所接受和容忍。公民行权的手段各种各样，在此仅讨论可能涉及敲诈勒索罪的威胁、要挟手段。

敲诈勒索罪中的要挟、威胁方式上有口头的、有书面的，其内容上有以施加杀、伤等伤害生命、身体、自由的暴力，有以揭发、张扬被害人隐私、违法行为等损害名誉、财产的，还有利用某种权势或者优势地位损害被害人切身利益的，从造成被害人精神恐惧、害怕的程度上看，显然暴力相威胁的程度大于非暴力的程度。当权利合法、确定时，行为人即使口头称以施加暴力相要挟、威胁，只要未实际实施暴力行为，也未采取长期滋扰形式严重影响被害人生活的，未超出必要限度，不成立敲诈勒索罪。当权利不合法时，行为人以恶害相通告，使被害人产生恐惧心理，迫使被害人处分财产，可以以敲诈勒索罪论处。

本案中，被告人张某林的“要挟”行为是利用了其优势地位，擅自登录支付宝账号，要求被害人林某新每月支付人民币3000元，否则不归还支付宝账号。被害人林某新可以选择不支付该钱财，不使用该支付宝账号，申请新的支付宝账号的方式来继续进行店铺的经营销售。被告人的行为并未对被害人精神造成恐惧、害怕，即不足以对被害人构成威胁、要挟，仅仅是由于“双十一”购物节将至，被害人基于商业利益考虑答应了被告人张某林支付3000元租金的要求。故不宜认定被告人张某林的行为违背了被害人林某新的意志，给其造成精神强制。

（二）没有明显违背意思表示和行为

从违背对方意志的程度看，行为人是否有明显违背被索赔方意志的意思表示和行为。民事行为的基本特征是行为主体具有自愿性。如行为人没有明显违背被索赔方意志的意思表示和行为，双方都可以就是否支付租金进行商谈，倾向于认定为民事纠纷。在敲诈勒索犯罪中，行为人使用威胁、要挟等方法，对对方造成精神强制，明显违背被害人的意志。

（三）被害人交付财物的真实含义

在敲诈勒索罪中，被害人遭受财产损失，不仅是犯罪构成要件，也是决定案件案发的关键原因。司法实践中，有的经济犯罪、财产犯罪案件的案发，是因为被害人认为其遭遇犯罪迫害且造成财产损失而报案。在被害人视角，由于缺乏专业知识，他们对于何谓犯罪可能并不清楚，但对于遭受无理由的财产损失则是“切肤之痛”，报案的动机不仅在于要求司法机关惩治犯罪，而且对司法机关的“追赃挽损”工作抱有强烈期待。然而，本案中，被害人存在商业利益的情形下，不愿意经营的店铺收益受到影响，被告人要求额外租金的行为属于履行店铺租赁协议过程中的一个违约行为，系经济纠纷。在这种基础上交付财物的真实含义，应解释为当事人双方之间就权利主张所达成的民事私法自治意义上的“妥协性合意”。那么，这种基于权利主张的“交付财物”事实，在本质上就是双方民事主体在私法自治意义上的真实意思表示，而并不是刑事中因胁迫产生恐惧心理进而交付财物且遭受财产损失的逻辑表达。

二、关于本案被告人张某林实施的盗窃罪数额认定

第一种观点认为，行为人在同一犯罪目的驱使下，对同一犯罪对象连续实施数个同样性质的盗窃行为，按照连续犯的理论，其犯罪数额应当累计计算。其在案发前返还的钱款应作为退赃情节予以考虑，不予在犯罪数额中扣减。

第二种观点认为，行为人对同一犯罪对象连续实施盗窃行为，在被害人催讨的情况下，行为人返还部分财物，行为人对返还的财物主观上没有非法占有的目的，不应将该部分财物的价值计入犯罪数额，应以被害人最终的实际损失认定犯罪数额。

笔者同意第一种观点，理由如下：

盗窃罪属于贪利型犯罪，其目的是非法获取财物。根据盗窃罪既遂标准，

刑法学界主张“失控加控制说”，因此行为人窃得财物即构成犯罪既遂，犯罪数额也以所窃财物的价值认定，这与毁财型犯罪中以对被害人造成的最终损失来认定是不同的。按照连续犯的处断原则，对被告人每次盗窃的犯罪数额应累计计算。虽然被告人窃取财物后曾返还，但系其犯罪既遂后对财物的处置行为，仅可作为退赃情节在量刑时予以从轻考量，并不能在犯罪数额认定中予以扣减。因此，不能以被害人的实际损失来认定盗窃数额，否则不仅与盗窃犯罪构成相矛盾，也与现行法律和法理相悖。

本案中，被告人张某林在侦查阶段的供述能与被害人林某新的陈述、接受证据清单、支付宝转账记录、微信聊天记录、微信转账记录、提取笔录、提取清单、支付宝账号信息、支付宝收支明细相互印证，证实2020年11月，被告人张某林在向被害人林某新一方索要3000元未果的情况下，通过人脸识别将涉案店铺及支付宝账户盗回，并在2020年11月12日至2020年11月29日将涉案支付宝账户内属于林某新一方所有的款项共计38519.49元转移占有并使用。后在被害人林某新一方催讨下，被告人张某林于2021年1月14日至1月15日通过微信转账返还15000元。故被告人张某林在将上述38519.49元转移占有时，被害人对上述款项已经失去控制，此时被告人张某林的行为已构成盗窃罪，数额为38519.49元，其后续向被害人归还15000元属于犯罪之后的退赃行为，不影响盗窃数额的认定。

编写人：福建省莆田市荔城区人民法院　林钟蕙　彭筱桑

40

盗窃文物后主动归还未造成损害后果的可免予刑事处罚

——罗某盗窃案

【案件基本信息】

1. 裁判书字号

北京市第一中级人民法院（2021）京01刑终142号刑事判决书

2. 案由：盗窃罪

【基本案情】

被告人罗某于2017年8月1日15时许，在某大学图书馆古籍书库内，利用为该书库装修的机会，窃取馆内收藏的唐人写经卷轴壹卷，后经文物进出境鉴定所鉴定评估为一级文物。2017年10月19日，被告人罗某主动将涉案文物归还被害单位。2017年10月21日，被告人罗某被公安机关抓获归案，后如实供述了上述犯罪事实。

【案件焦点】

1. 被告人实施盗窃时主观上并未认识到所盗文物为一级文物，是否存在事实认识错误，从而阻却犯罪故意的成立；2. 按照文物等级，本案应属于盗窃罪数额特别巨大情节，但是被害人在案发后主动退还赃物，并未造成实际损失，是否可以对被告人定罪免刑。

【法院裁判要旨】

北京市海淀区人民法院经审理认为：被告人罗某以非法占有为目的，盗窃公私财物，数额特别巨大，其行为已构成盗窃罪，应予惩处。涉案卷轴的存放地点、安防措施、书籍存放方式等方面均与其他书库不同，可以从外观上明确该书库所藏书籍性质。罗某在盗窃之前曾将涉案卷轴从存放的羽毛球筒中取出并查看，其对涉案文物外观和材质是有直观认知的，可以认定被告人罗某对所盗窃物品系古籍或文物具有明知。鉴于被告人罗某到案后如实供述自己的罪行，认罪态度较好，且涉案文物已返还被害单位，依法对其减轻处罚。

北京市海淀区人民法院依据《中华人民共和国刑法》第二百六十四条、第六十七条第三款、第六十三条第二款、第五十三条第一款及《最高人民法院、最高人民检察院关于办理妨害文物管理等刑事案件适用法律若干问题的解释》第二条第一款之规定，作出如下判决：

被告人罗某犯盗窃罪，判处有期徒刑五年，罚金人民币 5 万元。

被告人罗某不服一审判决，提出上诉。

北京市第一中级人民法院经审理认为：上诉人罗某以非法占有为目的，盗窃公私财物，数额特别巨大，其行为已构成盗窃罪，依法应予惩处。罗某系初犯，在被抓获前主动退回文物，未造成文物损毁，在被抓获后能够如实供述犯罪事实，有悔罪表现，综合以上情节，可认定其犯罪情节轻微，免予刑事处罚。

《中华人民共和国刑法》第二百六十四条、第六十七条第三款、第三十七条，《中华人民共和国刑事诉讼法》第二百三十六条第一款第二项，《最高人民法院、最高人民检察院关于办理妨害文物管理等刑事案件适用法律若干问题的解释》第二条第一款、第十六条第一款之规定，作出如下判决：

一、撤销北京市海淀区人民法院（2019）京 0108 刑初 2393 号刑事判决；

二、上诉人罗某犯盗窃罪，免予刑事处罚。

【法官后语】

一、盗窃罪的犯罪故意不要求行为人对财物价值有明确认知

有观点认为，本案被告人对文物价值没有鉴别能力，无法认识到自己盗窃的是国家一级文物，存在事实认识错误，笔者对此持否定态度。盗窃罪惩罚的是非经占有人同意窃取他人财物的犯罪行为，从犯罪构成上讲，行为人的认知程度达到认识到自己是在窃取他人财物即可，并不要求行为人对于财物价值有

明确的认知。

就本案而言，被告人在高校图书馆古籍存放库施工期间，偶然发现了涉案经卷，其实施犯罪行为时，可以认识到存放在此的书卷系区别于一般书籍的文物，超出其认知范围的仅是文物的等级及价值。在其认识到所盗物品是文物的情况下，对于该文物可能为珍贵文物，是具备认知可能性的，即使文物的实际价值超出了其预料，其对这种超出预料的价值的占有也是持放任态度的，因此其主观上具备盗窃的犯罪故意。

二、盗窃文物后主动归还未造成损害后果可免予刑事处罚

1. 被告人主动归还文物，未造成文物损毁灭失

虽然从犯罪构成角度来看，该犯罪行为已构成盗窃罪数额特别巨大的既遂。但是被告人在得知被害单位报案后，通过他人将被盗文物归还，而且并未造成文物毁损。对于原所有人来说，在文物丢失的数日，处于财产权益受到损害的状态，但随着被告人将文物返还，这种损害状态消失，实际上未发生财物损毁的后果。行为人在侦查阶段的主动归还行为，也促进了案件的快速侦破。对被告人免予刑事处罚，既符合最高人民法院、最高人民检察院有关文物犯罪司法解释①的精神，从刑罚效果上看也可以起到积极的引导作用，可以引导此类案件的行为人主动归还赃物，减免财物损失。

2. 被告人对文物价值认识不足，主观恶性不大

本案被害单位对涉案文物并未专门进行封闭保存，且在文物库有外部人员装修施工的情况下，仅将卷轴用羽毛球桶包装并存放在未上锁的书柜里，并未有专人看管。被告人基于其自身的知识和经验水平仅可认识到所盗物品为文物，而无法判断该文物是一级文物或是普通文物，不够严谨的存放方式也在一定程

① 《最高人民法院、最高人民检察院关于办理妨害文物管理等刑事案件适用法律若干问题的解释》第十六条规定，实施本解释第一条、第二条、第六条至第九条规定的行为，虽已达到应当追究刑事责任的标准，但行为人系初犯，积极退回或者协助追回文物，未造成文物损毁，并确有悔罪表现的，可以认定为犯罪情节轻微，不起诉或者免予刑事处罚。实施本解释第三条至第五条规定的行为，虽已达到应当追究刑事责任的标准，但行为人系初犯，积极赔偿损失，并确有悔罪表现的，可以认定为犯罪情节轻微，不起诉或者免予刑事处罚。

度上影响了其对文物价值的判断。其并非基于实施盗窃一级文物的故意，而是基于对盗窃文物的盖然性认识而实施了盗窃行为。这区别于能够认识到一级文物而实施的盗窃，其主观恶性更弱。

（3）被害人认罪悔罪，再犯可能小

本案被告人无前科，系偶然发现了涉案文物，临时起意实施盗窃行为，属偶犯，其主观恶性弱于有前科劣迹、预谋实施盗窃的情况。从事发后表现上看，被告人通过他人悄悄将文物放归原处的行为，可以视为其对自身犯罪行为的修正。即使其归还的动机可能出于对刑事责任的害怕和逃避，仍能反映其对犯罪行为有忏悔和弥补心态。且其到案后如实供述罪行，认可指控的犯罪事实，亦能反映其悔罪态度。本案从被告人的个人情况、犯罪时的心理状态，犯罪后的表现等方面综合判断，被告人是有认罪悔罪表现的，且已经被长时间羁押，也受到一定程度的惩罚，其再次实施犯罪的可能性较小。

综上，本案对被告人定罪免刑的处理方式，也是对宽严相济刑事政策的落实，体现刑罚的教育、感化功能。

编写人：北京市第一中级人民法院　胡柳青青

41

利用第三方支付平台侵犯财产行为应认定为盗窃

——汤某某盗窃案

【案件基本信息】

1. 裁判书字号

江苏省沭阳县人民法院（2021）苏 1322 刑初 668 号刑事判决书

2. 案由：盗窃罪

【基本案情】

被告人汤某某与被害人伍某某系朋友关系。2021年6月9日凌晨3时许，被告人汤某某在本县辖区内的某娱乐场所内，以借用被害人伍某某手机为由，趁被害人伍某某不备，以伍某某告知的手机解锁密码投试伍某某支付宝“网商银行”支付密码的方式成功从被害人伍某某手机支付宝“网商贷”贷款人民币45000元，并提现44979.95元（扣除了部分手续费）至被害人伍某某支付宝绑定的中国银行卡内。接着，被告人汤某某再投试被害人伍某某微信支付密码，成功将上述银行卡内人民币44797元分两次转至其本人微信账户内，后删除被害人伍某某手机中的借款记录。

被告人汤某某归案后如实供述了自己的罪行，并自愿认罪认罚；已赔偿被害人伍某某全部损失，并取得谅解。

【案件焦点】

被告人借用他人手机，以投试密码的方式从被害人手机支付宝“网商银行”贷款，并将贷出款项转至自己账户的行为应当认定为诈骗类罪还是盗窃罪。

【法院裁判要旨】

江苏省沭阳县人民法院经审理认为：汤某某盗窃罪罪名成立。理由如下：本案定性关键点在于被告人汤某某的主观故意内容及究竟是哪一行为使被告人汤某某实现了非法占有。经查，（1）被告人汤某某供述其当时是想从被害人伍某某手机里面转点钱用，发现伍某某微信、支付宝余额中没有什么钱，就打开支付宝“网商贷”从中贷款并提现、转账。结合被告人汤某某的供述内容，其主观目的是从被害人伍某某处窃取财物，无诈骗金融机构的主观故意。（2）伍某某将手机交给汤某某，并告知手机解锁密码时并未意识到自己的行为将会给自己带来财产方面的重要改变。汤某某取得手机后，以伍某某身份申请伍某某支付宝“网商贷”贷款人民币45000元，后提现至伍某某银行卡账户内，此时，伍某某尚未遭受实际损失，尚不能认为伍某某丧失其对银行卡内款项的占有。至此，汤某某以上行为尚不足以评价为犯罪，支付宝“网商贷”的主体及伍某某尚且不能认定为刑事“被害人”。(3) 被告人汤某某真正实现非法占有是其通过投试被害人伍某某微信支付密码，成功将被害人伍某某银行卡中的款项44797元转至其微信账户。汤某某最终得以占有伍某某银行卡内上述款项的决定性因素在于其实施了秘密窃取行为，其以被害人伍某某身份申请支付宝“网商贷”放款仅仅是为窃取伍某某上述款项的行为方式。综上，汤某某的行为完全符合盗窃罪的犯罪构成，故认定汤某某盗窃罪名成立，犯罪金额应认定为44797元。

江苏省沭阳县人民法院依照《中华人民共和国刑法》第二百六十四条、第六十七条第三款、第七十二条第一款和第三款、第七十三条第二款和第三款，《中华人民共和国刑事诉讼法》第十五条之规定，作出如下判决：

被告人汤某某犯盗窃罪，判处有期徒刑一年二个月，缓刑一年三个月，并处罚金人民币9千元。

一审判决后，被告人未提起上诉，检察机关未提起抗诉。该判决已发生法律效力。

【法官后语】

对类似于本案利用第三方支付平台侵犯财产的行为应认定为盗窃罪还是诈骗类犯罪主要考虑两点：一是盗窃罪与诈骗类犯罪的界限；二是机器、网络终端能否被骗；三是能否彻底豁免手机机主的责任。

1. 盗窃罪与诈骗罪等其他犯罪主要不同点在于行为人侵犯的法益、如何打破“占有”、主观故意不同。盗窃罪侵犯的法益是权利人对财物的占有和支配，打破占有是秘密转移行为。诈骗罪侵犯的法益是权利人对财物的利用和处置过程，打破占有是权利人基于错误意识对自己财物进行处分。

“网商银行”是经中国银保监会批准设立的商业银行，属于金融机构。行为人冒用他人身份在金融机构申请贷款，放款项至权利人支付宝等或绑定的银行账户中，再转移给自己的行为应认定为“盗窃”。以本案为例，被告人汤某某犯罪手段分为两步：一是以伍某某名义申请贷款，贷款发放至伍某某账户；二是将发放至伍某某账户中的贷款转移至本人账户。假设汤某某在申请贷款后并没有向本人账户转移或发生其他消费行为，此时的网商银行和伍某某都没有遭受实际的损失，发放至伍某某账户中的款项仍为伍某某占有，伍某某对该账户具有抽象或者概括的占有、支配意思。此种冒用他人名义申请贷款的行为不足以评价为犯罪。汤某某取得款项起决定性作用的是投试出支付宝密码后秘密“转移”，这才彻底打破伍某某对其账户款项的占有。如认定为诈骗类犯罪，意味着汤某某在银行放款后既遂，即使汤某某放弃非法占有的目的，主动偿还，也只能作为从轻或减轻处罚的酌情情节，显然不妥。另外，汤某某主观上是从伍某某处窃取财物，无诈骗金融机构的故意。

2. 不能推断智能机器或者网络终端能够被骗。智能机器、网络终端是背后的程序在支持其正常运转，只能够根据事前设定好的程序进行审核认证，进而处分财产，并没有人的介入和判断，这种建立在程序检验上的形式审核，是无法对交易是否确实存在作出实质性判读。虽然《最高人民检察院关于拾得他人信用卡并在自动柜员机（ATM机）上使用的行为如何定性问题的批复》明确了ATM机作为可诈骗对象，但毕竟是法律拟制规定，无法推断出所有机器、网络终端均能成为被诈骗的对象。本案也非是程序设定者陷入认识错误，且财产的处分并不是由陷入认识错误的程序设定者完成的，“网商银行”并非被骗。

3. 不应彻底豁免了手机机主过错责任。基于“网商贷”的贷款业务属性，在客户能够正常使用第三方支付平台，准确输入密码，进行短信或者头像验证，“网商银行”即推定该用户是银行真实客户，操作系统自然推定该行为是客户贷款的真实意思，不再进行其他人工验证。事实上，直到行为人拿到贷款没有按约还本付息并对银行催告无动于衷时，网商银行遭受的损失才算发生。如汤某某在银行放款后成立既遂，则漠视了银行正常商业运作规律，加重责任负担。而汤某某对伍某某手机的占有是经过伍某某同意的，此时，伍某某对自己手机和账户的保管责任仍需承担相应的“过错”责任。《最高人民法院关于审理银行卡民事纠纷案件若干问题的规定》第七条第三款的规定，可以反映出在网络盗刷交易中，手机机主具有过错应承担相应责任，可认定为被害人。

编写人：江苏省沭阳县人民法院　刘玲玲　周妮　宁尚尚

42

利用机器漏洞非法获取游戏币获利构成盗窃罪

——朱某峰盗窃案

【案件基本信息】

1. 裁判书字号

上海市徐汇区人民法院（2020）沪 0104 刑初 687 号刑事判决书

2. 案由：盗窃罪

【基本案情】

2019 年 4 月 26 日起，被告人朱某峰发现《××世纪》游戏，系网络科技公司与其他公司联合运营）“奖励”模块缺乏重复请求判断机制的程序漏洞后，将可刷取上述游戏中金币的信息告知其他游戏玩家，随后部分游戏玩家与朱某峰取得联系，约定由朱某峰登录游戏玩家的游戏账号为上述玩家“代刷”游戏金币（通过充值或者完成游戏任务可获取金币，金币可用于购买游戏道具等），“代刷”完成后游戏玩家根据账号新增的金币数量向朱某峰支付费用。朱某峰先后登录多个游戏账号，使用抓包发包软件抓取游戏“奖励”任务完成的数据包后重复向游戏服务器发送上述数据包，通过上述方式，朱某峰为多名游戏玩家刷取游戏“开城奖励”任务金币。2019 年 4 月 26 日至 6 月 9 日，朱某峰出售上述非法获取的游戏金币，违法所得达 27 万余元。

2019 年 6 月 19 日，网络科技公司修复上述游戏漏洞。据公司统计，通过被告人朱某峰使用的手机登录的 90 个游戏账户涉嫌非正常手段获取游戏金币 594775800 个。

2020 年 1 月 2 日，被告人朱某峰被民警抓获，朱某峰到案后供述上述犯罪事实，被抓获前已删除部分作案的网络记录。案发后，朱某峰家属代为向公司退赔 30 万元并取得谅解。

【案件焦点】

行为人利用机器漏洞非法获取游戏币获利的行为，构成非法获取计算机信息系统数据罪、诈骗罪还是盗窃罪。

【法院裁判要旨】

上海市徐汇区人民法院经审理认为：被告人朱某峰以非法占有他人财物为目的，违反国家规定，非法获取计算机信息系统中数据，利用游戏漏洞窃取游戏金币，向他人出售牟利，其行为已构成盗窃罪，应予处罚。公诉机关指控的犯罪事实成立。朱某峰非法获取计算机信息系统中数据的行为系手段行为，触犯非法获取计算机信息系统数据罪；而利用游戏漏洞窃得游戏金币并销赃的行为系目的（结果）行为，触犯盗窃罪。二者系牵连关系，根据刑法牵连犯择一重罪处罚的一般原理，应当以盗窃罪定罪处罚。公诉机关指控的罪名有误，应予纠正。鉴于现有证据无法证实被害单位实际损失，结合游戏金币获取规则、销售及使用情况，并考虑到被害单位收到退赔款后表示谅解等情况，宜以朱某峰的销赃获利数额 27 万余元认定盗窃犯罪数额。朱某峰系初犯，到案后如实供述所犯罪行，当庭表示认罪认罚，退赔赃款并获得谅解，有认罪悔罪表现，依法可以从轻处罚。

上海市徐汇区人民法院依照《中华人民共和国刑法》第二百六十四条、第六十七条第三款、第七十二条第一款和第三款、第七十三条第二款和第三款、第五十二条、第五十三条、第六十四条的规定，判决如下：

一、被告人朱某峰犯盗窃罪，判处有期徒刑三年，缓刑四年，并处罚金人民币 3 万元；

二、被告人的违法所得应予退赔；犯罪工具予以没收。

一审宣判后，被告人未提起上诉，检察机关未提起抗诉，该判决已发生法律效力。

【法官后语】

本案主要争议焦点是行为人利用机器漏洞非法获取游戏币的行为如何定性，可以从三个方面进行分析。

1. 机器介入型财产犯罪的定性关键是判断机器的“意思表示”。机器介入型财产犯罪是指行为人基于非法目的利用计算机漏洞实施的侵犯财产类案件，主要涉及盗窃罪、诈骗罪等罪名。此类案件中，机器本身没有处分财物的意识，但机器指令背后体现的是机器管理者、使用者的意志，机器仅根据管理者、使用者设定的逻辑规则反馈指令结果，故欺骗机器实质是欺骗机器的管理者、使用者。区分机器介入型财产犯罪是盗窃还是诈骗的快捷进路是将机器“智能化”，赋予其“意思表示”功能，进而可以从机器的“意思表示”出发，推定机器使用者、管理者的真实意思表示，结合行为人实施违法行为造成的经济损失，确定侵犯财产类案件具体犯罪类型。申言之，行为人利用计算机系统漏洞向机器发送指令，机器对该指令进行反馈，如果机器最终输出结果是机器自身的真实“意思表示”，此时造成机器背后的人遭受经济损失的，行为人的行为构成盗窃罪；如果机器最终输出结果不是机器自身的真实“意思表示”，而是受欺骗作出的非真实“意思表示”，并给机器背后的人造成经济损失的，则构成诈骗罪。

2. 利用机器漏洞非法获取游戏币牟利的行为构成盗窃罪。本案中，《××世纪》在“奖励”任务模块中设定，向完成任务的玩家奖励发放游戏币，但该模块存在缺乏重复请求判断机制的程序漏洞。被告人发现可利用该漏洞重复刷取游戏币后，遂使用抓包发包软件抓取游戏“奖励”任务完成的数据包，重复向游戏服务器发送上述数据包，利用其他游戏玩家账户帮助他人非法获取游戏币。按照前述快捷进路，被告人重复发送游戏任务完成的数据指令，机器据此连续发放游戏币，系机器真实“意思表示”，但因机器缺乏重复请求判断机制，存在机器故障，机器背后的人并未有处分财物的意识，被告人正是利用该漏洞非法获取游戏币牟利，使游戏运营商遭受损失，其行为构成盗窃罪。

3. 非法获取游戏数据行为与利用机器漏洞非法获取游戏币牟利行为系手段

与目的关系，应以盗窃罪定罪处刑。被告人使用抓包发包软件抓取游戏“奖励”任务完成的数据包，其非法获取计算机信息系统中数据的行为系手段行为，触犯非法获取计算机信息系统数据罪，而被告人利用游戏漏洞非法获取游戏金币并销赃的行为系目的（结果）行为，触犯盗窃罪，二者系牵连关系，根据刑法牵连犯择一重罪处罚的一般原理，对照本案案情，应当以处罚较重的盗窃罪定罪处罚。

编写人：上海市徐汇区人民法院　戚俊　吴昉昱

43

将他人所有的无籍房谎称为自己所有，出卖给第三人的行为的认定和处理

——崔某伟等诈骗、盗窃案

【案件基本信息】

1. 裁判书字号

吉林省长春市绿园区人民法院（2021）吉0106刑初213号刑事判决书

2. 案由：诈骗罪、盗窃罪

【基本案情】

1996年7月18日，王某花费155941.5元购入某小区××栋××室房产，签署某工程建设商品住宅销售合同后一直未能办理产权证书。2018年8月，崔某伟、李彦某、王某平合谋出售上述无籍房，崔某伟、李彦某利用王某平提供的空白某工程建设平价住宅销售合同及收款收据，虚构1996年8月6日崔某伟花费130275元购入该无籍房的事实，后以崔某伟名义将该无籍房出售给房屋中介刘某及其丈夫高甲。崔某伟与高甲、高乙父子签订不动产买卖合同，约定房产

总价款610000元，其中包括改造费10000元由崔某伟承担（实际由高甲支付），后高甲又以现金及转账的方式共计支付给崔某伟600000元，崔某伟分得265000元，李彦某分得255000元，王某平分得80000元。李彦某、崔某伟将该无籍房内王某所有的木板等物品卖给他人，获利共计14000元，二人平分后，将该无籍房交付给高甲父子。2019年9月25日，高乙使用虚假的某工程建设平价住宅销售合同及收款收据，谎称其系涉案无籍房屋原始买受人，通过房产档案登记部门工作人员朱某丹将该无籍房登记在其名下。2021年11月1日，房产档案登记部门将该房产变更登记到原始买受人王某名下。经鉴定，涉案房产价值95000元。

【案件焦点】

1. 违反不动产实际所有人意志，将未办理产权登记的无籍房谎称为自己所有，出卖给第三人的行为应当如何定性；2. 买受人办理不动产登记并将无籍房登记到其名下，能否获取涉案无籍房产权，涉案房产应当如何处置。

【法院裁判要旨】

吉林省长春市绿园区人民法院经审理认为：被告人崔某伟、李彦某窃取并变卖涉案不动产内物品，数额较大，二被告人行为均已构成盗窃罪。公诉机关指控被告人崔某伟、李彦某盗窃屋内物品一节，罪名成立，应依法惩处。被告人崔某伟、李彦某、王某平使用虚假的购房合同，虚构崔某伟系不动产产权人的事实，将实际由他人所有的未依法登记领取权属证书的无籍房出卖给第三人的行为，应当认定为诈骗罪。公诉机关指控此节构成盗窃罪，罪名有误，应予变更。第三人以明显低于市场价值的价格购入上述房产，且通过违法手段将上述房产登记到自己名下的行为不构成善意取得，不能获取房屋所有权。涉案房产应当返还原产权人，被告人违法所得，应当责令退赔。被告人王某平、崔某伟系坦白，且愿意接受处罚，依法可以从轻处罚；被告人李彦某系自首，且愿意接受处罚，依法可以从轻处罚。

吉林省长春市绿园区人民法院依照《中华人民共和国刑法》第二百六十四

条、第二百六十六条、第五十二条、第五十三条、第六十四条、第六十七条第一款和第三款、第四十七条，《中华人民共和国刑事诉讼法》第十五条之规定，作出如下判决：

一、被告人崔某伟犯盗窃罪，判处有期徒刑一年三个月，并处罚金人民币2万元；犯诈骗罪，判处有期徒刑十一年，并处罚金人民币10万元；决定执行有期徒刑12年，并处罚金人民币十二万元；

二、被告人李彦某犯盗窃罪，判处有期徒刑一年二个月，并处罚金人民币2万元；犯诈骗罪，判处有期徒刑十年九个月，并处罚金人民币10万元；决定执行有期徒刑十一年九个月，并处罚金人民币12万元；

三、被告人王某平犯诈骗罪，判处有期徒刑十年六个月，并处罚金人民币5万元；

四、责令被告人崔某伟、李彦某退赔盗窃违法所得人民币14000元，返还给被害人王某。责令被告人崔某伟、李彦某、王某平退赔诈骗违法所得人民币61万元，返还给被害人高甲。

一审宣判后，被告人未提起上诉，检察机关未提起抗诉，该判决已发生法律效力。

【法官后语】

审理过程中，对于被告人的行为如何定性，存在三种意见。一种意见认为，被告人的行为构成盗窃罪。被告人盗卖王某不动产，并在发现涉案房产常年无人打理的情况下将房产交付给高甲父子，现该房产已通过房产档案管理部门登记在高乙名下，依据不动产登记生效主义，高乙已经合法取得涉案不动产产权，原权利人王某丧失不动产产权，王某系本案被害人，被告人应退赔被害人955000元。第二种意见认为，被告人的行为构成诈骗罪。被告人将该不动产交付给高甲父子的行为是为了骗取不动产交易对价，被告人不具有盗窃不动产的主观故意。高甲父子为本案被害人，被告人应退赔被害人610000元。第三种意见认为，被告人的行为构成合同诈骗罪。被告人使用虚假的购房合同伪造崔某伟不动产产权人身份，在与高甲父子签订不动产买卖合同过程中，骗取高甲父子购房款610000元，属于在签订履行合同过程中，骗取对方当事人财物，数额巨大，被告人应退赔被害人610000元。

本案的争议焦点在于被告人的行为应当定性为盗窃罪、诈骗罪还是合同诈骗罪，高乙能否取得涉案不动产所有权及涉案不动产权利人是谁。笔者同意第二种意见。被告人使用虚假的购房合同，虚构其系不动产产权人的事实，将实际由他人所有的未依法登记领取权属证书的无籍房出卖给第三人的行为，应当认定为诈骗罪。第三人以明显低于市场价值的价格购入上述房产，且通过违法手段将上述房产登记到自己名下的行为不构成善意取得，因此不能获取房屋所有权。涉案房产应当返还原产权人，被告人诈骗违法所得应当返还第三人。

窃取行为是排除他人对财物的支配，建立新的支配关系的过程，被告人的行为从事实上和法律上均不能使原产权人丧失占有，也不能为买受人建立新的占有，其行为不能构成盗窃罪，也不涉及盗窃与诈骗牵连关系或是想象竞合关系。本案不构成盗窃罪的具体理由如下。

第一，受不动产特殊属性限制。盗窃罪的行为对象是他人占有的财物，就不动产而言，由于难以转移等属性，犯罪分子难以建立新的事实上的占有；由于国家对不动产实行统一登记制度，犯罪分子也难以合法建立法律上的占有，故不动产本身很难成为盗窃罪的犯罪对象。

第二，受善意取得制度限制。涉案不动产系无籍房，未进行产权登记，也没有产权证书，依据城市房地产管理法规定，不得转让。刘某夫妇系房屋中介，知道或者应当知道无籍房不得转让及涉案房产实际市场价值，仍然以低于市场价30余万元的明显不合理低价购入涉案房产，并使用虚假的原始合同谎称高乙系该房产原始买受人，在房产档案馆无籍房业务部工作人员朱某丹的帮助下（未核实无籍房信息底档中购房人交款花名册、未确认无籍房房主信息底档与产权申请人是否一致），将涉案房产直接登记到高乙名下。不动产所有权的认定涉及民刑交叉领域，考虑到法秩序的统一，受让方以明显不合理低价购入涉案房产且违规登记，不能构成善意取得，高乙不能取得涉案不动产所有权，涉案不动产权利人仍然系原房主。

第三，受因果关系限制。退一步讲，即使认定转让无籍房的不动产买卖合同有效，依据不动产登记生效主义，高乙取得涉案不动产所有权，也是其通过房产档案馆工作人员违规操作导致，并非由被告人的行为导致。本案被告人因不具有给该无籍房办理产权的能力才将涉案无籍房低价出售给高甲父子，被告人的出售行为，不能产生将涉案房产登记到高乙名下，继而产生物权变动的法律效果。亦即房产登记到高乙名下的结果系高乙直接造成，与被告人的行为之间不具有直接因果关系。

本案不构成合同诈骗罪的理由如下：虽然刘某、高甲系从事中介工作，但其并未以市场经营主体身份与崔某伟签订不动产买卖合同，刘某夫妇是由于相信崔某伟系涉案无籍房所有权人，才与其签订不动产买卖合同，使其产生认识错误进而给付钱款的是崔某伟虚构的其于1996年购入涉案房产的事实，双方签订的不动产买卖合同是被告人实施诈骗行为的手段，被告人的行为成立普通诈骗罪，而非合同诈骗罪。

编写人：吉林省长春市绿园区人民法院　孙冰雪

（三）诈骗罪

44

刑民交叉案件中诈骗数额的认定

——郑某诈骗案

【案件基本信息】

1. 裁判书字号

广西壮族自治区柳州市中级人民法院（2022）桂02刑终31号刑事裁定书

2. 案由：诈骗罪

【基本案情】

2019年12月至2021年1月，被告人郑某利用胡××（二人系表兄弟关系）在某银行工作的名义，虚构可以通过银行内部关系获取指标筹集资金给企业放贷从而获取高额利息、投资某镇砂糖橘种植项目可获得高额利息、免费办理刷卡机等事实，多次在柳州市城中区、柳南区等地骗取唐××等14名被害人钱款共计1176112.14元，所获钱款除支付被害人本金、利息外，其余用于个人消费、赌博等。

【案件焦点】

非郑某与部分被害人签有借条的部分，是属于民间借贷还是刑事诈骗，是否应计入郑某的诈骗金额。

【法院裁判要旨】

广西壮族自治区柳州市城中区人民法院经审理认为：被告人郑某以非法占有为目的，以虚构事实、隐瞒真相的方式，骗取被害人财物，其行为已构成诈骗罪，且数额特别巨大。检察机关的指控成立。郑某经公安机关电话传唤后主动到案，并如实供述全部犯罪事实，系自首，可以从轻处罚。其多次实施诈骗，并将部分款项用于赌博，酌情从重处罚。关于被告人郑某辩解称指控的部分款项系从被害人处借款、不是用于银行投资的意见，经查，郑某在被害人面前将自己包装成一个经济实力强、社会人脉广的人，与其真实情况严重不符；且其所称的借款均是发生在被害人向其投资银行“获利”之后，即此借款行为系在被告人虚构事实、隐瞒真相的情况下发生的，故是一种诈骗手段，不因其向被害人出具了借条而改变事实的本真，故此“借款”不应予以扣除，而有充分证据证实其确系与被害人之间正常民间借贷部分（如唐××、李×）并未指控。故郑某辩解与事实及法律不符，不予采纳。

广西壮族自治区柳州市城中区人民法院依照《中华人民共和国刑法》第二百六十六条、第六十七条第一款、第五十二条、第五十三条、第六十四条及《最高人民法院、最高人民检察院关于办理诈骗刑事案件具体应用法律若干问题的解释》第一条，作出如下判决：

一、郑某犯诈骗罪，判处有期徒刑十二年六个月，并处罚金人民币10万元；

二、责令被告人郑某退赔各被害人经济损失共计人民币1176112.14元。

被告人郑某不服，以部分款项属民间借贷等为由，提起上诉。二审法院审理过程中，上诉人（原审被告人）郑某申请撤回上诉。广西壮族自治区柳州市中级人民法院经审理认为：上诉人郑某以服从一审判决为由，自愿撤回上诉，符合法律规定，应予准许。

广西壮族自治区柳州市中级人民法院依照《最高人民法院关于适用〈中华人民共和国刑事诉讼法〉的解释》第三百八十三条第二款、第三百八十六条之规定，作出如下裁定：

准许上诉人郑某撤回上诉。

【法官后语】

本案争议的焦点在于郑某与部分被害人签有借条的部分，是属于民间借贷还是刑事诈骗，是否应计入郑某的诈骗金额。综合本案证据，笔者认为，在诈骗期间，因行为人郑某虚构事实而签订的“借款”应认定为行为人的诈骗金额。主要理由如下。

一、从欺骗内容看，被害人被骗行为与被告人郑某的虚构事实具有刑法上的因果联系

司法实践中，存在欺诈性借款和借款诈骗难以区分的问题，欺诈性借款的行为人即使有一定的欺骗行为，但其欺骗内容仅是对个别事实、次要事实或者局部事实的欺骗，因此属于民事纠纷。而借款诈骗中的行为人虽然向被害人签订有借条，具有民间借贷的表象，但是因其虚构了足以使被害人产生错误认识的事实从而使被害人主动交付财物，这些虚构的事实是整体性的，行为人根本没有履行的诚意或者履行能力，只是签订借条增加被害人的信任，即使有部分支付借款利息的行为，也属于诈骗犯罪。本案中，被告人郑某与部分被害人签订的借条是发生在被害人投资银行“获利”之后，是在其虚构其在银行工作的表哥可以通过银行内部关系获取指标筹集资金放贷给企业从而获取高额利息等事实，隐瞒真相的情况下发生，而上述事实属于对全部事实、整体事实的欺诈，如果郑某没有虚构这些事实，被害人则不会进行“投资”，因此被害人被骗行为与郑某的虚构事实具有刑法上的因果联系，不因其向被害人出具了借条而改变事实的本真。

二、从欺骗程度看，被告人郑某采用的欺骗手段达到了使被害人产生错误认识并处分财物的程度

被告人郑某在被害人面前将自己包装成一个经济实力强、社会人脉广的人，而实际上，其无任何经济来源且已因赌博、个人生活花销等问题导致个人财物亏空，为获取被害人信任，利用其表哥胡××某银行工作的名义，虚构可通过内部关系获取指标向民间筹集资金，并以银行名义贷款给企业可获得高额利息等

事实，并向部分被害人签订借条，该等欺骗手段足以使被害人产生错误认识并支付钱款。

三、从欺骗结果看，被告人郑某非法占有被害人钱款

不能因为本案发生在亲戚、朋友等熟人之间就认为是民事欺诈，特别是签订有借条部分，不能草率根据被告人辩解、借款合同等证据直接剔除，而应当综合案件的具体情况，如被害人对行为人经济能力的认知、借款的理由、借款的实际用途等情况，认定被告人对这部分钱款是否具有非法占有目的。本案中，郑某在自己已财物亏空、无任何经济来源的情况下，通过虚构事实、隐瞒真相，向被害人许诺高额利息，骗取被害人“投资款”，为打消被害人疑虑，与部分被害人签订借条。实际上，郑某的目的是非法占有被害人财产，所骗款项除用于支付被害人利息外，其余均用于个人挥霍消费，甚至赌博等违法行为。

综上，郑某在诈骗期间，虽与被害人签订有借条等表面上具有民间借贷性质的书面凭证，但被害人借款系因轻信郑某所隐瞒、虚构的事实，系因错误认识处分财产，因此该借条不能掩盖郑某非法占有被害人财产的主观目的，不具有民间借贷的实质要件，该数额应计入郑某的诈骗数额。

编写人：广西壮族自治区柳州市城中区人民法院　李金铃

45

诈骗罪与合同诈骗罪的区分

——何某诈骗案

【案件基本信息】

1. 裁判书字号

广西壮族自治区柳州市中级人民法院（2021）桂02刑终321号刑事裁定书

2. 案由：诈骗罪

【基本案情】

2019 年至 2020 年，被告人何某虚构与相关单位有合作项目以及虚构帮助被害人购买空调的事实，骗取三位被害人钱款共计 904846.05 元。具体事实如下。

1. 2019 年 7 月至 2020 年 7 月，何某虚构其与公安局技术侦察支队有食堂供应合作项目，并提供伪造的“生鲜农副产品采购合同”给被害人冯某，以和冯某合作投资上述采购项目为由，骗取被害人冯某款项。

2. 2019 年 11 月至 2020 年 7 月，何某虚构其与人民检察院有食堂供应项目，并提供伪造的“生鲜农副产品采购合同”给被害人冯某、何某，以和冯某、何某合作投资上述采购项目为由骗取二人钱款。

在上述两个项目中，冯某通过其本人及他人的银行卡、微信等方式转账给何某共计 824448.5 元，何某通过银行卡、微信等方式转账给何某共计 373448.55 元。截至案发前，何某退回冯某共计 301450 元。二人未得回钱款共计 896447.05 元。

3. 2020 年 7 月 24 日，何某虚构帮助被害人宁某购买空调的事实，骗取宁某钱款 8399 元。其将所获得的钱款个人使用，以及用于网络赌博、炒期货等。

2020 年 8 月 14 日，被告人何某被公安机关抓获归案。

【案件焦点】

通过虚构与他人存在合同关系并分享合同利润的事实，使得被害人基于认识错误而投资财物，行为人取得其财物的行为定性为诈骗罪还是合同诈骗罪。

【法院裁判要旨】

广西壮族自治区柳州市城中区人民法院经审理认为：被告人何某以虚构实的事实，让被害人以为参与投资有利可图而将投资款转让给其；该合同是基于虚构的事实订立的，为骗取他人财物的手段；双方并未约定合同违约、亏损承担等相互的权利义务，冯某、何某除出资、分享利润外无其他参与采购事务方面的责任以及行为，二人投资款不属于合同项下的财物，此合同不属于市场经济秩序下的、法律意义上的合同。故，何某的行为不构成合同诈骗罪，而系诈骗罪。

广西壮族自治区柳州市城中区人民法院依照《中华人民共和国刑法》第二百六十六条、第六十七条第三款、第五十二条、第五十三条第一款、第六十四条第一款之规定，作出如下判决：

一、被告人何某犯诈骗罪，判处有期徒刑十二年，并处罚金人民币10万元；

二、责令被告人何某退赔被害人冯修城损失人民币522998.5元、退赔被害人何某晞损失人民币373448.55元、退赔被害人宁某秀损失人民币8399元；

三、作案工具手机一台由扣押机关柳州市公安局刑事侦查支队河东责任区刑侦大队予以没收。

何某持原审辩解提起上诉。

广西壮族自治区柳州市中级人民法院审理认为：何某以非法占有为目的，通过虚构投资项目或帮购买空调、隐瞒真相，骗取多名被害人财物，数额特别巨大，其行为已构成诈骗罪。原判认定的事实清楚，证据确实、充分，定罪准确，原判根据何某的诈骗数额、多次诈骗、如实供述自己的犯罪事实等情节在法定刑幅度内科处的刑罚，量刑适当。故何某上诉理由不能成立，应予驳回。

广西壮族自治区柳州市中级人民法院依照《中华人民共和国刑事诉讼法》第二百三十六条第一款第一项之规定，作出如下裁定：

驳回上诉，维持原判

【法官后语】

首先，本案的争议焦点在于，行为人通过虚构与他人存在合同关系并以分享合同利润为诱饵，使得被害人基于认识错误而向其投资财物，行为人取得其财物的行为定性为诈骗罪还是合同诈骗罪。综合本案证据，何某的行为应当构成诈骗罪而并非合同诈骗罪。首先，要认定为合同诈骗罪，不仅要有“合同”这一要件，还要求行为人已经履行部分合同。合同诈骗罪的特殊之处主要体现在“利用合同进行诈骗”，即合同诈骗罪是在签订和履行合同过程中实施的。

就本案而言，第一，何某的诈骗行为不是在签订和履行合同过程中实施。何某通过伪造印章的方式虚构与两家单位存在供应协议欺骗诱使被害人进行投资，其与被害人达成合作协议之前就已经实施了欺骗行为，被害人错误认识来源于何某虚构供应项目的行为，不是来源于双方达成以及履行协议过程中。第二，何某在与二被害人达成协议之后给予被害人的钱款并非在履行合同，其目的是通过给予钱款掩盖诈骗行为。何某在拿到被害人钱款之后并未去开展生鲜供应项目，而是自己进行使用，即未履行合同，故其行为与合同诈骗罪中对行为人先行履行部分合同的要求不相符合。第三，何某以通过虚构合同的方式，以利润为诱饵，虽然虚构了与两家单位存在合作关系，使得被害人产生错误认识从而与其达成合作协议，但其与二被害人达成的合作协议仅仅是其诈骗财物的手段。目的是通过该协议取得被害人钱财为己所用，且该协议仅仅为口头约定，未就合同违约、亏损承担以及其他采购事务责任进行约定，缺少合同构成的要件，不属于市场经济下的合同，故不能认定为合同诈骗罪。

其次，退一步讲，就算何某与二被害人达成的协议能够认定为市场经济下的合同，也并不意味着其构成合同诈骗罪。合同只是表象，诈骗罪与合同诈骗罪实质性的差异在于侵犯的法益不同。合同诈骗罪不仅侵犯他人的财产权利，更主要是侵犯了市场秩序，诈骗罪则是侵犯公私财产所有权。1997 年刑法把利用合同进行诈骗的行为从普通诈骗罪中分离出来，置于刑法分则第三章“破坏社会主义市场经济罪”的“扰乱市场秩序罪”一节中。因此，要认定是否构成合同诈骗罪，必须认定行为人是否利用合同扰乱市场秩序。认定利用合同扰乱市场秩序，可以从以下几个方面展开：（1）市场秩序应当体现公共性，合同交易中的关系只能反映个人的权利，不具备公共性的不足以侵犯市场秩序，不能认定为合同诈骗罪中的“合同”。市场是不特定多数人商品交易的场所，如果只是个别交易是无法认定为市场的，市场具有聚集性和公共性的意味。秩序是指自然、社会进程中存在某种程度的一致性，连续性。故只有反复、多次出现的行为才可能认定为秩序问题，偶然发生的个别现象不存在扰乱秩序一说。（2）判断是否侵犯市场秩序，可以从签订合同的主体是否从事经常性经营活动，合同的标的、内容或者其他事项是否涉及公共领域或对社会公众产生影响，是否涉及不特定多数人。结合本案，何某与二被害人所达成协议的相对人仅为何某与二被害人，为自然人主体的个别交易，不具备市场性以及公共性的特点，不能反映出何某诈骗行为侵犯市场秩序，故其诈骗行为不构成合同诈骗罪而构成诈骗罪。

综上，何某通过虚构与他人存在合同关系的事实，并以分享合同利润为诱饵，使得被害人基于认识错误而向其投资财物，其取得财物的行为构成诈骗罪而非合同诈骗罪。在认定被告人行为构成此罪而非彼罪时，要综合全案认定的证据、罪名的构成要件进行分析，以及从立法的角度思考设立此项罪名所要保护的法益，从保护法益的角度分析行为人的行为是否侵犯法益，正确对犯罪行为进行定性。

编写人：广西壮族自治区柳州市城中区人民法院　韦钧壬

46

帮助信息网络犯罪活动罪和诈骗罪帮助犯的区分

——甘某某、梁某某诈骗案

【案件基本信息】

1. 裁判书字号

广西壮族自治区崇左市中级人民法院（2022）桂14刑终2号刑事裁定书

2. 案由：诈骗罪

【基本案情】

2021年6月3日至6月9日，被告人甘某某、梁某某明知他人通过网络信息以网络购物退款的名义实施诈骗活动，为获取非法利益，购买“××宝”设备和手机卡，先后在梁某某的出租房、某酒店等地架设“××宝”设备，为他人实施电信诈骗提供互联网接入、通讯传输等技术支持，导致被害人张某、雷某某被骗合计379630元。

【案件焦点】

在电信网络诈骗犯罪中，甘某某的主观方面是否明知他人实施诈骗行为而加入，是判断构成诈骗罪或帮助网络信息活动罪的重要因素。

【法院裁判要旨】

广西壮族自治区崇左市江州区人民法院经审理认为：甘某某、梁某某明知“××宝”是他人用于实施诈骗的机器，但仍然听从他人指令，不断变换地点为他人提供设备接入，使他人得以顺利对被害人实施诈骗。二被告人主观上明知他人实施诈骗，客观上提供了帮助的行为，其只是在诈骗过程中分工不同。甘某某、梁某某在诈骗过程中起次要作用，是从犯，应当从轻、减轻或者免除处罚。对于甘某某辩护人的辩护意见本院不予采纳，梁某某辩护人的辩护意见与事实相符，本院予以采纳。甘某某、梁某某为获取非法利益，明知他人实施诈骗犯罪，仍然提供帮助诈骗被害人，数额巨大，其行为已构成诈骗罪。在共同犯罪过程中，甘某某、梁某某起次要作用，是从犯，应当从轻、减轻或者免除处罚。归案后甘某某、梁某某自愿认罪认罚，对其可从轻处罚。本院决定对甘某某从轻处罚、对梁某某减轻处罚。

广西壮族自治区崇左市江州区人民法院依照《中华人民共和国刑法》第二百六十六条、第二十五条、第二十七条、第六十七条第三款、第五十二条、第五十三条、第六十四条以及《最高人民法院、最高人民检察院关于办理诈骗刑事案件具体应用法律若干问题的解释》第一条之规定，作出如下判决：

一、被告人甘某某犯诈骗罪，判处有期徒刑三年，并处罚金人民币3万元；

二、被告人梁某某犯诈骗罪，判处有期徒刑二年六个月，并处罚金人民币2万元；

三、扣押在案的作案工具2个“××宝”等物品，由扣押机关依法予以没收；其他扣押在案的物品，由扣押机关依法处理。

甘某某提起上诉称，上诉人甘某某的行为不符合诈骗罪的犯罪构成要件，在主观上更没有非法占有他人财物为目的，在客观上没有虚构事件或隐瞒真相的犯罪行为；上诉人的明知，应当是帮助信息网络犯罪活动的明知，不属于诈骗罪共犯上的明知。

广西壮族自治区崇左市中级人民法院经审理认为：甘某某在侦查机关及公诉机关，多次供述其在某社交平台上认识的“小可”告诉其“××宝”是用于网络购物退款诈骗的，其仍联系“小可”并同意帮她架设“××宝”设备。足以证实甘某某明知他人实施的是诈骗犯罪，但仍然听从他人指令，变换地点为他人提供设备接入，使他人得以顺利对被害人实施诈骗，自愿参与帮助他人共同实施诈骗行为，与诈骗罪犯在犯意上形成联络，与诈骗犯罪构成共同犯罪。而帮助信息网络犯罪活动罪的主观明知是知道他人实施的是电信网络诈骗犯罪，而提供帮助的。故甘某某的主观明知是诈骗罪共犯的明知。甘某某、原审被告人梁某某为获取非法利益，明知他人实施诈骗犯罪，仍然提供帮助，使他人得以诈骗被害人，数额巨大，其行为均已构成诈骗罪。原审法院根据甘某某、梁某某犯罪的事实、性质、情节及对于社会的危害程度作出的判决，定罪及适用法律正确，量刑适当，审判程序合法，应予维持。

广西壮族自治区崇左市中级人民法院依照《中华人民共和国刑事诉讼法》第二百三十六条第一款第一项之规定，作出如下裁定：

驳回上诉，维持原判。

【法官后语】

帮助信息网络犯罪活动罪，指明知他人利用信息网络实施犯罪，为其犯罪提供互联网接入、服务器托管、网络存储、通讯传输等技术支持，或者提供广告推广、支付结算等帮助，情节严重的行为，是对网络犯罪的帮助行为独立入罪。

在电信网络诈骗犯罪中，明知他人实施电信网络诈骗活动仍然提供“两卡”、费用结算等帮助的，就构成诈骗罪的共犯，共同犯罪人可以是共同实行诈骗行为，也可以是通过设置不同分工达到诈骗敛财的共同目的，帮助的行为与危害结果的造成存在必然的因果关系，与诈骗正犯共同承担诈骗的刑事责任。帮助信息网络犯罪活动罪与诈骗罪帮助犯在适用上存在较多重叠，如在客观方面都实施了帮助行为，在主观方面都要求明知他人实施电信诈骗犯罪，从而导致司法实践中的适用分歧。

区分帮助信息网络犯罪活动罪与诈骗罪共犯可以从以下几个方面着手：(1) 二者侵犯客体不同。前罪侵犯的客体是公共秩序，而后者侵犯的客体是财产权。故刑法对两者保护的法益存在较大区别，一个主要是为了有效的维护社会管理秩序尤其是网络公共秩序，另一个是为了有效的保护个人或单位的财产权益。(2) 二者客观行为不同。诈骗罪的具体行为没有限定，只要实施虚构事实、隐瞒真相的具体行为，并达到数额或情节要求即可。帮助信息网络犯罪活动罪，其主犯实施的具体罪名没有限定，可以包容多种罪名，而诈骗罪的共犯要求其必须依附于诈骗罪。(3) 二者法律属性不同。帮助信息网络犯罪活动罪属于帮助行为的正犯化，其本质上系帮助行为，但鉴于网络犯罪中的帮助行为可以同时为多个实行行为提供帮助，实现一对多的配合，从而导致犯罪无限蔓延，再加上网络犯罪上下游犯罪难以一网打尽，如果还将其作为帮助犯来惩治的话，若正犯没有到案，则将难以对其惩治，故刑法将帮助行为正犯化，以实现对其惩治的规范性和有效性。而诈骗罪共犯要求必须存在共同犯罪行为，行为人是作为共同犯罪的一分子而存在，其依附于主犯，不能脱离主犯而独立存在。

从主观故意的一致性判断。当行为人与被帮助人主观存在通谋时，如果为事前事中通谋则为正犯共犯。本案中甘洪卓在侦查机关及公诉机关，多次供述其在某社交平台上认识的“小可”告诉其“××宝”是用于网络购物退款诈骗的，其仍联系“小可”并同意帮她架设“××宝”设备，可看出被告人与他人存在诈骗的共谋行为。

当行为人与被帮助人不存在主观通谋时，则要根据一般人的认知水平和能力，依据经验法则综合判断。尤其在正犯未到案时，行为人与被帮助人的犯意联络无法查清，在没有供述的前提下需要依靠不同种类证据相互印证后推定“明知”。当行为人与被帮助人有共同的犯意联络时同时构成两罪，以想象竞合犯从一重罪处罚，对于共犯处罚较轻的适用本罪名，处罚较重的适用共犯罪名；犯意联络无法查清或者行为人仅具有间接的、概括的故意时，则应以帮助信息网络犯罪活动罪定罪量刑。

所以，甘某某明知他人实施诈骗犯罪，但仍然听从他人指令，变换地点为他人提供设备接入，使他人得以顺利对被害人实施诈骗，自愿参与帮助他人共同实施诈骗行为，与诈骗罪犯在犯意上形成联络，应以诈骗罪定罪处罚。

编写人：广西壮族自治区崇左市江州区人民法院　李剑

47

诈骗罪中已返还被害人的钱款是否纳入诈骗总金额

——谢某某诈骗案

【案件基本信息】

1. 裁判书字号

广西壮族自治区崇左市中级人民法院（2021）桂14刑终64号刑事判决书

2. 案由：诈骗罪

【基本案情】

被告人谢某某在案发期间是一名建筑工地工人。2016年9月，经营板厂的李某光、王某一、周某云、彭某铁四人因涉嫌聚众扰乱交通秩序被公安局刑事拘留。后被害人李某刚通过其阿姨邓某华认识被告人谢某某，谢某某谎称其能为他们办理取保候审，但需要花钱疏通关系，李某刚得知被害人周某艳、蒋某艳、徐某艳存在花钱找人帮办理取保候审的意愿后，就主动找到被害人周某艳、蒋某艳、徐某艳3人，告知其谢某某能帮人办理取保候审的情况，周某艳、蒋某艳、徐某艳信以为真，便同意与李某刚一起花钱办理取保候审事宜，并各自于2016年10月15日通过银行转账的方式将112500元转账到李某刚的妻子龙某媛的银行卡上，龙某媛收到钱后于2016年10月26日、27日先后将46万元转到谢某某指定的账户上，谢某某收到款项后，于2016年10月27日，从银行账户转支146000元至蒋某成银行账户，从建设银行账户转支105000元至张某泰银行账户，于2016年12月8日，又从建设银行账户转支31200元至张某泰银行账户，于2016年10月28日、29日，由建设银行账户分别转支5000元、10000元至陈某银行账户。

事后，李某光、王某一、周某云、彭某铁四人在被取保候审后又被公安机关执行逮捕，谢某某又谎称能在审判阶段争取缓刑为由，说服被害人继续交钱办事。为了取得被害人李某刚和蒋某艳的信任，谢某某还书面承诺能帮助王某一和李某光在审判阶段获得缓刑。龙某媛账户于2016年12月7日又转支40000元至谢某某银行账户，王某一银行账户于2017年1月5日向谢某某银行账户转账了50000元。之后李某光、王某一、周某云、彭某铁4人被人民法院判处监禁刑，并未能获判缓刑，于是谢某某在2017年1月5日，从其建设银行账户转回25000元到龙某媛银行账户，其余款项没有退还。公安局于2017年6月19日立案侦查，2020年8月22日，谢某某到湖南省永州市公安局零陵分局七里店派出所投案。

【案件焦点】

立案前已返还被害人的钱款是否应纳入诈骗总金额。

【法院裁判要旨】

广西壮族自治区扶绥县人民法院经审理认为：谢某某以非法占有为目的，以虚构事实、隐瞒真相的方式，骗取他人财物，涉案金额为550000元，数额特别巨大，该行为已构成诈骗罪，公诉机关指控其犯诈骗罪罪名成立，依法对被告人谢某某应处十年以上有期徒刑，并处罚金。被告人谢某某虽然主动投案，但不如实供述全部罪行，依法不认定为自首。对李某刚、周某艳、蒋某艳、徐某艳等被诈骗的钱财，是李某刚等主观上意图通过谢某某向司法机关行贿，属赃款，依法应当追缴并予以没收。广西壮族自治区扶绥县人民法院依照《中华人民共和国刑法》第二百六十六条、第五十二条、第五十三条、第六十四条、第六十一条，《最高人民法院、最高人民检察院关于办理诈骗刑事案件具体应用法律若干问题的解释》第一条之规定，作出如下判决：

一、被告人谢某某犯诈骗罪，判处有期徒刑十一年，并处罚金人民币5万元；

二、对被告人谢某某诈骗所得550000元（含谢某某已经退回李某刚的25000元）予以追缴，其中的25000元向李某刚追缴，追缴所得全部予以没收，上缴国库。

谢某某上诉称：（1）一审认定的事实不清，证据不足。①其有办理取保候审、缓刑的能力。其与他人经商、开矿多年，具备一定的法律基本知识，懂刑事案件的程序；其为王某一等办理取保候审、办理缓刑做了相应的工作，付出了劳务和智力成果；②根据银行流水，其收取被害人的费用大部分花在办理取保候审、办理缓刑上。③被害人与上诉人之间是民事纠纷，应当通过民事途径解决。（2）一审认定的诈骗数额错误。其已成功帮家属办理取保候审，家属支付的46万元不属于诈骗，不应计入诈骗金额；李某刚并未指控谢某某，李某刚支付的11.25万元和办理缓刑的4万元不应计入诈骗金额；谢某某在立案前已退还李某刚2.5万元，退还王某一妻子1.2万元现金，该两笔数额应减出来。（3）其主动到公安机关投案，如实供认了帮助李某光等人办理取保候审、办理缓刑手续并收取报酬的基本事实，只是对行为性质进行辩解，应认定为自首。请求依法改判。

广西壮族自治区崇左市中级人民法院经审理认为：上诉人谢某某以非法占有为目的，以虚构事实、隐瞒真相的方式，骗取他人财物，诈骗金额达52.5万元，数额特别巨大，该行为已构成诈骗罪。谢某某虽然主动投案，但不如实供述全部罪行，依法不认定为自首。一审认定事实清楚，定罪准确，但一审将谢某某在侦查机关立案前已退还给李某刚的2. 5万元计入诈骗金额，计算诈骗数额错误，本院予以纠正，并依法改判。谢某某所诈骗的52. 5万元系李某刚、周某艳、蒋某艳、徐某艳等意图通过谢某某贿赂司法工作人员使其亲属免刑事受追究的行贿款项，虽属赃款，但不应退还李某刚等，应当追缴并上缴国库。除谢某某已退还的2.5万元不应计入诈骗金额的辩解意见予以采纳外，谢某某的其他辩解与事实不符，不予采纳。

依照《中华人民共和国刑法》第二百六十六条、第五十二条、第五十三条第一款、第六十四条、第六十一条，《最高人民法院、最高人民检察院关于办理诈骗刑事案件具 体应用法律若干问题的解释》第一条，以及《中华人民共和国刑事诉讼法》第二百三十六条第一款第二项之规定，作出如下判决：

一、撤销广西壮族自治区扶绥县人民法院（2020）桂1421刑初228号刑事判决的第一项、第二项，即“被告人谢某某犯诈骗罪，判处有期徒刑十一年，并处罚金人民币5万元”，“对被告人谢某某诈骗所得550000元（含谢某某已经退回李某刚的25 000元）予以追缴，其中的25000元向李某刚追缴，追缴所得全部予以没收，上缴国库”；

二、上诉人谢某某犯诈骗罪，判处有期徒刑十年，并处罚金人民币4万元；

三、追缴被告人谢某某违法所得525000元，上缴国库。

【法官后语】

本案争议的焦点在于被告人在被侦查机关立案前，归还了被害人部分钱款，该笔钱款是否计入被告人诈骗的总金额中。笔者认为，已归还的部分钱款不应计入诈骗总金额中。分析理由如下。

1. 被害人所作出的财产处分与其实际期望结果相关联。本案作为花钱“捞人”被骗的案例，表面上体现了人“病急乱投医”的心理，家属为了使犯罪嫌疑人减轻或免除刑罚而委托他人提供所谓的法律服务，报酬收取多少则与刑事司法活动结果（嫌犯是否受到刑罚或刑罚轻重）相关联，而受托人则以承诺可以达到委托人期望的结果来收取高价报酬。谢某某之所以归还款项，是因为其受托所实施的“捞人”行为达不到被害人所期望的结果，进而被害人要求谢某某退钱。结合诈骗罪的具体客观表现，可认为家属所期望的结果是与家属所作出的财产处分是成正比的。家属基于谢某某的欺诈行为从而陷入错误认识，但后因达不到所期望的结果，故拟作出财产处分也有所减少，谢某某归还钱款的部分则可不认定为被害人错误处分的钱款部分。

2. 从退赃的角度认定被告人归还款项的行为性质。退赃的表现有主动将其占有的赃款赃物还给被害人，或者交给司法机关；也包括犯罪嫌疑人因受到强制措施无法进行赃款赃物的退还，只能将赃款赃物的下落主动告诉亲友或司法机关，请其帮助代为退还。谢某某归还钱款的行为，符合退赃情形，也可认为是被害人损害得以部分恢复。2013年《最高人民法院关于常见犯罪的量刑指导意见》首次将退赃退赔情节作为一个重要的酌定情节加以规定，之后出台的许多司法解释也强调考察退赃退赔情节。根据《中华人民共和国刑法》第六十一条的规定，量刑根据是：犯罪的事实、犯罪的性质、情节和对于社会的危害程度。“犯罪情节”可以解释为既包含主要是影响责任刑认定的构成犯罪情节，也包含主要影响预防刑认定的量刑情节。退赃退赔激励性从宽情节属于影响预防刑的量刑情节。综合本案证据，谢某某在被侦查机关立案前，退还给被害人的款项，可以视为一个退赔情节，故不应算在实施诈骗犯罪行为的诈骗总金额中。

3. 退赃退赔可作为一个量刑情节，但不能作为认定被告人无罪的理由。根据《最高人民法院、最高人民检察院关于办理诈骗刑事案件具体应用法律若干问题的解释》第三条“诈骗公私财物虽已达到本解释第一条规定的‘数额较大’的标准，但具有下列情形之一，且行为人认罪、悔罪的，可以根据刑法第三十七条、刑事诉讼法第一百四十二条的规定不起诉或者免予刑事处罚：（一）具有法定从宽处罚情节的；（二）一审宣判前全部退赃、退赔的……”的规定，即使被告人在被立案前归还了被害人的全部款项，但只要其行为符合诈骗罪的构成要件，也仍认定为诈骗罪。是否符合不起诉或免予刑事处罚的情形也得结合行为人的认罪、悔罪态度等其他因素予以综合考虑。

综上，被告人与被害人之间花钱“捞人”的行为，严重干扰正常的刑事司法活动，损害司法公正和公信，应予坚决打击。故本案的司法处理标准，既体现在严厉打击刑事案件中的“捞人”行为，也从退赃酌情从宽的角度落实宽严相济的刑事政策，对维护司法公正公信有十分重要的意义。

编写人：广西壮族自治区扶绥县人民法院　许欣欣　石莉娟

48

电信网络诈骗犯罪中协助转移赃款，被告人主观明知及犯罪数额的认定

——黄某达诈骗案

【案件基本信息】

1. 裁判书字号

福建省泉州市中级人民法院（2021）闽05刑终286号刑事裁定书

2. 案由：诈骗罪

【基本案情】

2020年6月28日，被告人黄某达在明知“郑某某”“关某”（均另案处理）实施诈骗活动的情况下，仍提供其本人名下的账户及密码给上述人员，并通过刷脸验证的方式转移诈骗款项，从中获利。经查，上述账户于2020年6月30日收到转账并转移钱款共计1485431元，被告人黄某达的涉案金额共计1608966元。部分犯罪事实如下：

1. 2020年6月29日至2020年6月30日，被害人陈某娇被他人以在“×聊”应用程序（APP）网上兼职刷单需要扫描二维码为由骗走15784元，其中3599元转入曹某的银行账户，后被转至被告人黄某达的上述银行账户。

2. 2020年6月30日，被害人张某被他人以在“×友”APP刷单为由骗走10783元，上述款项均转入谢某导的银行账户，后被转至被告人黄某达的上述银行账户。

3. 2020年6月30日，被害人黑某被他人以注销360借条信息为由骗走32000元，其中999元转入谢某导的银行账户，后被转至被告人黄某达的上述银行账户。

4. 2020年6月30日，被害人贾某被他人以其儿子需要报名学校培训班为由骗走88400元，上述款项均由其丈夫姚某超的银行账户转入谢某导的银行账户，后被转至被告人黄某达的上述银行账户。

5. 2020年6月30日，被害人张某兰被他人以下载“×友”APP刷单为由骗走36680元，其中1430元转入经丽某的银行账户，后被转至被告人黄某达的上述银行账户。

6. 2020年6月30日，被害人程某水被他人以在“×期”APP上贷款需要保障金、认证为由骗走46800元，其中2000元转入经丽某的银行账户，后被转至被告人黄某达的上述银行账户。

7. 2020年6月30日，被害人严某芳被他人以“×聊”刷单为由骗走10096元，其中7798元由其朋友熊某林的银行账户转入谢某导的银行账户，1999元由其朋友熊某林的银行账户转入袁某龙的银行账户，后均被转至被告人黄某达的上述银行账户；其中299元由其朋友严某辉的银行账户转入谢某导的银行账户，后被转至被告人黄某达的上述银行账户。

【案件焦点】

1. 电信网络诈骗犯罪中，被告人黄某达作为协助转移诈骗款项的人员，拒不供认事先与实施电信网络诈骗的犯罪分子通谋，否认其主观明知他人在实施电信网络诈骗犯罪，如何根据在案证据认定其主观明知及事先通谋；2. 未向部分被害人取证的数额能否计入被告人黄某达的犯罪数额。

【法院裁判要旨】

福建省晋江市人民法院经审理认为：关于被告人黄某达所提其提供银行账户给“郑某某”“关某”等使用时不知道系用于收取、转移诈骗款项的辩解。经查，在案证据证实，被告人黄某达由“郑某某”提前安排借用银行账户用于收取、转移诈骗赃款，并约定给其佣金，后由“郑某某”提前带至某区与他人见面，过一两天后再根据“郑某某”等的安排使用其银行账户收取、转移诈骗赃款，被告人黄某达虽翻供称其不知道所收取、转移的款项系诈骗款项，但对其翻供并未作出合理解释，结合其在侦查阶段所作供述及其认知能力、行为手段，与所帮转移款项之人的关系、获利情况等因素进行综合分析，可以认定被告人黄某达系明知他人实施电信网络诈骗而帮助他人收取、转移诈骗赃款，其系诈骗犯罪的共犯，其行为应以诈骗罪追究刑事责任。关于辩护人对被告人黄某达涉案数额所提出的辩护意见。经查，在案证据证实被告人黄某达银行账户收取、转移的其余款项的来源、转入方式、途径与经查证的本案被害人被骗款项的流转方式基本一致，且均是“郑某某”等于同日借用被告人黄某达银行账户所收取、转移的款项，故这些款项均应认定为诈骗赃款，且被告人黄某达与“郑某某”等系诈骗共犯，故被害人陈某娇等被骗取的全部款项均应认定为被告人黄某达的涉案金额。被告人黄某达以非法占有为目的，伙同他人通过电信网络技术手段，虚构事实、隐瞒真相，骗取他人财物，数额特别巨大，其行为已构成诈骗罪。被告人黄某达在本案共同犯罪中起辅助作用，系从犯，予以减轻处罚；其多次诈骗，予以酌情从重处罚。

福建省晋江市人民法院依照《中华人民共和国刑法》第二百六十六条、第二十五条第一款、第二十七条及第六十四条之规定，作出如下判决：

一、被告人黄某达犯诈骗罪，判处有期徒刑六年，并处罚金人民币 5 万元；

二、责令被告人黄某达退赔各被害人相应经济损失；

三、追缴被告人黄某达相应违法所得，上缴国库；

四、暂扣于晋江市公安局的作案工具手机 1 部，由扣押机关予以没收，上缴国库。

黄某达持原审辩解提出上诉，福建省泉州市中级人民法院经审理认为：黄某达的上诉意见不能成立，原判定罪准确，量刑适当，审判程序合法。

福建省泉州市中级人民法院依照《中华人民共和国刑法》第二百六十六条、第二十五条第一款、第二十七条及第六十四条及《中华人民共和国刑事诉讼法》第二百三十六条第一款第一项之规定的规定，作出如下裁定：

驳回上诉，维持原判。

【法官后语】

电信网络诈骗犯罪是行为人通过发送短信、拨打电话或者利用互联网、广播电视、报纸杂志等发布虚假信息，对不特定多数人实施诈骗的行为。电信网络的介入使得电信网络诈骗犯罪与传统诈骗犯罪相比具有新的特点，集团化作案趋势日益明显，电信网络诈骗犯罪分子为了提高诈骗效率、成功率，往往成立分工负责、相互协作的犯罪团伙，各司其职、分工明确，相互衔接配合，流水线作业共同完成诈骗行为，呈现出较为明显的团伙化、组织化、专业化、产业化趋势，也因此导致司法实务中产生了诸多新型疑难问题，加大了案件审理以及犯罪打击难度。本案就是集团化电信网络诈骗中协助转移赃款人员（俗称“车手”）的刑事责任承担问题。

本案处理的重点难点主要在于对被告人主观明知、是否事先通谋以及涉案犯罪数额的认定。

对于被告人否认事先与诈骗犯罪分子进行通谋、否认知晓所协助转移的款项系诈骗款的情况，《最高人民法院、最高人民检察院、公安部关于办理电信网络诈骗等刑事案件适用法律若干问题的意见》（以下简称《意见》）对明知的认定作了专门的规定。根据《意见》的规定，“明知他人实施电信网络诈骗犯罪”，应当结合被告人的认知能力，既往经历，行为次数和手段，与他人关系，获利情况，是否曾因电信网络诈骗受过处罚，是否故意规避调查等主客观因素进行综合分析认定，即在被告人否认主观明知的情况下，综合考虑各相关因素通过推定予以认定主观明知。具体到本案中，一审、二审都认为被告人黄某达事先由“郑某某”提前安排借用银行账户用于收取、转移钱款，并约定给其佣金，后由“郑某某”提前带至某区与他人见面，过一两天后再根据“郑某某”等的安排使用其银行账户收取、转移钱款，被告人黄某达虽当庭翻供称其不知道所收取、转移的款项系诈骗款项，但其在侦查阶段曾供称“郑某某”有告知其系用来洗诈骗的黑钱，其虽当庭翻供，但对其翻供并未作出合理解释，结合其年龄、阅历、智力，其作为一个理性成年人的认知能力以及本案不符合常理的行为手段，一名陌生人让其提供账户到电信网络诈骗高发区转移款项，且给其高额报酬，这明显不符合日常生活经验，综合其之前所作供述以及上述因素分析，可以推定其系明知他人实施电信网络诈骗而帮助他人收取、转移诈骗赃款，且系事先与诈骗分子进行通谋，然后接受安排到诈骗高发地区提供账户帮忙收取、转移诈骗赃款，可以认定其系诈骗犯罪的共犯，其行为应以诈骗罪追究刑事责任。

关于被告人涉案数额的认定问题。对于未向部分被害人取证的数额能否计入被告人的犯罪数额的问题，上述《意见》对此也有相关的规定，根据《意见》的规定，办理电信网络诈骗案件，确因被害人人数众多等客观条件的限制，无法逐一收集被害人陈述的，可以结合已收集的被害人陈述，以及经查证属实的银行账户交易记录、第三方支付结算账户交易记录、通话记录、电子数据等证据，综合认定被害人人数及诈骗资金数额等犯罪事实，即以推定的方式来认定犯罪数额。具体到本案中，本案侦查机关已向被害人陈某娇等取证，根据各被害人的陈述，结合转账流水、聊天记录等证据可以证实各被害人系被通过电信网络技术手段实施诈骗而被骗取钱款，其中已取证的各被害人的部分被骗款项经流转后转入被告人黄某达的银行账户后再转出，被告人黄某达银行账户收取、转移的其余款项的来源、转入方式、途径与经查证的本案被害人被骗款项的流转方式基本一致，且均是“郑某某”等于同日借用被告人黄某达银行账户所收取、转移的款项，综合考虑这些因素可以认定这些款项均系诈骗赃款。此外，本案被告人黄某达与“郑某某”等系诈骗共犯，根据共犯“部分行为全部责任”的原则，被告人黄某达对于“郑某某”等实施的诈骗行为应该承担责任，即其对“郑某某”等实施诈骗行为骗取的本案被害人陈某娇等的未流入被告人黄某达涉案账户的钱款也应承担责任。

编写人：福建省晋江市人民法院　廖文斌

49

对“煨庄”行为的定性分析

——何某光等诈骗案

【案件基本信息】

1. 裁判书字号

广东省广州市中级人民法院（2020）粤01刑终1291号刑事裁定书

2. 案由：诈骗罪

【基本案情】

2017年至2018年，被告人何某光纠集社会闲散人员，在广东省广州市增城区、惠州市博罗县一带以赌博返佣为诱饵，将被害人（赌博庄家）骗到当地后对其实施诈骗行为（俗称“煨庄”），后形成以何某光为首要分子的犯罪团伙。该犯罪团伙分为“老板”“约客”“见客”“打工”“吊尾”等角色，人员基本固定且有相应分成。为了犯罪便利，何某光购买小汽车作为犯罪工具，并分别在上述两地租赁多间房屋作为犯罪场所或提供给团伙成员居住。

该犯罪集团共实施“煨庄”行为11次，诈骗既遂数额为1011239.72元，诈骗未遂数额为490000元，部分犯罪事实如下：

2018年4月10日，何某光团伙成员以有彩票赌博客源，需有人做中间人，且能从中返佣为诱饵，骗取被害人叶某胜等到广州市增城区。后何某光和黄某斌将叶某胜、余某其带到某小区××栋××房。何某光下注3万元彩票码单，并拿出现金3万元作为担保金。当次何某光赢了34228元，叶某胜通过银行转账

34228元转至何某光处。4月12日，黄某斌再次约被害人叶某胜赌博，并带被害人去到上述房屋。何某光拿出现金5万元作为保证金，当场下注彩票码单约4万元。彩票开码后，何某光下注的码单没中，何某鸿、何某强等持伸缩棍等工具进入房屋，自称“警察”并驱赶被害人，取回保证金现金5万元。

2018年4月14日，被告人严某媚以有网络赌博客源，需有人做中间人，且能从中返佣为诱饵，骗取被害人钟某冰等来到广州市增城区。何某光和严某媚带被害人去到某小区××栋××房。何某光先让被害人往赌博网站充值、再将现金10万元给被害人作为保证金。被害人通过转账方式将7万元转支到网络赌博网站的账户内供被告人进行赌博，后被告人在赌博网站内取现55600元。随后，黄某斌、黄某结等持铁棍进入房屋，以讨债名义威胁、驱赶被害人，并取回保证金现金10万元。

【案件焦点】

“煨庄”行为应构成赌博罪、抢劫罪还是诈骗罪。

【法院裁判要旨】

广东省广州市增城区人民法院经审理认为：该案系经精心策划，有各种完善应对方案，被告人确保自己在赌局中只赢不输的预谋犯罪。其固定作案模式体现在：（1）通过聊天软件寻找、联系不特定网络赌博庄家，以赌博返佣分成为由，谎称有赌单并诱骗被害人前往案发当地；（2）以现金形式提供保证金，向被害人展示财力，谎称赌输后有充足资金支付给被害人，诱骗被害人与其进行赌博；（3）被告人安排一方人员在他处进行网络赌博或等待彩票开码，安排另一方人员携带保证金在现场陪同被害人等待同案人的赌博结果；（4）被告人赌赢即要求被害人结算，款项到账后即转移；赌输后即安排多名人员持伸缩棍并自称警察等方式驱赶被害人以取回保证金，造成被害人赌资损失。该犯罪团伙主观上以非法占有他人财物为目的，客观上假借与被害人进行线上或线下赌博，采取赢则收取钱财、输则驱赶被害人的方式非法占有财物。虽然其行为表面上是按照赌博的输赢规则获利，但本质上已控制了只赢不输的结果，与偶然性输赢的普通赌博行为存在着本质的区别。由此，对各被告人的行为应以诈骗罪追究刑事责任。

广州市增城区人民法院依照《中华人民共和国刑法》第二百六十六条、第二百九十三条、第三百零三条、第六十九条、第二十五条、第二十六条、第二十七条、第五十二条、第五十三条、第六十四条之规定，作出如下判决：

一、被告人何某光犯诈骗罪，判处有期徒刑十年六个月，并处罚金10万元；犯寻衅滋事罪，判处有期徒刑一年；犯赌博罪，判处有期徒刑八个月，并处罚金1万元。决定执行有期徒刑十一年六个月，并处罚金11万元；

二、被告人何某强犯诈骗罪，判处有期徒刑七年，并处罚金5万元；

三、被告人黄某结犯诈骗罪，判处有期徒刑七年，并处罚金5万元；

四、被告人黄某斌犯诈骗罪，判处有期徒刑六年六个月，并处罚金5万元；

五、被告人严某媚犯诈骗罪，判处有期徒刑五年，并处罚金4万元；

六、被告人何某鸿犯诈骗罪，判处有期徒刑二年十个月，并处罚金2万元；

七、被告人何某杰犯诈骗罪，判处有期徒刑二年六个月，并处罚金1万元。

八、被告人何建某犯诈骗罪，判处有期徒刑二年六个月，并处罚金1万元；

九、被告人黄某伟犯诈骗罪，判处有期徒刑二年四个月，并处罚金5000元；

十、被告人朱某锋犯诈骗罪，判处有期徒刑二年一个月，并处罚金5000元；

十一、追缴诈骗既遂款1011239.72元，予以没收，上缴国库；

十二、缴获的作案工具白色小汽车1辆、赌资现金5万元，予以没收，上缴国库；缴获的作案工具车牌5副、弹簧刀2把、拳套2只、电击棒4支、辣椒喷雾剂1瓶、伸缩警棍1支等，予以没收，销毁。

宣判后，广东省广州市增城区人民检察院以被告人的行为应构成抢劫罪、一审事实认定及法律适用错误、量刑畸轻等为由，提起抗诉。广东省广州市人民检察院在二审期间撤回抗诉。广东省广州市中级人民法院同意一审法院裁判意见，作出如下裁定：

准许广东省广州市人民检察院撤回抗诉。

【法官后语】

“煨庄”的含义是针对赌博庄家实施犯罪行为：具体到本案中，即行为人以高额返佣引诱被害人（赌博庄家）与其进行赌博，通过提供现金保证金等方式显示自身财力，取得被害人信任。在投注后，行为人根据赌博结果采取不同措施应对，赢则收取钱财，输则恐吓、驱赶被害人离开并取回保证金，确保自身在赌局中只赢不输，进而非法占有被害人钱财的行为。此是典型的“黑吃黑”行为。

笔者在中国裁判文书网进行搜索，对该类犯罪行为的定性目前存在较大争议，主要涉及赌博罪、抢劫罪和诈骗罪三种不同观点。

1. 关于赌博罪。持该观点的人认为，行为人与被害人行为本质就是聚赌。行为人设赌局引诱被害人参赌，赌赢了，行为人获得赌博利益；赌输了，即不支付赌款，而采用暴力或以暴力相威胁的手段将被害人赶走。行为人在对赌过程中没有采取“出千”等欺骗手段，实际上是赌输后赖账的行为，所侵犯的客体是社会管理秩序和社会风尚，而非公私财物所有权，故对上述行为应定性为赌博罪。

2. 关于抢劫罪。持该观点的人认为，首先，行为人已控制着赌局中只赢不赔的结果，只是借赌博的形式有预谋、有组织地夺取财物，主观故意根本不是赌博。其次，行为人通过提供与赌资对等资金作为行为人一方赌输时的赌资保证金，该保证金在行为人赌输的赌博结果出来后事实上就已转移到对方的控制之下。此时，行为人的主观故意就是非法占有对方控制之下的赌资保证金。最后，行为人采用暴力驱赶的方式赶走被害人，夺回赌资保证金的控制权，已符合抢劫罪的犯罪构成。

3. 关于诈骗罪，即笔者持有的观点，对此详细分析如下：

（1）行为人主观上具有非法占有他人财物的故意。在正常赌博行为中，参赌各方的输赢受赌博技巧、运气、概率等因素影响，各方均有输赢钱的可能性。而在此类案件中，行为人在事前已对整个作案过程进行精心策划、部署及设置圈套，表面上假借与被害人进行赌博，实则控制只赢不输的结果，甚至在赌局之外还采取措施防止被害人赢钱。行为人所意欲的并非赌博本身，而是假借赌博形式来非法占有他人财物。由此，笔者认为该类案件不应定性为赌博罪也正是主要基于此点内容。

（2）涉案保证金应是行为人为显示财力、骗取被害人信任而使用的作案工具，并非赌资。如前所述，行为人并不具有与被害人进行赌博的意图，其提供保证金的目的并非将该资金用作赌资进行下注，而仅是为了显示财力，让被害人相信其有对等给付能力，进而让被害人能为其垫付赌资或接受其下注，使后续诈骗行为得以顺利实施。同时，提供保证金的行为本就是行为人在事前已设定准备的在输钱情况下的应对方案，属于诈骗犯罪中确保自己"稳赢不输"的具体手段之一，不应将之从诈骗中割裂出来单独予以评价。由此，笔者认为该类案件不应定性为抢劫罪也正是主要基于此点内容。

（3）行为人在赌输后更多仅是使用言语威胁和推搡等轻微暴力对被害人进行恐吓、驱赶，其目的也仅是取回作案所用保证金，不涉及被害人其他合法财物，同时也并非为窝藏赃物、逃避抓捕而当场使用暴力的转化型抢劫。

结合上述，行为人主观上以非法占有为目的，客观上通过网络以"招赌"为幌，吸引被害人参与"赌博"，采取赢则收取被害人赌资，输则使用言语威胁等手段驱赶被害人离开的作案方式，最终达到"稳赢不输"的犯罪目的，其行为应构成诈骗罪，而不应构成赌博罪和抢劫罪。

"煨庄"行为基本为团伙作案，极易滋生故意伤害、非法拘禁、寻衅滋事等其他犯罪，对社会危害极大，须予以严厉打击。但在司法实践中，各地区对此类犯罪行为的认识不同，导致定性存在争议，进而对案件量刑有较大影响，不利于司法公正，也有损司法公信力，故有必要对此予以统一认识。

编写人：广东省广州市增城区人民法院 陈艾菁 何达威

50

“击鼓传花”式骗局中被告人没有直接取得财物时构成诈骗罪的认定

——徐某诈骗案

【案件基本信息】

1. 裁判书字号

山东省聊城市中级人民法院（2021）鲁15刑终211号刑事裁定书

2. 案由：诈骗罪

【基本案情】

被告人徐某伙同郭某等（另案处理）于2020年年初购买他人名下注册的网络公司相关手续，开发××平台，在该平台上传字画、玉石照片，次日自动增值5%，虚假拍卖，不断复制增值，骗取会员转拍费。至6月5日该平台系统崩盘，共收取转拍费9399587.63元。向会员支付佣金金额2856547.7元，骗取6543039.93元。因系统崩盘会员支付的“字画、玉石”本金无法收回，106名报案人员损失总额4973037.42元。被告人徐某个人还骗取会员费13.5万元。

【案件焦点】

被告人行为是否构成诈骗罪。

【法院裁判要旨】

山东省聊城市东昌府区人民法院经审理认为：被告人徐某伙同他人，虚构事实，隐瞒真相，骗取被害人财物，数额特别巨大，构成诈骗罪。公诉机关的指控成立。徐某及同案犯投入的自有资金应属犯罪成本；回购拆分后重新投入平台进行虚假销售，回购额与销售额持平，辩护人关于以上两项金额应从犯罪数额中扣除的意见，不予采纳。被告人徐某案发后能如实供述犯罪事实，愿意接受处罚，对其可以从轻处罚。辩护人与之相应的辩护意见，本院予以采纳。山东省聊城市东昌府区人民法院依照《中华人民共和国刑法》第二百六十六条、第二十五条第一款、第六十七条第三款、第四十七条、第六十四条、第五十二条、第五十三条之规定，作出如下判决：

一、被告人徐某犯诈骗罪，判处有期徒刑十四年，并处罚金250000元；

二、被告人徐某退赔被害人刘某林、程某梅、张某等人的经济损失（限判决生效后十日内支付）。

一审宣判后，被告人提起上诉。

山东省聊城市中级人民法院经审理认为：关于上诉人徐某及其辩护人所提"徐某并未对所有的被害人实施欺诈行为，而部分被害人对××平台的性质、盈利模式具有清醒的认知，也不是因错误认识处分财产，不应将报案人的所有损失均认定为上诉人的犯罪数额"的上诉理由和辩护意见。经查，上诉人徐某等人虚构网络公司及××平台是正规公司和平台的事实，在平台交易既安全又收益高，而隐瞒了网络公司手续系徐某等购买的，公司没有相应的资金，拍卖的实物要么是数量极少、价值极低的字画，要么是没有实物的字画、玉石照片，××平台会遭遇崩盘等真实情况，被害人基于相信徐某等虚构的事实，而且不了解××平台拍卖运行的真实情况，属于基于错误认识而处分财产。因此，上诉人徐某及其辩护人所提的该上诉理由和辩护意见不成立，不予采纳。山东省聊城市中级人民法院依照《中华人民共和国刑事诉讼法》第二百三十六条第一款第一项之规定，作出如下裁定：

驳回上诉，维持原判。

【法官后语】

在诈骗犯罪中，被害人没有将财物直接交付给诈骗行为人是否影响诈骗罪的认定。

在实践中，诈骗手段形形色色，各种骗局层出不穷。普通诈骗路径为→行为人针对被害人虚构事实或隐瞒真相→使被害人陷入错误认识→被害人直接向行为人交付财物。普通诈骗方式中被害人一般直接向行为人交付被骗财物。本案的诈骗方式是特殊的一种方式，是一种“击鼓传花”的骗局，拍品是层层加码后的虚拟物品，受骗者是最后入局者，接手的所谓“拍品”既无法提货，又无法继续转拍，最终成为“接盘侠”即受害者。这种方式接盘侠的钱财是交付给他的上手交易者，没有直接交给设局者即本案的被告人，诈骗行为人没有直接收取诈骗财物是否影响诈骗罪的成立，这种非典型诈骗行为是否构成诈骗罪。法官在分析认定这种新颖的非典型诈骗行为时仍要紧紧围绕诈骗的构成要件，通过仔细研判诈骗手段的特殊性、诈骗财物的最终流向以及二者之间的因果关系等最终认定行为是否构成诈骗罪。

在本案中，第一，行为人虚构事实、隐瞒真相设立了“击鼓传花”式骗局。徐某等人虚构网络公司及××平台是正规公司和平台的事实，在平台交易既安全收益又高，拍得竞拍品后既可以提货又可以转拍赚钱，而隐瞒了网络公司手续系徐某等人购买的，公司没有相应的资金，拍卖的实物要么是数量极少、价值极低的字画，要么是没有实物的字画、玉石照片，因每日转拍一次自动增值5%（其中公司收取3%转拍费，会员赚取2%盈利），虚假拍卖，不断复制增值，导致所谓的拍品“字画、玉石”价格虚高且没有实际价值，××平台会遭遇崩盘等真实情况，参与到平台拍卖的会员都是被骗人员，被骗人员在“击鼓传花”中既充当“传花者”，又可能会成为最终的“接盘侠”。第二，行为人利用特定方式间接骗取财物，被害人基于行为人的欺骗行为陷入错误认识而交付财物。被害人基于相信徐某等虚构的事实，而且不了解××平台拍卖运行的真实情况，进入他们设定的骗局，属于基于错误认识而处分财产，虽然其交易把钱财交给上家，看似没有直接交给网络公司，但是徐某等作为拍卖人收取第一手交易钱财以及公司后续每次转拍收取3%的转拍费，实际上最后的拍品价格已间接被徐某等占有，谁是受害人就看“击鼓传花最终花落谁家”，受害人的损失最终是这个骗局所导致。第三，行为人具有非法占有的目的。徐某等通过购买公司手续，开发了拍卖平台，公司没有相应的资金，又没有准备上传拍品对应的实际物品，收取的转拍费被合伙人私分后，导致系统崩盘无法继续运转，徐某等人利用特殊骗局具有非法占有他人财物的目的。

在处理“击鼓传花”式骗局案件时，可以着重审查诈骗的基本内核有无变化，诈骗分子把诈骗对象从“一对一”演变成“一对多”，即诈骗分子设立一个环环相扣的骗局，使每个入局参与者都成为被骗者，而被骗者之间传递的“拍卖品”就是诈骗道具，被骗者虽然之间交易“拍卖品”好似钱财没有直接交付给诈骗分子手中，但被骗钱财通过第一手交易及中间的手续费间接流入诈骗分子手中。因此，利用设立“击鼓传花”式的骗局骗取财物的行为应认定符合诈骗罪的构成要件，构成诈骗罪。实践中虽然诈骗手段翻新，但是万变不离其宗，牢牢把握住诈骗罪认定路径：行为人虚构事实、隐瞒真相→被害人基于被骗陷入错误认识→被害人交付财物、诈骗分子骗得财物。被害人没有将财物直接交付给诈骗行为人不影响诈骗罪的认定，被害人基于被骗间接交付财物亦是交付财物的一种方式。

编写人：山东省聊城市中级人民法院　刘振全

51

摸奖诈骗中言语恐吓等行为的定性

——宋某辉等诈骗、开设赌场案

【案件基本信息】

1. 裁判书字号

河南省焦作市中级人民法院（2021）豫08刑终174号刑事判决书

2. 案由：诈骗罪、开设赌场罪

【基本案情】

2018年5月，被告人宋某辉伙同赵某杰、程某康等先后在苏州市多个区以摆摊摸奖的方式实施诈骗。其中，赵某杰负责做摊主并发送礼品吸引被害人摸奖，宋某辉与赵某杰、程某康等人相互配合，陈某煜、李某甲、徐某共计向其转账10274元，宋某辉从中分得1575元。

2018年6月至7月，被告人宋某辉伙同赵某杰、程某康等采用摆摊摸奖的方式实施诈骗，在被害人不愿意付款或摸奖的情况下，围住被害人不让离开，并采用言语恐吓等手段强行要求被害人付款。李某乙、舒某林、庞某某、莫某卿、杨某共计向其转账12584元，宋某辉非法获利1861元。另查明，人民法院对宋某辉诈骗行为犯罪事实同案犯赵某杰、程某康等以诈骗罪、寻衅滋事罪作出判决。

2020年7月3日至2020年7月11日，韩某、毕某壮、王某在某镇辖区内多个地点开设赌场，以牌九比大小的方式，抽取庄家所赢的10%作为渔利。韩某招募人员分工负责赌场的相关事宜，其中程某勇负责抽具，程某加负责接送赌客，宋某辉、程某东等负责放哨，李某俊、程某斌负责给赌客换取现金，毕某壮负责拉拢赌客，陈某及曹某恩等用自己的账户负责收取赌资，共收取赌资311500元，其中宋某辉获利150元。

【案件焦点】

摆摊摸奖中，被害人未识破骗局又不完全自愿交付财物，行为人采用言语恐吓、禁止离开等手段强行迫使被害人交付财物的，是否应当认定为诈骗罪。

【法院裁判要旨】

河南省焦作市山阳区人民法院经审理认为：被告人宋某辉等以非法占有为目的，采用虚构事实、隐瞒真相的方法，骗取他人财物，数额较大，其行为构成诈骗罪；宋某辉在明知韩某、毕某壮等人开设赌场期间为其提供帮助，其行为构成开设赌场罪。公诉机关指控宋某辉犯诈骗罪、开设赌场罪成立。宋某辉等人以非法占有为目的，以威胁或者要挟的方法，强行索取他人财物，数额较大，其行为构成敲诈勒索罪。公诉机关指控宋某辉的犯罪事实及诈骗罪、开设赌场罪的罪名成立，但起诉的寻衅滋事罪罪名不当，本院依法予以纠正。在诈骗罪和敲诈勒索罪共同犯罪中，宋某辉均起主要作用，均系主犯，应当按照其所参与的或者组织、指挥的全部犯罪处罚；在开设赌场罪的共同犯罪中，宋某辉起次要或辅助作用，系从犯，应当从轻或减轻处罚。宋某辉多次实施敲诈勒索行为，酌情从重处罚。宋某辉在开设赌场犯罪后，经公安机关电话通知到案，并如实供述罪行，视为自首，可以从轻或者减轻处罚。宋某辉对诈骗罪当庭表示认罪，可酌情从轻处罚。宋某辉一人犯数罪，应予以数罪并罚。宋某辉在诈骗罪和敲诈勒索罪中的违法所得，依法应当退赔被害人；在开设赌场罪中的违法所得，依法应予没收。根据宋某辉犯罪的事实、性质、情节及社会危害程度等，依照《中华人民共和国刑法》第二百六十六条、第三百零三条第二款、第二百七十四条、第二十五条第一款、第二十六条第一款和第四款、第二十七条、第六十七条第一款和第三款、第六十九条第一款和第三款、第六十四条、第五十二条、第五十三条之规定，作出如下判决：

一、被告人宋某辉犯诈骗罪，判处有期徒刑十个月，并处罚金3000元；犯开设赌场罪，判处有期徒刑七个月，并处罚金3000元；犯敲诈勒索罪，判处有期徒刑一年，并处罚金3000元。数罪并罚，决定执行有期徒刑二年二个月，并处罚金9000元；

（刑期从判决执行之日起开始计算。判决执行以前先行羁押的，羁押一日折抵刑期一日。即自2020年8月11日起至2022年10月10日止。罚金于本判决生效后三日内缴纳。）

二、被告人宋某辉在诈骗罪和敲诈勒索罪中的违法所得，责令与（2019）苏0505刑初230号、（2019）苏0505刑初295号、（2020）苏0505刑初717号案中的被告人共同退赔被害人22858元；在开设赌场罪中的违法所得150元，依法应予没收。

一审宣判后，被告人宋某辉未提起上诉，河南省焦作市山阳区人民检察院提起抗诉，认为一审法院判决被告人宋某辉构成敲诈勒索罪适用法律不当，应当构成寻衅滋事罪。河南省焦作市人民检察院出庭支持抗诉，但其支持抗诉的观点与焦作市山阳区人民检察院的观点不一致。河南省焦作市人民检察院认为一审法院判决被告人宋某辉构成敲诈勒索罪适用法律不当，应当构成诈骗罪；在开设赌场罪中被告人宋某辉不构成自首。

河南省焦作市中级人民法院经审理认为：原审被告人宋某辉伙同他人以非法占有为目的，采用虚构事实、隐瞒真相的方法，骗取他人财物，数额较大，其行为构成诈骗罪；原审被告人宋某辉明知韩某、毕某壮等人开设赌场，仍为其提供帮助，其行为构成开设赌场罪。在诈骗罪共同犯罪中，宋某辉起主要作用，系主犯，应当按照其所参与的或者组织、指挥的全部犯罪处罚；宋某辉对诈骗罪当庭表示认罪，可酌情从轻处罚。在开设赌场罪的共同犯罪中，宋某辉起次要或辅助作用，系从犯，应当从轻或减轻处罚；一审判决认定原审被告人宋某辉开设赌场罪构成自首不当，本院依法予以纠正。原审被告人宋某辉一人犯数罪，应当数罪并罚。宋某辉在诈骗罪中的违法所得，依法应当退赔被害人；在开设赌场罪中的违法所得，依法应予没收。出庭支持抗诉的检察人员当庭发表与有效抗诉书不同的抗诉意见，本院不予支持，但其发表的观点成立，应予以采纳。原审被告人宋某辉及其辩护人关于四起事实构成诈骗罪的辩护意见成立，本院予以采纳；其辩护人认为宋某辉开设赌场罪构成自首的辩护意见不能成立，本院不予采纳。综合全案案情，依据《中华人民共和国刑事诉讼法》第二百三十六条第一款第二项，《中华人民共和国刑法》第二百六十六条、第三百零三条第二款、第二十五条第一款、第二十六条第一款和第四款、第二十七条、第六十九条之规定，作出如下判决：

一、撤销河南省焦作市山阳区人民法院（2021）豫0811刑初73号刑事判决；

二、原审被告人宋某辉犯诈骗罪，判处有期徒刑一年六个月，并处罚金6000元；犯开设赌场罪，判处有期徒刑七个月，并处罚金3000元。数罪并罚，决定执行有期徒刑二年，并处罚金9000元；

（刑期自判决执行之日起计算，判决执行前先行羁押的，羁押一日折抵刑期一日，即自2020年8月11日起至2022年8月10日止）。

三、原审被告人宋某辉在诈骗罪中的违法所得，责令与（2019）苏0505刑初230号、（2019）苏0505刑初295号、（2020）苏0505刑初717号案中的被告人共同退赔被害人22858元；在开设赌场罪中的违法所得150元，依法应予没收。

【法官后语】

本案对于被告人宋某辉在摆摊摸奖中的言语恐吓、禁止离开等行为定性，在案件审理中有不同意见。

第一种意见认为，被告人宋某辉等采用摆摊摸奖的形式诈骗他人财物，自始至终只有一个以诈骗手段非法占有他人财物的主观故意，被害人处分财物也主要基于摸奖需要支付奖品对价的错误认识，应认定为诈骗罪。

第二种意见认为，本案被告人宋某辉等的作案地点为公共场所，具有公开性、严重扰乱了当地的社会秩序，对部分被害人有强拿硬要财物的行为，符合强拿硬要型寻衅滋事罪的构成要件。

第三种意见认为，被告人宋某辉等出于非法占有他人财物的目的，以摆摊摸奖的方式诱骗被害人付款，在被害人不愿意付款时，采用“不给钱不让走”、推搡、言语恐吓等手段，让被害人产生恐惧心理从而交付财物，其行为符合敲诈勒索罪的构成要件。

笔者赞成第一种意见。

首先，从主客观相一致的角度分析。本案中被告人宋某辉等主观上没有寻衅滋事、敲诈勒索的动机，仅仅是出于诈骗的主观目的，实施了诈骗行为。从主观目的上讲，被告人宋某辉等的主观目的非常明确，即以非法占有为目的，以摆摊摸奖的形式、通过控制摸奖的结果骗取他人财物，而不存在逞强争霸耍威风、无事生非求刺激或强拿硬要耍横等寻衅滋事罪的主观心态，也不存在对被害人的人身权利或者其他权益进行侵害的敲诈勒索罪的主观故意；客观行为上讲，被告人宋某辉等完成了诈骗的行为，使受害人被蒙蔽而交付财物，符合诈骗罪的构成要件，如果仅以寻衅滋事罪或者敲诈勒索罪进行评价，就无法涵盖前期的诈骗行为，不符合主客观相一致的归罪原则。

其次，从被害人的心理角度分析。被害人受到诱骗而参与摸奖，基于双倍返还奖金等侥幸心理而导致交付财物，是财产损失的主要因素。有些被害人称“摸过奖后不愿意支付财物，被告人才不让其离开”；有些被害人称被告人承诺“交付398元之后，还可以继续摸奖，如果摸到不同的数字，被告人会双倍返还奖金”；被告人就是通过这种方式诱使刚开始不愿意交付财物的被害人交付财物后继续摸奖。还有一部分被害人虽然不情愿主动交付财物，称系在被恐吓、威胁之后交付了财物，但这些被害人自始至终并未意识到自己是基于认识错误而被诈骗，并未识破骗局，他们虽不愿主动交付财物，但其主观认为自己没有按照事前的约定支付对价是不对的，其交付一半价款也是出于愧疚的心理，而这些恰恰是基于被告人宋某辉等的诱骗行为。

最后，从在案证据的角度分析。本案一审判决认定构成敲诈勒索罪的证据多数是被害人陈述，被告人宋某辉的供述与同案其他被告人的供述均否认对被害人实施过殴打行为。从各被害人的陈述中可知，被害人所谓的受到了被告人的威胁、恐吓等，与敲诈勒索犯罪中的威胁、恐吓的程度有很大区别，敲诈勒索罪中行为人往往采用暴力或者非暴力的形式对被害人实行精神强制，使其产生恐惧、害怕的心理，不得已交出财物，而本案中被告人宋某辉等的目的是骗取钱财，对部分被害人的言语威胁、恐吓等非常轻微，达不到致使被害人“因产生恐惧心理”而被勒索的程度。且案件发生在公共场所，犯罪对象大多系成年男子，被告人的威胁、恐吓程度不足以使被害人产生心理上的恐惧。

综上，被告人宋某辉等的行为应认定为诈骗罪更为妥当。

编写人：河南省焦作市中级人民法院　赵霞　梁昱

52

网络诈骗中的帮助犯对上线行为性质的明知程度判断

——杨某某、王某某诈骗案

【案件基本信息】

1. 裁判书字号

河南省平顶山市中级人民法院（2021）豫04刑终226号刑事裁定书

2. 案由：诈骗罪

【基本案情】

2020年11月中旬，杨某某通过“××”聊天软件在网络上与电信网络诈骗集团人员联系，双方约定：对方提供虚拟拨号设备、路由器、手机卡等通讯设备，杨某某提供车辆搭建呼叫平台，保持虚拟拨号平台运行，对方每天支付给杨某某“报酬”9000元。杨某某联系被告人王某某后，商定由王某某提供车辆，改装车载电源，把上述设备加装在车辆上，所得赃款平分。

被告人杨某某、王某某按照诈骗集团的要求将王某某所有的车牌号为冀H4××××的轿车改装后，行驶至山西省左权县取得电话卡、虚拟拨号设备、路由器，将测试能正常使用的电话卡插入虚拟拨号设备上开始运转，为电信网络诈骗集团实施电信诈骗提供帮助。2020年11月20日、11月21日分别在山西省吕梁市、晋中市通过虚拟拨号设备搭建的呼叫平台继续为电信诈骗集团提供帮助。2020年11月24日、25日，二人驾驶车辆窜至河南省焦作市、河南省宜阳县，分别取得第二批手机电话卡和新的路由器，继续在平顶山市帮助电信诈骗集团实施诈骗提供帮助。杨某某、王某某获利36000元。

经公安机关侦查，电信网络诈骗集团先后使用手机号码为1911780××××、

1738104××××、1510835××××的电话号码，利用杨某某和王某某搭建的虚拟拨号设备呼叫平台，诈骗了孙某某 118560 元，诈骗关某 30 万元，诈骗王某婷 178117 元，共计 596677 元。

【案件焦点】

在网络诈骗犯罪中，下游被告人在未与上线人接触且上线亦未明确告知其帮助的性质的情况下，如何准确判断被告人明知其帮助的行为系诈骗犯罪。

【法院裁判要旨】

河南省平顶山市湛河区人民法院经审理认为：被告人杨某某、王某某明知他人利用网络实施电信诈骗，仍然为诈骗分子提供网络呼叫平台，骗取公民合法财产，数额特别巨大，其行为已构成诈骗罪，应予惩处。被告人杨某某、王某某在共同犯罪中不掌控资金去向，是整个电信诈骗中的一个环节，起辅助作用，是从犯，依法应当减轻处罚。案发后，杨某某、王某某自愿签署认罪认罚具结书，依法可以从宽处罚。故对辩护人的意见予以采纳。依照《中华人民共和国刑法》第二百六十六条、第二十五条第一款、第二十七条、第六十四条、第六十七条第三款、第五十二条、第五十三条，《中华人民共和国刑事诉讼法》第十五条之规定，作出如下判决：

一、被告人杨某某犯诈骗罪，判处有期徒刑六年，并处罚金人民币 5 万元；

二、被告人王某某犯诈骗罪，判处有期徒刑六年，并处罚金人民币 5 万元；

三、责令被告人杨某某、王某某及同案犯向孙某某退赔经济损失 118560 元、向关某退赔经济损失 30 万元、向王某婷退赔经济损失 178117 元；杨某某、王某某的违法所得 36000 元予以追缴；扣押在案的赃款 9000 元、作案工具虚拟拨号设备 1 台、路由器 1 个、车载 220 伏电压转换器 1 台、手机 1 部、车牌号为冀 H4××××的轿车 1 辆、手机电话卡 123 张予以没收，由扣押机关依法处置。

宣判后，被告人杨某某、王某某均不服，上诉称：（1）其不明知上线行为系电信网络诈骗，且与上线不认识，无共同的意思联络，亦未曾见面，二人均系初次实施该行为，对其帮助上线的行为不具有认知经验，主观上不存在非法占有他人财物的目的，未实施诈骗行为，更没有获利，故其行为应当认定为帮助信息网络犯罪活动罪；（2）本案主犯未到案，仅依据询问笔录认定二人为诈骗罪从犯，属主观归罪，证据不足。

河南省平顶山市中级人民法院经审理认为：上诉人杨某某、王某某明知他人利用网络实施电信诈骗，仍然为诈骗分子提供网络呼叫平台，骗取公民合法财产，数额特别巨大，其行为已构成诈骗罪。原审判决认定犯罪事实清楚，证据确实、充分，定罪准确，审判程序合法，量刑适当。依照《中华人民共和国刑事诉讼法》第二百三十六条第一款第一项之规定，作出如下裁定：

驳回上诉，维持原判。

【法官后语】

根据《中华人民共和国刑法》《最高人民法院、最高人民检察院关于办理非法利用信息网络、帮助信息网络犯罪活动等刑事案件适用法律若干问题的解释》及《最高人民法院、最高人民检察院、公安部关于办理电信网络诈骗等刑事案件适用法律若干问题的意见》对诈骗罪和帮助信息网络犯罪活动罪的有关规定，两罪的区别主要在于行为人是否明知他人实施的是电信网络诈骗犯罪。判断行为人在犯罪时是否明知他人实施电信网络诈骗犯罪，应当结合被告人的认知能力，既往经历，行为次数和手段，与他人关系，获利情况，是否曾因电信网络诈骗受过处罚，是否故意规避调查等主客观因素进行综合分析认定。本文以为，可以从以下两个方面去把握。

第一，审查行为人自身的认识能力。认识能力是认识因素的前提，而认识因素与意志因素是犯罪故意的构成因素。如果不能认定行为人具有认识能力，自然就不能认定其具有犯罪故意。通讯传输支持设备在技术上具有中立性，虽然可以用于违法犯罪，但并非专门的违法犯罪工具。如果行为人连这些设备的基本功能都不清楚，只是机械地根据指示插拔电话卡、操作设备，那么其明知上游犯罪分子利用这些设备从事信息网络犯罪活动的概率就要小很多。因此，即使行为人具有根据指示架设、操作设备的客观行为，也不能武断地推定其“明知”。实践中审判人员必须仔细审查行为人的阅历、文化水平、作案时长、作案模式、同案人供述等，以准确评估其是 否具有认识能力。

第二，根据行为的异常性推定行为人是否“明知”。《最高人民检察院、公安部关于公安机关管辖的刑事案件立案追诉标准的规定（三）》第一条第八款规定，对于走私、贩卖、运输毒品主观故意 中的“明知”，列举了逃避检查、体内藏毒、高度隐蔽携带和运输毒品等十种可以推定“应当知道”的情形。可见，立法者对于根据行为人高度异常且不能合理解释的异常行为推定主观明知的方法是认可的。具体本案中，可以注意以下几个方面：首先，虚拟拨号设备本来主要是为了满足银行、证券商、交易所等有密集通讯需求单位的通讯支持设备。行为人私自架设、使用相关设备，在没有相反证据的情况下，可以初步认定为异常情况。其次，是否存在明显属于躲避信号追踪、定位的行为。实践中，对虚拟拨号设备等通讯支持设备频繁开关机、频繁更换架设设备地点、在行驶的机动车上使用设备、频繁更换和弃用手机卡等行为，都属于带有明显的反追踪、反侦查特征的异常行为。最后，审查是否使用隐秘的方式互相联络。隐秘的通信方式是犯罪分子避免暴露身份、位置信息的有效手段。如果行为人根据上游犯罪分子的指示，不通过电话联络，也不使用常见聊天软件，而是使用一些不常见、难追踪、难破解、不需实名认证的即时通信软件甚至加密邮件联系，也应当认定为异常行为。

本案中，(1) 上诉人杨某某在接受公安机关的第一次讯问时称其在前几年参与网络赌博时即对电信诈骗有了一定认知，且在侦查机关对其讯问明知他人实施电信诈骗却仍然继续实施帮助他人犯罪的原因时，其称因急需挣钱才决定铤而走险。(2) 上线给其二人的工资是每日 9000 元，且日清日结，明显超出社会正常工资水平及正常的帮助信息网络犯罪活动行为所得。(3) 从其二人的客观行为来看，二人在上线的指引下，驾车赶往山西收取虚拟拨号设备和大量的手机卡，在山西省的运城、吕梁、晋城实施帮助犯罪活动，并在手机卡用完之后又赶往焦作收取第二批手机卡后驾车去洛阳、平顶山等地实施诈骗活动，且二人的上线教会其如被警察抓到要如何供述来逃避侦查和减轻罪责，证实杨某某二人与上线联系较为紧密，有共同的犯罪意思联络。二被告人作为有正常认知的成年人，虽未因电信诈骗受过刑事处罚，但应当明知其上线所从事的是电信网络诈骗活动。因此，在二被告人明知他人实施电信网络诈骗犯罪的情况下，仍然接受他人雇佣，为他人实施诈骗提供技术帮助和服务，其行为符合诈骗罪的犯罪构成要件，依法应当以诈骗罪定罪处罚。

编写人：河南省平顶山市中级人民法院　曹秋凤

53

以帮他人转移赃款为由非法获取资金后立即转移并藏匿行踪、拒不归还的，构成诈骗罪

——李某堤诈骗、黄某颖掩饰、隐瞒犯罪所得案

【案件基本信息】

1. 裁判书字号

福建省泉州市中级人民法院（2021）闽05刑终762号刑事裁定书

2. 案由：诈骗罪，掩饰、隐瞒犯罪所得罪

【基本案情】

被告人李某堤于2019年2月，在某镇，谎称要替被告人黄某颖接收、领取他人网络犯罪所得款项，在提供本名银行账号给黄某颖并接收网络犯罪所得款项2211000元后，随即将其中的2206600元分别转移占有并逃匿。后被告人黄某颖等多次催要，被告人李某堤的母亲于2019年3月6日左右归还30万元给被告人黄某颖。

被告人黄某颖于2018年11月至2019年3月，明知是他人犯罪所得的款项，仍在某镇等地，提供本人的账户或租用被告人李某堤的账户，为他人接收、转移网络赌博犯罪所得款项计21054941元，从中获利34400元。

【案件焦点】

以帮助他人转移赃款为由非法获取资金后立即转移并藏匿行踪，经催讨仍拒不归还的，构成诈骗罪还是掩饰、隐瞒犯罪所得罪。

【法院裁判要旨】

福建省安溪县人民法院经审理认为：关于被告人李某堤构成诈骗罪还是掩饰、隐瞒犯罪所得罪的问题。经查，根据在案证据，可以证实被告人李某堤于2019年2月20日傍晚被告人黄某颖到其家中之前，已经知道被告人黄某颖准备将涉案款项转移到其银行账户上，并向李某沼要账号准备还款10万元给李某建；其银行账户于2019年2月20日20时13分58秒接收到涉案款项1211000元，即于同日21时50分13秒转账10万元给李某建，其余款项于次日4时45分前全部转移完毕。其银行账户于2019年2月20日晚上接收到涉案款项100万元后，即于同月22日之前大部分转移，其余小部分款项在之后藏匿过程中用于其本人挥霍使用。被告人李某堤以非法占有为目的，隐瞒真相非法获取资金，后立即转移并藏匿，拒不归还，其行为已构成诈骗罪。故被告人李某堤及其辩护人关于此节的辩解、辩护意见与查明的事实、法律不符，不予采纳。被告人李某堤以非法占有为目的，采用隐瞒真相的方法，骗取他人财物，其行为已构成诈骗罪，且数额特别巨大。

福建省安溪县人民法院依照《中华人民共和国刑法》第二百六十六条、第三百一十二条第一款、第六十七条第三款、第六十四条之规定，作出如下判决：

一、被告人李某堤犯诈骗罪，判处有期徒刑十二年，并处罚金人民币15万元；

二、被告人黄某颖犯掩饰、隐瞒犯罪所得罪，判处有期徒刑三年，并处罚金人民币20万元；

三、追缴被告人李某堤的违法所得人民币1906600元，被告人黄某颖的违法所得人民币34400元，合计1941000元，系非法款项，予以没收，上缴国库。

一审宣判后，被告人李某堤提起上诉。

福建省泉州市中级人民法院经审理认为：被告人李某堤以非法占有为目的，

采用隐瞒真相的方法，骗取他人财物，其行为已构成诈骗罪，且数额特别巨大。经查，原判定罪准确，量刑适当，审判程序合法。上诉人李某堤及辩护人要求改判或发回重审的理由均不能成立，不予采纳。

福建省泉州市中级人民法院依照《中华人民共和国刑事诉讼法》第二百三十六条第一款第一项之规定，作出如下裁定：

驳回上诉，维持原判。

【法官后语】

行为人出于非法占有之目的，欺骗被害人，使其将财物交给行为人代为“保管”，进而非法占为己有的，应认定为诈骗罪。将代为“保管”的他人财物非法占为己有，数额巨大，拒不交出的，构成侵占罪。认定一种行为是诈骗还是侵占的关键在于如何推定行为人对代为“保管”的财物是否具有非法占有之目的。

非法占有是主观要素，对是否“非法”必须建立在对事实的客观判断上。推定由于揭示了从一项事实推出另一事实的过程，可以作为法官的采证规则而存在，用于判断行为人的主观心态。一般来说，推定事实适用的条件是：(1) 基础事实已经得到证明，即基础事实必须有证据予以支持，并已得到了确认；(2) 基础事实与推定事实之间存在着一定联系，这种关联性是客观的、常态的，不是偶发的、随机的或主观臆想；(3) 没有反证或反证证明力不足。

本案被告人李某堤虽辩解其提供银行账户帮他人领取赃款，在非法款项到其银行账户上后才产生将款项据为己有的想法。但综合全案证据材料，被告人的父母证实被告人平时无正当职业，无固定经济收入来源，被告人平时赌博欠债，因赌博欠债有让父母帮忙还款的情况；被害人证实被告人李某堤知道被害人有掩饰、隐瞒犯罪所得的行为，并主动表示其也可以提供银行账号帮他人领取赃款；证人证言证实被害人做好转移赃款给被告人的准备工作后，被告人向其父亲要银行账号以偿还之前欠款；被告人银行账户收到涉案款项后即在短时间内转移完毕，并将涉案款项用于归还欠款、个人挥霍、赌博等。被告人李某堤具有非法占有的目的，仍隐瞒真相提供银行账户接收款项后将款项除偿还债务外，其余款项陆续转移据为己有并逃匿，其行为符合诈骗罪的构成要件，应以诈骗罪定罪处罚。

此外，如果行为人本欲提供银行账号帮他人领取违法犯罪所得款，在款项到账后见财起意，非法占为己有，数额较大拒不归还的，是侵占行为，该侵占行为被掩饰、隐瞒犯罪所得罪吸收，不必单独再认定为侵占罪。如果行为人在款项到账占为己有后，在被害人请求返还时，虚构财物被盗等理由，使被害人免除行为人返还义务的，事后的欺骗行为所获得的是财产性利益，不属于为了确保对同一侵占物的不法占有而实施的共罚的事后行为，是包括的一罪，应从一重罪处罚，并与之前的掩饰、隐瞒行为并罚。

编写人：福建省安溪县人民法院　林懿娴

54

以抢建等方式骗取拆迁补偿行为的定性及拆迁领域诈骗数额的认定问题

——李某锋诈骗案

【案件基本信息】

1. 裁判书字号

江苏省徐州市中级人民法院（2021）苏03刑终40号刑事判决书

2. 案由：诈骗罪

【基本案情】

2008年10月，在某高铁项目建设期间，时任某村书记的李某锋，在获悉相关拆迁政策和拆迁范围的情况下，经某街道办事处某水泥厂承包人盛某某同意，在该厂内依附原有地坪及围墙违规建造彩钢棚2160平方米，后又以盛某某的名义，以307元/平方米的补偿标准获得折迁补偿款66.312万元。

【案件焦点】

1. 李某锋采取抢建的方式骗取拆迁补偿是否构成诈骗罪；2. 如何准确认定诈骗数额。

【法院裁判要旨】

江苏省徐州经济技术开发区人民法院经审理认为：李某锋为套取国家征迁补偿款，冒用他人名义、违建彩钢棚，通过虚构事实、隐瞒真相的方法骗取征迁补偿款66.312万元，数额特别巨大，其行为符合诈骗罪的构成要件。

江苏省徐州经济技术开发区人民法院依照《中华人民共和国刑法》第二百六十六条、第六十四条之规定，判决如下：

一、李某锋犯诈骗罪，判处有期徒刑十一年，并处罚金人民币5万元；

二、涉案赃款人民币66.312万元予以追缴，上缴国库。

一审宣判后，李某锋提出上诉，理由是：（1）李某锋主观上没有骗取补偿款的故意，不构成诈骗罪。（2）原判决认定的诈骗数额66.312万元中包括地坪和围墙的补偿款，该部分属于国家应当补偿的范围，相应数额应予扣除，李某锋投资彩钢棚的成本亦应扣除。

江苏省徐州市中级人民法院经审理认为：（1）关于李某锋是否构成诈骗罪问题。经查认为，李某锋为套取征迁补偿款，在他人水泥厂内，冒用他人名义违规建造彩钢棚，在明知所建彩钢棚不符合征迁补偿条件的情况下，仍安排他人领取补偿款，骗取国家补偿，在案证据相互印证，足以证明李某锋具有明显的非法占有故意，依法应当构成诈骗罪。（2）关于李某锋诈骗犯罪数额问题。经查认为，在案证据能够证实涉案彩钢棚在征迁时系整体补偿，即包括彩钢棚和所依附的地坪、围墙。对于地坪和围墙，在拆迁公告发布之前就已经存在，是国家应当给予补偿的部分，不应认定为李某锋的犯罪数额。根据同时期其他项目彩钢棚的补偿标准230元/平方米，能够认定李某锋违规建造彩钢棚2160平方米，共计骗取国家补偿款49.68万元。至于李某锋提出的投资彩钢棚的钱应当从犯罪数额中扣除的上诉理由，因涉案彩钢棚系李某锋违规建设，直接造成国家损失 49.68 万元，该投资系其实施诈骗行为而支出的犯罪成本，依法不应从犯罪数额中扣除。综上，李某锋诈骗数额为 49.68 万元。

江苏省徐州市中级人民法院依照《中华人民共和国刑事诉讼法》第二百三十六条第一款第三项，《中华人民共和国刑法》第二百六十六条、第六十四条之规定，作出如下判决：

一、撤销江苏省徐州经济技术开发区人民法院（2019）苏 0391 刑初 43 号刑事判决；

二、李某锋犯诈骗罪，判处有期徒刑九年，并处罚金人民币 4 万元；

三、涉案赃款人民币 49.68 万元予以追缴，上缴国库。

【法官后语】

本案的争议焦点在于以下两个方面：一是采取抢建的方式骗取拆迁补偿是否均构成诈骗罪；二是如何准确认定拆迁领域诈骗犯罪的诈骗数额。

1. 在非自己所有或使用的土地上以违建、抢种等方式，虚构事实、隐瞒真相，骗取国家拆迁补偿的行为，构成诈骗罪。

（1）拆迁过程中在自己宅基地通过违建、抢种等方式获取补偿的，一般不宜按诈骗罪定罪处罚。首先，这种行为多是普通民众在特定情境之下被诱发而为之，与常见的通过花言巧语虚构事实、隐瞒真相骗取他人财物的诈骗犯罪在主观恶性、社会危害性等方面有较大区别。其次，这种行为在拆迁过程中较为普遍，有时相关工作人员对其中的虚假行为并非完全不明知，难以认定为被骗。再次，因拆迁政策存在一定灵活性，实践中对违建等情形并非一律不予赔偿；发现征迁对象有欺骗行为后，征迁方也不是必然地收回不法利益；若要收回，也可以通过民事或行政手段处理，没有必要上升到刑事手段解决。最后，如果将此类行为作为诈骗犯罪打击，存在打击面过大的问题，全部打击不现实，部分打击存在选择性执法之嫌。因此，上述情形不宜轻易按照诈骗罪定罪处罚。

（2）本案中，李某锋的行为构成诈骗罪。首先，李某锋主观上具有非法占有的故意。李某锋与某水泥厂没有任何权利义务上的关系，其既不是所有人也不是使用人，没有权利就水泥厂内的有关附着物获得拆迁补偿。其在获悉相关拆迁政策和拆迁范围后，在常某某所有、盛某某承租的水泥厂内抢建彩钢棚，具有非法获得拆迁补偿利益的故意。其次，李某锋客观上实施了虚构事实、隐瞒真相的行为。李某锋既明知其不具有获得补偿的合法身份，也明知拆迁公告后抢建不予补偿的拆迁政策，遂安排水泥厂承包人盛某某以盛某某名义，对其违建的彩钢棚申请拆迁补偿。最后，李某锋的行为使得拆迁工作人员陷入错误认识，误以为彩钢棚为盛某某所有并予以补偿，造成了国家财产的损失。因此，李某锋的行为不同于在自己家中或宅基地上违建的情形，而是在他人水泥厂内假借他人名义违建并骗取拆迁补偿，非法占有的主观故意明显，具有刑事惩罚的必要性，应当以诈骗罪追究其刑事责任。

2. 诈骗数额的认定应考察被害人基于错误认识处分的财产范围以及被害人的实际损失等要素。

有观点认为，彩钢棚依附的地坪及围墙的价值应当计入诈骗数额。理由是：涉案拆迁补偿款66万余元均不应补偿给李某锋，地坪及围墙部分无论应补偿给谁，均与李某锋无关，但李某锋通过虚构事实、隐瞒真相，使得国家将本应补偿给他人的部分错误地给付给李某锋，李某锋实际获得了非法利益，故不应从犯罪数额中扣除。另有观点认为，地坪及围墙的价值应当从犯罪数额中扣除。

笔者同意第二种观点。诈骗罪属于取得型的财产犯罪，是基于被害人错误认识处分财产而获得他人财物。因此，诈骗数额的认定既要考量被害人的错误意识，也要考虑被害人的财产损失。拆迁工作过程中，工作人员需要确定相关附着物的权利人、是否属于补偿范围等事实，然后才计算价值、发放补偿。本案中，对于彩钢棚，拆迁工作人员因李某锋的欺骗行为误认为是水泥厂承租人盛某某所有而给予补偿，这部分认定为诈骗数额不存在异议。但对于地坪和围墙，在案证据能够证明，拆迁工作人员对于地坪和围墙的权利归属问题是明知的，如水泥厂所有人常某某证言证实，拆迁工作人员来丈量时，其告诉工作人员彩钢棚下面的地坪和围墙是属于其的，应该补偿给其，拆迁工作人员答复只能一并丈量，等整体补偿后再让他们自行分账。拆迁工作人员并未陷入错误认识而错误补偿，故该部分属于应当补偿的范围，国家没有受到损失。因此，该部分不应计入诈骗数额。

编写人：江苏省徐州市中级人民法院　刘明伟　李通达

55

“套路贷”刑事案件与一般民间借贷的区分及犯罪金额的计算

——王某、林某甲等诈骗案

【案件基本信息】

1. 裁判书字号

广东省广州市中级人民法院（2020）粤01刑终1762号刑事裁定书

2. 案由：诈骗罪

【基本案情】

被告人王某、林某甲、林某春、常某以某广场××室作为办公场所，合作从事“××贷”等小额贷款业务，以民间借贷为名，以无抵押为诱饵，以行规为由诱使被害人签订虚高借款合同，谎称只要按时还款，虚高的借款金额就不用还，并通过签订空白合同、制造资金走账流水等虚假给付事实、肆意认定违约等手段形成虚假债权债务，然后通过打电话、发微信、上门催收、放款前拍摄裸照视频等方式逼迫被害人偿还虚假债务。

【案件焦点】

“套路贷”刑事案件与一般民间借贷的区分及犯罪金额的计算。

【法院裁判要旨】

广东省广州市越秀区人民法院经审理认为：本案是一起典型的“套路贷”

案件。在客观上，被告人以无抵押、无担保、快速放款为诱饵吸引被害人借款，继而以“行规”为由诱使被害人签订虚高借款合同，谎称只要按时还款，虚高的借款金额就不用还，然后制造资金走账流水的虚假给付痕迹，故意刁难设置违约陷阱或者肆意认定违约，强行要求被害人偿还虚假债务或者安排关联公司、关联人员为被害人“转单平账”，不断垒高债务，在被害人未偿还借款时采用威胁、上门催讨甚至暴力相加的方式来索取债务。在主观上，被告人除从借款本金中预扣利息、收取各种名目的费用外，还故意采取在借贷协议中留白、不给被害人借贷协议、扣押身份证、备份通讯录、拍裸照视频等手段，方便后续制造违约和索债，其目的并非仅仅是获取双方约定的利息收益，而是设计套路，引诱、逼迫被害人垒高债务，最终达到非法占有借款人财产的目的。本案中被告人未采用明显的暴力或者威胁手段，主要是通过虚构事实、隐瞒真相的方式骗取被害人财物，应当以诈骗罪定罪处罚。

广东省广州市越秀区人民法院依照《中华人民共和国刑法》第二百六十六条、第二十五条第一款、第二十六条、第二十七条、第五十二条、第五十三条、第六十四条之规定，作出如下判决：

一、被告人王某犯诈骗罪，判处有期徒刑五年六个月，并处罚金人民币3万元；

二、被告人林某甲犯诈骗罪，判处有期徒刑五年，并处罚金人民币2万元；

三、被告人林某乙犯诈骗罪，判处有期徒刑五年，并处罚金人民币2万元；

四、被告人常某犯诈骗罪，判处有期徒刑二年六个月，并处罚金人民币1万元；

五、责令被告人王某、林某甲、林某乙共同退赔被害人胡某63220元；责令被告人王某、林某甲、林某乙共同退赔被害人陈某93996元；责令被告人王某、林某甲、林某乙共同退赔被害人梁某20746.5元；责令被告人王某、林某甲、林某乙共同退赔被害人谢某21898元；责令被告人王某、林某甲、林某乙、常某共同退赔被害人林某乙20060元；

六、扣押的林某丙身份证1张，发还被害人林某丙；江某身份证1张，发还被害人江某；从被告人王某处扣押的手机1部、银行卡10张，发还被告人王某；从被告人林某甲处扣押的手机1部、银行卡9张，发还被告人林某甲；从被告人林某乙处扣押的银行卡17张、林某乙身份证1张、某广场门禁卡1张、手机2部，发还被告人林某乙；从被告人常某处扣押的手机1部、银行卡7张、某广场门禁卡1张，发还被告人常某；扣押的其余物品、文件（详见扣押清单），予以没收。

被告人王某、林某乙、常某持原审辩解提起上诉。广东省广州市中级人民法院经审理认为：王某、林某乙、常某，林某乙以非法占有为目的，虚构事实、隐瞒真相骗取他人钱财，数额巨大，其行为均已构成诈骗罪。原判认定王某、林某甲、常某，林某乙犯诈骗罪的事实清楚，证据确实、充分，定罪和适用法律正确，量刑适当，审判程序合法。

广东省广州市中级人民法院依照《中华人民共和国刑事诉讼法》第二百三十六条第一款第一项之规定，作出如下裁定：

驳回上诉，维持原判。

【法官后语】

“套路贷”类刑事案件与民事案件存在交叉处，犯罪金额上又缺乏一定计算标准，而这类案件的辩护人往往也是以该类行为属于普通民间借贷作无罪辩护，导致该类案件的审理存在较大难度。本案作为一个典型的“套路贷”刑事案件，主要也是围绕以下焦点问题进行分析评判。

一、案件定性

根据《最高人民法院、最高人民检察院、公安部、司法部关于办理黑恶势力犯罪案件若干问题的指导意见》和《最高人民法院、最高人民检察院、公安部、司法部关于办理“套路贷”刑事案件若干问题的意见》，“套路贷”具备“行为目的非法性”“债权债务虚假性”“讨债手段多样性”三个特征，而民间借贷的出借人是为了到期按照协议约定的内容收回本金并获取利息，不具有非法占有他人财物的目的，也不会在签订、履行借贷协议的过程中实施虚增借贷金额、制造虚假给付痕迹、恶意制造违约、肆意认定违约、毁匿还款证据等行为。常见犯罪手法包括：（1）制造民间借贷假象。以低息、无抵押、无担保、快速放款等为诱饵吸引被害人借款，继而以“保证金”“行规”等虚假理由诱使被害人基于错误认识签订金额虚高的借贷协议或相关协议，或者以被害人先前借贷违约等理由，迫使对方签订金额虚高的借贷协议或相关协议。（2）制造资金走账流水等虚假给付事实。按照虚高的借贷协议金额将资金转入被害人账户，制造已将全部借款交付被害人的银行流水痕迹，随后采取各种手段将其中全部或者部分资金收回，被害人实际上并未取得或者完全取得借贷协议、银行流水上显示的钱款。（3）故意制造违约或者肆意认定违约。以设置违约陷阱、制造还款障碍等方式，故意造成被害人违约，或者通过肆意认定违约，强行要求被害人偿还虚假债务。（4）恶意垒高借款金额。当被害人无力偿还时，安排其所属公司或者指定的关联公司、关联人员为被害人偿还借款，继而与被害人签订金额更大的虚高借贷协议或者相关协议，通过这种“转单平账”“以贷还贷”的方式不断垒高债务。（5）软硬兼施“索债”。在被害人未偿还虚高借款的情况下，借助诉讼、仲裁、公证或者采用暴力、威胁以及其他手段向被害人或者被害人的特定关系人索取债务。

本案中，在客观上，被告人以无抵押、无担保、快速放款为诱饵吸引被害人借款，继而以“行规”为由诱使被害人签订虚高借款合同，谎称只要按时还款，虚高的借款金额就不用还，然后制造资金走账流水的虚假给付痕迹，故意刁难设置违约陷阱或者肆意认定违约，强行要求被害人偿还虚假债务或者安排关联公司、关联人员为被害人“转单平账”，不断垒高债务，在被害人未偿还借款时采用威胁、上门催讨甚至暴力相加的方式来索取债务。在主观上，被告人除了从借款本金中预扣利息、收取各种名目的费用之外，还故意采取在借贷协议中留白、不给被害人借贷协议、扣押身份证、备份通讯录、拍裸照视频等手段，方便后续制造违约和索债，其目的并非仅仅是获取双方约定的利息收益，而是设计套路，引诱、逼迫被害人垒高债务，最终达到非法占有借款人财产的目的。本案中被告人未采用明显的暴力或者威胁手段，而是通过虚构事实、隐瞒真相的方式骗取被害人财物，应当以诈骗罪定罪处罚，并非正常的民间借贷。

二、犯罪金额计算

《最高人民法院、最高人民检察院、公安部、司法部关于办理“套路贷”刑事案件若干问题的意见》第六条规定，在认定“套路贷”犯罪数额时，应当与民间借贷相区别，从整体上予以否定性评价，“虚高债务”和以“利息”“保证金”“中介费”“服务费”“违约金”等名目被犯罪嫌疑人、被告人非法占有的财物，均应计入犯罪数额。犯罪嫌疑人、被告人实际给付被害人的本金数额，不计入犯罪数额。已经着手实施“套路贷”，但因意志以外原因未得逞的，可以根据相关罪名所涉及的刑法、司法解释规定，按照已着手非法占有的财物数额认定犯罪未遂。本案在审理中以该条规定为计算犯罪金额原则，主要审查合同金额、到手金额、还款金额，从而归纳出可操作的计算公式，具体为：当还款金额大于合同金额，说明诈骗目标（虚增的合同金额）已经实现并且超数额实现，因此还款金额-到手金额=犯罪既遂金额。当还款金额小于合同金额，分为两种情形：一种是还款金额小于合同金额同时也小于到手金额，说明诈骗目标完全没有实现，因此合同金额-到手金额=犯罪未遂金额；另一种是还款金额小于合同金额但大于到手金额，说明诈骗目标实现了一部分，已经实现的一部分作为犯罪既遂金额，因此还款金额-到手金额=犯罪既遂金额，尚未实现的另一部分作为犯罪未遂金额，因此（合同金额-到手金额）-（还款金额-到手金额）=犯罪未遂金额，此种情形下，既存在犯罪既遂部分，又存在犯罪未遂部分。

编写人：广东省广州市越秀区人民法院　黄涛　彭莉媛

（四）职务侵占罪

56

罚金刑“从旧兼从轻”原则的适用

——黄某某职务侵占案

【案件基本信息】

1. 裁判书字号

广西壮族自治区桂林市中级人民法院（2021）桂03刑终480号刑事裁定书

2. 案由：职务侵占罪

【基本案情】

2018年8月18日，被告人黄某某入职房地产营销策划公司。2018年11月13日，某某公司委托房地产营销策划公司负责其下某楼盘项目的策划与销售，被告人黄某某担任该项目售楼部置业顾问。房地产营销策划公司于2019年10月26日帮黄某某办理离职手续。2019年4月至11月11日，被告人黄某某违反公司规定，利用担任置业顾问职务上的便利，在营销房产工作中，先后通过私人刷卡机刷卡、支付宝、微信转账收款等方式向黄某、张某某、陶某某等28名客户收取车位款、购房意向金、代缴契税款等款项共计805652元，并将收到的805652元占为己有。被告人黄某某将上述钱款用于网络赌博、游戏充值及个人花销花光。

2019年11月16日，公安机关在广西东兴市抓获被告人黄某某。归案后，其对骗取28名被害人805652元的犯罪事实供认不讳，已退还赃款1270元给客户黄某。

【案件焦点】

1. 在职务侵占犯罪案件中，如何根据在案证据认定被告人的行为利用了职务上的便利；2.《中华人民共和国刑法修正案（十一）》将职务侵占罪主刑法定刑幅度降低，并新增罚金刑的，如何适用“从旧兼从轻”原则。

【法院裁判要旨】

广西壮族自治区桂林市叠彩区人民法院经审理认为：在定性方面，被告人黄某某利用其在房地产营销策划公司从事营销置业顾问工作、负责为某某公司代理销售房屋职务上的便利，将其代为保管的某某公司车位款、购房意向金、代缴契税款等合计805652元占为己有，数额较大，其行为已构成职务侵占罪。量刑方面，《中华人民共和国刑法修正案（十一）》于2021年3月1日生效，并将《中华人民共和国刑法》第二百七十一条第一款职务侵占罪第一档量刑，由原来五年以下有期徒刑或者拘役调整为现在的三年以下有期徒刑或者拘役，并处罚金。本案案发在《中华人民共和国刑法修正案（十一）》生效之前，判决在中《中华人民共和国刑法修正案（十一）》生效之后，根据从旧兼从轻的原则，本案应当适用经《中华人民共和国刑法修正案（十一）》修正的《中华人民共和国刑法》第二百七十一条第一款的规定，对被告人在三年以下有期徒刑量刑，并处罚金。

广西壮族自治区桂林市叠彩区人民法院依照《中华人民共和国刑法》第二百七十一条第一款、第五十二条、第五十三条、第六十四条、第六十五条第一款、第六十七条第三款之规定，作出如下判决：

一、被告人黄某某犯职务侵占罪，判处有期徒刑二年十个月，并处罚金人民币5万元；

二、责令被告人黄某某退赔被害单位桂林某某房地产开发有限公司经济损失人民币804382元；

三、公安机关扣押在案的作案工具手机一部、刷卡机一台，依法没收，上缴国库。

公诉机关广西壮族自治区桂林市叠彩区人民检察院提起抗诉。

广西壮族自治区桂林市中级人民法院经审理认为：被告人黄某某利用受委托为某某公司销售房屋的职务便利，将客户交给某某公司的钱款非法占为己有，数额较大。应予依法惩处。原判认定事实清楚，证据确实、充分，定罪正确，量刑适当，审判程序合法。抗诉机关的抗诉理由不能成立，应予驳回。

广西壮族自治区桂林市中级人民法院依照《中华人民共和国刑事诉讼法》第二百三十六条第一款第一项之规定，作出如下裁定：

驳回抗诉，维持原判。

【法官后语】

职务侵占罪的犯罪数额认定标准，依据的是《最高人民法院、最高人民检察院关于办理贪污贿赂刑事案件适用法律若干问题的解释》第十一条的规定，第一百六十三条规定的非国家工作人员受贿罪、第二百七十一条规定的职务侵占罪中的“数额较大”“数额巨大”的数额起点，按照本解释关于受贿罪、贪污罪相对应的数额标准规定的二倍、五倍执行。但随着人民群众生活水平的提高，经济发展水平的提升，仍然按照旧法进行量刑无法充分做到罪刑相适应。因此，于2021年3月1日生效的《中华人民共和国刑法修正案（十一）》将职务侵占罪从旧法规定的二档量刑调整为三档量刑，将入罪量刑由五年有期徒刑或拘役调整至三年有期徒刑或拘役，并处罚金。由于量刑的调整，就涉及了“从旧兼从轻”原则适用问题。

结合本案，“从旧兼从轻”原则是刑法适用原则，除有利于行为人的规定外，刑法不得有溯及既往的效力。基于此笔者发现，本案中，主刑适用新法更有利于被告人，附加刑适用旧法更有利于被告人，但刑法适用原则要求，不能分别对主刑、附加刑适用新法和旧法。因此，本案应对新法、旧法则一适用。在我国现行刑法体系中，监禁刑和罚金刑均是刑法惩处犯罪的方式，但监禁刑以剥夺被告人的人身权利来实现惩处犯罪的目的，相比罚金刑更加严厉，且罚金刑属于附加刑，具有从属主刑的特征。因此，应当以主刑作为“从旧兼从轻”原则的适用标准，适用主刑更有利于被告人的刑法。本案中，被告人适用新法主刑在三年以下有期徒刑或拘役量刑，适用旧法主刑在五年以下有期徒刑或拘役量刑，故应当主刑附加刑一并适用新法，以职务侵占罪判处被告人三年以下有期徒刑，并处罚金。

但有观点提出，若行为根据旧法，其犯罪行为可能判处三年至五年有期徒刑的，应当适用新法；其犯罪行为可能判处三年以下有期徒刑刑罚的，应当适用旧法，不再判处附加刑。但该观点在司法实践中不具备实操性，理由如下：首先，“从旧兼从轻”原则是确定性原则，在法律生效时已经确定，并不因执法者的意志在适用的过程中发生改变，亦不会出现在适用刑事法律的过程中由执法者决定适用新法或是旧法的情况。其次，若相同的犯罪事实及量刑情节适用旧法能够判处三年以下有期徒刑的（如一年有期徒刑），则适用新法定会比旧法主刑的量刑更低（低于一年有期徒刑），因为二者入罪的法定最高刑相差二年。综上，应以主刑作为“从旧兼从轻”原则适用的标准，在适用罚金刑时综合考虑旧法无罚金刑的情况。

编写人：广西壮族自治区桂林市叠彩区人民法院　唐俊

57

民办幼儿园负责人从单位使用的账户转入其名下账户内的资金是否应计入职务侵占数额

——孙某某职务侵占案

【案件基本信息】

1. 裁判书字号

广西壮族自治区梧州市中级人民法院（2021）桂04刑终98号刑事裁定书

2. 案由：职务侵占罪

【基本案情】

被告人孙某某在担任幼儿园园长期间，利用职务之便，将幼儿园的资金存放在其名下的银行账户内由其个人管控，并私自将幼儿园的资金共 1111546.5 元转入其个人使用的账户，隐瞒款项去向而非法占为已有。具体事实如下：

1. 2015 年 12 月、2016 年 7 月，孙某某以幼儿园的名义购买理财产品，分别从幼儿园使用的银行卡尾号 7068 账户、尾号 4172 账户转出资金 20 万元、40 万元，到其名下银行卡尾号 2380 账户，用于购买理财产品。理财产品到期后，孙某某于 2019 年 3 月 28 日退回 15 万元至幼儿园使用的银行卡尾号 4172 账户，于 2019 年 11 月 8 日退回 20 万元至幼儿园使用的卡尾号 0595 账户，余款 25 万元直至案发均未转回到幼儿园账户，且在幼儿园财务账面上及出纳财产移交清单上均没有记载上述账户及款项的用途及去向。

2. 2019 年 2 月至 2020 年 1 月，孙某某利用其管控的其名下存放幼儿园资金的银行卡尾号 4172 账户之便，先后四次将尾号 4172 账户内的幼儿园资金转至其个人账户。其中：2019 年 2 月 19 日，转 20 万元至其女儿莫×名下银行卡尾号 7670 账户；2019 年 6 月 12 日，转 20 万元至其名下银行卡尾号 3248 账户；2020 年 1 月 21 日，转 5 万元至其名下银行卡尾号 7778 账户；2020 年 1 月 23 日，将上述账户余额 211546.5 元，全部转至其名下银行卡尾号 7778 账户后，并销户。直至案发时均未转回到幼儿园账户，且在幼儿园财务账面上及出纳财产移交清单上均没有记载上述账户及款项的用途及去向。

3. 2019 年 10 月 23 日，孙某某从其名下幼儿园使用的银行卡尾号 0595 账户分两次转出共 20 万元至其名下个人使用的银行卡尾号 4742 账户。直至案发时均未转回到幼儿园账户，且在幼儿园财务账面上及出纳财产移交清单上均没有记载上述款项的用途及去向。

案发后，公安机关扣押了孙某某名下银行卡 2 张以及孙某某持有的手机 2 部，电脑 2 台，书籍，资料，明细、报表、账册、原始凭证，教会、慈善部会计账移交清单、负债表、明细账、现金总账等材料。

在本案审理期间，孙某某家属代其退赔61546.5元至法院账户。

【案件焦点】

孙某某从幼儿园使用的账户转入其名下中国工商银行账户内的60万元资金是否应计入职务侵占数额。

【法院裁判要旨】

广西壮族自治区梧州市万秀区人民法院经审理认为：对被告人孙某某及辩护人提出孙某某名下账户用于理财款项不应认定为职务侵占数额的意见。经查，孙某某以幼儿园名义投资理财，将幼儿园资金转至其个人账户理财，在理财产品到期后应将本金、收益转回幼儿园统一管理，但其只转回了35万元，其余25万元直至案发均没有转回单位账户，财务账面上和出纳财务移交清单上也没有记载上述款项用途及去向；且该银行卡由孙某某直接保管支配，财务人员对该账户款项已失去管控，据此，证实孙某某主观上有非法占有上述款项的故意，客观上采取隐瞒手段将单位资金占为己有，故上述账户尚未转回幼儿园的25万元应认定为职务侵占数额。被告人及辩护人的上述理由不成立，不予采纳。孙某某利用担任幼儿园园长的职务便利，将单位资金转移后采用隐瞒的手段，非法占为己有，数额巨大，其行为构成职务侵占罪。孙某某的行为发生在《中华人民共和国刑法修正案（十一）》实施之前，犯职务侵占罪，根据《中华人民共和国修正案（十一）》修正后的《中华人民共和国刑法》第二百七十一条的规定处罚较轻。根据从旧兼从轻原则，对孙某某新犯的职务侵占罪应适用修正后的刑法规定。

广西壮族自治区梧州市万秀区人民法院依照《中华人民共和国刑法》第十二条第一款、第二百七十一条第一款、第六十七条第三款、第五十二条、第五十三条、第六十四条，《中华人民共和国刑法修正案（十一）》第二十九条，《最高人民法院、最高人民检察院关于办理贪污贿赂刑事案件适用法律若干问题的解释》第十一条第一款，作出如下判决：

一、被告人孙某某犯职务侵占罪，判处有期徒刑三年，并处罚金人民币20

万元；

二、被告人孙某某退赔的人民币61546.5元，发还给被害单位幼儿园；

三、责令被告人孙某某退赔被害单位幼儿园经济损失人民币105万元。公安机关扣押的物品由公安机关依法处理。

孙某某持原审辩解提起上诉。

广西壮族自治区梧州市中级人民法院经审理认为：孙某某利用担任民办幼儿园园长的职务便利，将单位资金非法占为己有，数额巨大，其行为构成职务侵占罪。经查，本案在案证据充分证实，孙某某犯职务侵占罪的事实，原判对孙某某所处的刑罚，与其罪责刑相适应，并无不当。故孙某某的上诉理由，不能成立，应予驳回。

广西壮族自治区梧州市中级人民法院依照《中华人民共和国刑事诉讼法》第二百三十六条第一款第一项之规定，作出如下裁定：

驳回上诉，维持原判。

【法官后语】

根据《中华人民共和国刑法》第二百七十一条第一款的规定，职务侵占罪是指公司、企业或者其他单位的工作人员，利用职务上的便利，将本单位财物非法占为已有，数额较大的行为。该案例中，根据查明事实和在案证据，行为人利用职务之便实施的侵占幼儿园财产的行为，符合职务侵占罪的犯罪构成要件，依法构成职务侵占罪。

本案中，行为人曾以集体决策进行辩解；二审期间，辩护人也提出行为人是否为幼儿园出资人以及行为人行为系经基督教协会、幼儿园认可的职务行为等辩护意见。但结合民办非企业单位的特性，上述辩解、辩护意见均无法证实行为人占有幼儿园资产的合法性。

根据各地民政部门关于民办非企业单位的管理实践、章程范本，关于民办非企业单位财产的管理、监督有更详细的做法，如出资人出资成立民办非企业单位，出资金额为捐赠资产，不保留和享有任何财产权利；民办非企业单位取得的收入除用于与本单位有关的、合理的支出外（如合理的工资薪金支出），全部用于登记核定或者章程规定的公益性或者非营利性事业；财产及其孳息不用于分配，且不得变相通过工资福利变相分配本单位的财产；民办非企业单位终止，依法清算后有剩余财产的，按照“尽量相似的目的”原则，需在登记管理机关、业务主管单位和其他职能部门的监督或主持下，将剩余财产捐赠给与该单位性质、宗旨相同的社会公益组织、社会组织，或暂时交给政府部门保管并尽可能用于社会公益组织。且为了管理、监督民办非企业单位财产，《中华人民共和国会计法》等法律法规禁止任何民办非企业单位将单位资金以个人名义开立账户存储，仅允许民办非企业单位开立一个办理日常转账结算和现金收付的基本账户，且需要定期接受登记主管部门、业务主管部门等部门检查、审计。因此，民办非企业单位财产具有不可分配的特质，有别于公司、企业等市场主体“谁投资、谁所有、谁收益”的财产特征，财产的用途、去向均需要接受严格管理、监督。

结合民办非企业单位财产的以上特性，即使行为人具备民办非企业单位出资人身份，仍无权分配、处分、占有该单位财产，出资人侵占、私分、挪用民办非企业单位财产或所接受的捐赠、资助，构成犯罪的，也要依法追究刑事责任。例如，行为人系民办非企业单位的法定代表人或从事其他职务人员，其控制民办非企业单位财产的行为，如并非与本单位登记核定或者章程规定的公益性或者非营利性事业有关的、合理的支出所致，行为人虽主张系职务行为或集体决策，但其实施的侵占、私分、挪用行为仍缺少合法性，构成犯罪的仍需追究刑事责任。

编写人：广西壮族自治区梧州市万秀区人民法院　马维莉

58

盗窃罪与职务侵占罪的区分

——付某、李某职务侵占案

【案件基本信息】

1. 裁判书字号

江西省新余市中级人民法院（2021）赣05刑终2号刑事判决书

2. 案由：职务侵占罪

【基本案情】

2012年8月，陈某生、张某青等中标某线三标段工程，需要土方以拓宽和垫高路基，便找到某办事处。某办事处有关领导交代时任某村委书记的被告人付某协助处理。后付某带领陈某生挑选取土地点，陈某生选择已被某区管委会征收的村委南坑山作为取土点。付某随后叫来时任村长的被告人李某，告知李某说政府已同意在该山上取土，要李某配合。随后付某、李某与陈某生谈好以10万元费用包干，同意陈某生在南坑山上不限数量取土并承诺处理陈某生一方因取土与村民发生的纠纷。自2012年10月至2013年7月，陈某生陆续安排人员从该山上挖走十万余方泥土，并分两次付给付某人民币10万元。付某交给李某人民币2万元，将余款据为己有。李某得款后将其中人民币1万元上交某村账上作为给村民的青苗费，另外1万元其个人据为己有。

2019年3月27日，上诉人付某被民警抓获。后付某在公安机关的安排下，打电话联系李某，并带领侦查人员抓获李某。

2019年4月2日，上诉人付某、李某分别退缴非法所得人民币8万元、2万元。2020年9月3日，付某退赔国家经济损失人民币10万元。

【案件焦点】

被告人付某、李某的行为是否构成犯罪，如构成犯罪，是构成盗窃还是职务侵占罪。

【法院裁判要旨】

江西省新余市渝水区人民法院经审理认为：被告人付某、李某以非法占有为目的，私自将国有土地 10 万方泥土卖给他人，价值人民币 20 万元，数额巨大，其行为已构成盗窃罪。被告人付某归案后，能够协助公安机关抓获被告人李某，具有立功表现，依法可以减轻处罚。在共同犯罪中，被告人付某起了主要作用，系案中主犯；被告人李某起次要、辅助作用，系案中从犯，依法应当减轻处罚。被告人付某、李某归案后均能如实供述自己的犯罪事实，具有坦白情节，依法可以从轻处罚。被告人付某、李某能够自愿认罪认罚，依法可以从宽处理。被告人付某、李某有犯罪前科，可以酌情从重处罚。被告人付某、李某归案后能够退赃、退赔，可以酌情从轻处罚。据此，江西省新余市渝水区人民法院依照《中华人民共和国刑法》第二百六十四条、第二十五条第一款、第二十六条第一款和第四款、第二十七条、第六十七条第三款、第六十八条、第六十四条和《中华人民共和国刑事诉讼法》第十五条，第二百零一条之规定，作出如下判决：

一、被告人付某犯盗窃罪，判处有期徒刑二年九个月，并处罚金人民币 1 万元上缴国库；

二、被告人李某犯盗窃罪，判处有期徒刑二年八个月，并处罚金人民币 1 万元上缴国库。

付某以其行为不构成盗窃罪为由提起上诉。

江西省新余市中级人民法院经审理认为：上诉人付某、李某利用职务上的便利，将村集体的财物 9 万元非法占为己有，数额较大，构成职务侵占罪。在共同犯罪中，付某起了主要作用，系主犯；李某起了次要作用，系从犯，应从轻、减轻或免除处罚。付某、李某归案后能如实供述罪行，有坦白情节，并全部退赃，可从轻处罚。付某归案后，协助公安机关抓获同案犯李某，有立功表现，可从轻或减轻处罚。综合考虑其二人的犯罪事实、量刑情节，鉴于其二人的犯罪情节轻微，违法所得全部退还，依照《中华人民共和国刑法》第三十七条的规定，可依法免予刑事处罚。原审判决认定事实不清，适用法律错误，应予纠正。付某及其辩护人所提付某不构成盗窃罪的意见成立，予以采纳；但所提不构成犯罪的意见于法无据，不予采纳。对江西省新余市人民检察院所提驳回上诉，维持原判的意见，不予采纳。

江西省新余市中级人民法院依照《中华人民共和国刑法》第二百七十一条第一款、第二十五条第一款、第二十六条第一款、第二十七条、第三十七条、第六十四条、第六十七条第三款、第六十八条以及《中华人民共和国刑事诉讼法》第二百三十六条第一款，经审判委员会讨论，作出判决如下：

一、撤销新余市渝水区人民法院（2020）赣0502刑初344号刑事判决；

二、上诉人付某犯职务侵占罪，免予刑事处罚；

三、上诉人李某犯职务侵占罪，免予刑事处罚；

四、已扣押在案的上诉人付某、李某的犯罪所得人民币9万元，由扣押机关发还被害单位。

【法官后语】

本案的主要争议是对付某、李某行为的定性问题。公诉机关及一审法院认为构成盗窃罪，被告人及辩护人认为不构成犯罪，二审法院认为构成职务侵占罪。综合本案事实及盗窃罪与职务侵占罪的犯罪构成，付某、李某的行为构成职务侵占罪。

1. 付某、李某的行为不构成盗窃罪。盗窃罪的实质是违背权利人的意愿“打破占有”并“建立非法占有”，即被害人自始不同意财产的转移。在本案中，案涉土地自2008年被某区管委会征收为国有建设用地后，一直未进行开发。付某是根据某区管委会下辖的某办事处有关领导的要求协助处理陈某生取土的请求。虽然根据在案证据，无法查明该领导所提“协助”的具体含义，但在不能认定该领导有不得在被征地上取土的明确限制的情况下，对该领导“协助”一词宜理解为协助在某办事处管辖范围内的所有合适地点取土。鉴于某办事处是高新区管委会下辖的政府机构，即便该领导并非案涉土地的适格对外代表者，其对付某所作的指示虽可能并不完全符合土地管理的有关法律法规，但亦不能苛求付某对于该领导的权限有明确完整准确的认知，并要求付某对此承担不利责任。因此，付某根据领导安排协助陈某生取土的行为，不宜认定为违背了高新区管委会的意愿，侵害了高新区管委会对案涉土方的占有权利，不具有刑事违法性。

2. 付某、李某的行为构成职务侵占罪。(1) 从陈某生的证言和付某、李某二人的供述来看，付某在带领陈某生确定好取土地点后，付某、李某二人一直是以村委书记和村小组长的身份与陈某生商谈，从未以个人身份与陈某生商谈，其与陈某生商谈并代收有关费用的行为是在履行村委和村小组干部的职务。(2) 因根据现有证据无法证明向付某交办事项的有关领导有要收取土方款的意图，故案涉的10万元也难以认定为属国家所有的公款，并据此认定付某、李某二人构成贪污罪。陈某生证言称："当时是村委书记、村委会计、村长和我谈的，我当时说支付10万元购买土方。每个地方不一样，有的是给村委，有的是给村小组，还有的是补偿给村民。"村委会计李某春的证言称："2012年左右，有个老板找付某购买土方，开始是在我和付某的办公室谈。付某提出要三块钱一方，那个老板没同意，中间付某还问了我的意见，我提出给村里七八万元就可以。当时这个老板没同意也没否定就走了。"付某供述称："最后谈好补助青苗费十万元，这个钱放到某村委，由我交给青树下，用途就是挖土破坏青苗后补助村民。""刚开始李某说要2.5元一方补偿村民，陈总说山被征了，不存在补偿村民。后来谈到10万元包干，但陈老板说如果村民来找麻烦，我们要帮忙解决。实际上这10万元是买土方的钱，不买土方他不会出这么多钱。"李某供述称："我说那是被征的山，可以取土，但是要补偿青苗费给我们。于是我就谈补偿的费用，最后谈好一共给10万元，他们可以随便取土。""经商谈，陈老板出10万元过来装土。因为山是政府征收的，村委干部也说政府同意了，我就没再多问需要多少土方。因为村民在山上种了茶树，需要钱去补偿村民。"基于以上证言和供述，陈某生为取土方便给付某等10万元，一是为了取土，二是让付某等村干部协助给村民支付青苗补偿费，三是让付某等村干部协助解决取土过程中与村民的纠纷，并非将付某等作为出售土方的个人。从所谈事项和收取费用后需要分配青苗费及处理有关纠纷来看，该款认定归村委所有更为符合实际情况。

3. 付某在代表村委处理事务过程中，利用职务之便，将本应交村集体的资金据为己有，其行为构成职务侵占罪。李某提供协助，与付某构成共同犯罪。因其中有1万元确已交至青树下村公账，对本案职务侵占的数额认定为9万元。

编写人：江西省新余市中级人民法院　潘小庆

59

非法获取游戏币等虚拟物品的司法认定

——沈某某职务侵占案

【案件基本信息】

1. 裁判书字号

上海市第一中级人民法院（2020）沪01刑终519号刑事判决书

2. 案由：职务侵占罪

【基本案情】

游戏公司主营电子游戏的开发、发行、运营，该公司与多家游戏平台合作运营游戏公司自行开发的电子游戏“××三国”游戏玩家以出资充值游戏账户的方式向游戏公司购买“元宝”，用于提升游戏装备、游戏人物属性等。2018年7月，被告人沈某某入职游戏公司，从事游戏运营策划工作。2019年1月至6月，被告人沈某某在游戏公司任职期间，利用游戏运营管理权限，未经授权擅自修改后台数据，为游戏玩家李某、姬某钰等在其各自的游戏账户里添加“街机三国”的游戏元宝，并从李某、姬某钰等处获取钱款157100元。2019年6月13日，被告人沈某某被民警抓获。沈某某到案后如实供述了上述事实。

【案件焦点】

涉案游戏币等虚拟物品是否属于刑法中的财物，非法获取虚拟物品等的犯罪行为是构成侵害计算机数据类犯罪还是侵犯财产类犯罪，如何认定虚拟物品的价值（犯罪数额）。

【法院裁判要旨】

上海市浦东新区人民法院经审理认为：本案的游戏币“元宝”存在于游戏虚拟空间中，是计算机游戏程序中的电磁记录，属于计算机信息系统数据。被告人沈某某违反国家规定，登录计算机系统，擅自使用非法获取的计算机信息系统数据为他人添加游戏币“元宝”数量，违法获利15万余元，情节特别严重，构成非法获取计算机信息系统数据罪，遂对其判处：

有期徒刑三年六个月，并处罚金人民币3万元。

一审判决后，原公诉机关提出抗诉，认为沈某某属于“对计算机信息系统中存储、处理或者传输的数据和应用程序进行删除、修改、增加的操作”，应以破坏计算机信息系统罪论处。上海市人民检察院第一分院出庭支持抗诉，但认为沈某某利用运营策划的职务便利登录游戏玩家账户直接修改、增加账户内游戏“元宝”数量，并收取玩家费用，其行为构成职务侵占罪，原判定性错误，应予纠正。

上海市第一中级人民法院经审理认为：涉案游戏币等虚拟物品具有财产属性，沈某某是利用其在公司负责充值返利等职务上的便利，使用公司配发的管理账号登录“街机三国”游戏系统并违规向玩家账户添加游戏币元宝，非法收取玩家费用的行为，该行为的违法性主要不在于造成的数据变化，或破坏相关数据，而在于修改数据过程中未要求相关玩家向游戏公司支付合理对价，其行为主要侵害了公司拥有的数据对应的财产权，以职务侵占罪定性更为妥当。遂撤销原判，改判沈某某构成职务侵占罪，作出如下判决：

有期徒刑三年，并处罚金人民币25000元。

【法官后语】

游戏币等虚拟物品具有价值性、管理性、交换性等财物的基本特征，应属于刑法中的财物。非法获取游戏币等虚拟物品的行为可构成侵犯财产犯罪。犯罪数额认定应坚持填平原则，根据持有主体、交易环节区分认定。

第一，游戏币等虚拟物品具有刑法中财物的本质特征。涉案游戏币等虚拟物品凝聚运营商为开发、运营游戏而投入的人力、物力，玩家亦需支付一定对价购买，其流通方式与一般商品并无实质区别，具有经济价值。玩家可以通过个人游戏账户对“元宝”进行占有、处分、收益，行为人可排除他人占有，具备成立财产犯罪的必要条件。在交易市场，用户可与他人达成交易并进行转移，故也具有交换属性。所以，这类虚拟物品同时具有财物的价值性、可管理性、交换性，应视为刑法中的财物。

第二，应对非法获取虚拟物品的行为进行充分、完整评价。承认涉案游戏币等虚拟物品的财产属性，并不意味着否定其数据属性。发生竞合时，应选择能同时评价目的行为和手段行为的罪名，以侵犯财产为目的非法获取虚拟物品的，应构成侵犯财产犯罪。其一，在行为人未采取技术手段侵犯虚拟财物的情况下，定性为计算机犯罪会无法规制，造成处罚漏洞。其二，从一重处断会导致罪名随着数额增加不断变化，以盗窃虚拟财物为例，犯罪数额在2000元以上不足5000元时因未达计算机犯罪入罪标准则构成盗窃罪，如果数额在2.5万元以上不足5万元则因计算机犯罪刑罚更重而选用计算机犯罪，如果数额在40万元以上时则因盗窃罪刑罚更重又重新适用盗窃罪。其三，针对虚拟财物这一法益方面，财产犯罪和计算机犯罪的诸法条存在实质补充关系。涉虚拟财产的犯罪在构成计算机犯罪时通常也会构成侵犯财产犯罪，但有些构成侵犯财产犯罪的行为则不会构成计算机犯罪，故对虚拟财物而言，侵犯财产犯罪更具普遍性，可以视为基本规则，计算机犯罪可视为补充规则，以侵犯财产为目的的非法获取虚拟物品应优先适用基本规则的侵犯财产犯罪。

第三，虚拟物品的价格应依据其价值形成规律区分认定。其一，应坚持损失填平原则。虚拟物品的经济价值独立于现实财产的价值，且可以作为单独的交易对象，符合物权客体独立性的要求，以物权来保护具有合理性。对其救济也应坚持物权规则，仅考虑原物的实际价值，以该物被侵害时的价值为准确定犯罪数额，不考虑预期利益。其二，不宜根据市场标价认定数额。虚拟物品存在一次研发、反复复制发行的特征，研发后续每次生产不需要投入等量成本，价格不能反映实际价值。况且购买、使用作为赃物处理的虚拟货币的游戏玩家在正常交易条件下，没有购买同等数量虚拟物品的意愿和能力。若以市场标价认定犯罪数额则退赃数额会高于游戏公司正常经营所得，导致公司从犯罪中获利。其三，可以探索区分交易环节、法益主体分别认定犯罪数额。如果进入流通环节、存在交易对价的，交易对价可反映其价值。交易对价既包括玩家购买支付的价款，也包括从游戏公司处非法获取虚拟物品后的销赃价格，因为销赃价格大体反映行为人与购买者之间的合意价格，以及游戏公司实际可从这些购买者手中正常交易获取的价格。其四，如果没有进入流通环节，没有交易对价的，原则上应当由受害者对虚拟物品的成本价格进行举证，再结合犯罪时间、次数、获利金额等进行综合认定。

编写人：上海市第一中级人民法院　于书生　吴亚安

60

职务侵占的赃款用于网络直播打赏案件中善意取得的认定

——胡某阳职务侵占案

【案件基本信息】

1. 裁判书字号

北京市第三中级人民法院（2021）京03刑终623号刑事裁定书

2. 案由：职务侵占罪

【基本案情】

2018年4月至2019年6月，被告人胡某阳在担任某公司财务出纳期间，利用管理公司对公账务、负责资金收支的职务便利，采用编造虚假支出、报销项目的方式多次将公司资金共计人民币2585.5万元汇入自己名下的个人账户，用于网络直播打赏、网络游戏消费等。2019年6月29日8时许，被告人胡某阳向公司承认上述犯罪事实，后公司报警，民警将被告人胡某阳带回派出所调查；被告人胡某阳的手机已扣押。另外，在审理期间，已将冻结在案的被告人胡某阳部分银行账户内存款140余万元发还给被害单位。在案冻结胡某阳用于网络打赏的网络直播平台1000余万元钱款。

【案件焦点】

被告人将职务侵占的赃款用于网络直播打赏，第三方网络直播平台对打赏的钱款是否构成善意取得。

【法院裁判要旨】

北京市通州区人民法院经审理认为：被告人胡某阳利用担任公司出纳的职务便利，将公司财物非法占为已有，数额巨大，其行为已构成职务侵占罪，依法应予惩处。被告人胡某阳系自首，且自愿认罪认罚，部分赃款已发还被害单位，依法可以从轻处罚。关于冻结在案的案外人钱款处理，冻结在案的案外人钱款涉及众多法律主体和多重法律关系，根据本案具体情况，不宜直接在刑事审判中通过刑事追缴程序处理，可另行依法解决。故作出如下判决：

一、被告人胡某阳犯职务侵占罪，判处有期徒刑十三年；

二、冻结在案的被告人胡某阳银行账户内存款，发还被害单位某服饰公司，责令被告人胡某阳退赔被害单位某服饰公司其余经济损失；

三、冻结在案的其他钱款，退回公诉机关依法处理。

一审宣判后，被告人胡某阳上诉。二审期间，上诉人、被害单位认为网络直播平台不构成善意取得，涉案冻结赃款应当发还给被害单位。

北京市第三中级人民法院经审理认为：本案确定的事实是胡某阳将本单位

财物“用于网络直播打赏、网络游戏消费”，本案依法追究的是上诉人胡某阳所犯职务侵占罪的刑事责任。根据我国相关法规，网络直播平台应该依法依规引导用户合理消费、理性打赏；网络直播平台是否存在恶意诱导等行为以及由此产生的纠纷可另行依法解决。据此，依照《中华人民共和国刑事诉讼法》第二百三十六条第一款第一项、第二款之规定，作出如下裁定：

驳回上诉，维持原判。

【法官后语】

本案争议焦点为第三方网络直播平台对于被告人打赏的赃款是否构成善意取得，关乎在案冻结的第三方网络直播平台的钱款能否发还给被害单位。

一、第三方网络直播平台对赃款适用善意取得制度

善意取得制度，是指无权处分人将动产或者不动产转让给受让人，若受让人取得该动产时时出于善意，则受让人依法取得对该动产的所有权或其他物权。这项法律规则旨在保护交易安全，维护市场的正常秩序。刑事犯罪中将赃款用于网络打赏也应当适用善意取得制度。2011年《最高人民法院、最高人民检察院关于办理诈骗刑事案件具体应用法律若干问题的解释》第十条规定，行为人已将诈骗财物用于清偿债务或者转让给他人，他人善意取得诈骗财物的，不予追缴。2014年《最高人民法院关于刑事裁判涉财产部分执行的若干规定》第十一条规定，被执行人将刑事裁判认定为赃款赃物的涉案财物用于清偿债务、转让或者设置其他权利负担，具有下列情形之一的，人民法院应予追缴：(1) 第三人明知是涉案财物而接受的；(2) 第三人无偿或者以明显低于市场的价格取得涉案财物的；(3) 第三人通过非法债务清偿或者违法犯罪活动取得涉案财物的；(4) 第三人通过其他恶意方式取得涉案财物的。第三人善意取得涉案财物的，执行程序中不予追缴。作为原所有人的被害人对该涉案财物主张权利的，人民法院应当告知其通过诉讼程序处理。

以上法律规定明确了刑事涉案财物的善意取得制度。因此，被告人将赃款通过网络打赏给第三方直播平台时，为了保证交易的稳定性，并非一律进行追缴。

二、网络直播打赏性质为有偿的消费行为

判断网络直播打赏的钱款是否构成善意取得，前提是判断网络直播打赏是有偿行为还是无偿行为。网络直播打赏包括网络表演打赏、网络游戏打赏等多种打赏方式。对于网络打赏的性质，目前存在多种认识：第一种观点认为，自媒体人因提供了一定的内容服务而获得赏金，应属于消费行为；第二种观点认为，对于网民基于喜爱、支持等，在不要求提供服务的前提下无偿进行网络打赏，应视为赠予行为；第三种观点认为，打赏人对被打赏对象的合理对价支付部分应当归类于消费行为，而溢出部分的不合理对价则看作是打赏人的赠予行为。

笔者认为，网络直播打赏应当定性为有偿的消费行为，而非赠予行为。理由在于：第一，网络直播属于新兴产业，网络平台在运营过程中也要支付各种运营费用，存在一定的运营成本，网络直播行业并非单纯的公益事业，某种程度上与观看电视类似，用户观看电视也要支付一定的入网费用，并非完全无偿。第二，直播打赏的模式符合消费行为的模式。直播打赏的过程包括向网络平台充值、购买虚拟礼物、用虚拟礼物进行打赏几个阶段。购买礼物的过程即是签订消费合同的过程，用虚拟礼物进行打赏则属于二次消费，打赏者在支付礼物作为对价的同时，获得了精神上的愉悦和满足，类似于观看演唱会、电影。

三、第三方网络直播平台能否构成善意取得的判定标准

第一，网络直播平台主观上是否存在恶意。平台主观是否知情应当采取善意推定规则，即推定平台为善意，由主张平台非善意之人承担举证责任。本案中，被害单位提出网络直播平台存在恶意，对胡某阳异常的打赏行为没有提出制止，但无法提供具体证据证明游戏直播平台明知胡某阳所打赏的钱款来源。在没有证据证明胡某阳同网络平台或者网络主播存在串通的情况下，不能仅仅依据胡某阳的异常打赏行为来推定平台知道钱款的来源不正当。

第二，网络直播平台是否支付了合理对价。本案中体现为网络平台是否为顾客提供了与打赏钱款相匹配的服务，顾客是否因此获得了主观等值的精神享受。一方面，打赏行为具有自愿性，以其中一家网络直播平台为例，胡某阳在

此网络平台上共打赏了1000万余元，胡某阳本人也供述自己满足了虚荣心，享受了打赏的快感；另一方面，胡某阳本人作为主播还以此吸引他人对自己打赏，使自己的账号不断升级，账号升级到一定程度后可以变现，胡某阳的打赏行为亦可帮助其获得一定的经济利益。因此，不能认定平台和主播属于“明显低于市场的价格取得涉案财物”。

第三，网络平台是否存在其他恶意行为。这一点应坚持从严把握的原则，网络直播平台作为商业经营者，确实存在为了利益最大化，通过各种方式吸引胡某阳进行打赏的行为，甚至存在一定的违规行为，如对胡某阳短期内巨额打赏的行为不加以提醒、限制，客服人员为胡某阳提供非实名小号，纵容胡某阳用自己的小号向自己的大号打赏，即本人给本人打赏。但是，胡某阳作为完全民事行为能力人，对以上平台的违规行为系明知，其本人也清楚平台受益分配的规则，胡某阳仍然接受平台的规则而进行消费，不能据此认定平台存在“恶意”。

本案中，在案证据无法证明第三方直播平台主观上明知钱款来源系赃款或第三方直播平台系明显低价或者以其他恶意的方式取得涉案钱款，因此第三方直播平台构成善意取得。当然，在认定直播平台对赃款是否构成善意取得时，要严格按照善意取得的构成要件来认定，对于不符合善意取得条件的，仍然可以否定平台的善意而进行追缴。

编写人：北京市第三中级人民法院　张元元　于晓航

61

虚增交易环节侵吞公司利润的行为定性

——吴某利、黄某职务侵占案

【案件基本信息】

1. 裁判书字号

浙江省杭州市中级人民法院（2020）浙01刑终371号刑事裁定书

2. 案由：职务侵占罪

【基本案情】

2012年至2018年，被告人吴某利先后担任某电子公司流体连接器部汽车行业销售工程师、销售主管、销售经理等职务，被告人黄某先后担任某电子公司流体连接器部汽车行业销售工程师、销售主管、销售副经理等职务。其间，胡某、周某华（均另案处理）等伙同被告人吴某利、黄某利用负责经销商授权审批、产品定价审批、业务接洽、合同报价审批等职务便利，将由上述人员参与成立、控制或者其他有关系的企业授权为某电子公司经销商或作为销售商，并要求某电子公司客户向上述企业采购产品。随后，被告人吴某利、黄某等利用职务便利，在获取客户采购信息后或预先将某电子公司产品以较低价格采用合同形式“销售”给上述企业，再以上述企业名义加价实际出售给某电子公司的客户，从中赚取差价，侵占某电子公司财产共计2770万余元。案发后，被告人吴某利、黄某分别向某电子公司退赔47万元、28万元并取得被害单位的谅解。

【案件焦点】

如何根据在案证据审查虚增交易环节型职务侵占行为。

【法院裁判要旨】

浙江省杭州经济技术开发区人民法院经审理认为：案涉六家经销商并非在市场活动中由某电子公司依据市场规律而自然产生，而是被告人吴某利、黄某伙同他人人为隔断某电子公司与客户的联系后强行引入，该交易环节设立的目的就在于截留某电子公司的利润。根据被告人吴某利、黄某实施行为可知案涉六家经销商的服务对于案涉交易行为来说是多余的，且该环节由本案的被告人吴某利、黄某及其同伙所实际控制，这一虚增的交易环节得以运作亦依赖于被告人吴某利、黄某及其同伙的职务便利。最终，被告人吴某利、黄某等通过上述方式将据此形成的差价扣除上缴税款后的部分共同占为己有，该差价扣除税款后的金额显然属某电子公司必然可得的利润，属本单位财产，亦系被告人吴某利、黄某等所共同侵占的对象。综上所述，被告人吴某利、黄某的行为均构成职务侵占罪。

浙江省杭州经济技术开发区人民法院依照《中华人民共和国刑法》第二百七十一条第一款、第二十五条第一款、第五十九条、第六十四条及《最高人民法院、最高人民检察院关于办理贪污贿赂刑事案件适用法律若干问题的解释》第二条第一款、第十一条第一款之规定，作出如下判决：

一、被告人吴某利犯职务侵占罪，判处有期徒刑七年，并处没收个人财产人民币 15 万元；

二、被告人黄某犯职务侵占罪，判处有期徒刑七年，并处没收个人财产人民币 15 万元；

三、责令被告人吴某利、黄某共同退赔被害单位某电子公司的经济损失人民币 26750785. 96 元。

一审宣判后，被告人提起上诉。

浙江省杭州市中级人民法院经审理认为：吴某利、黄某等为获取非法利益，利用职权虚增经销商作为某电子公司与终端客户的交易环节，从中获取某电子公司的利益；在现有证据不能证实某电子公司确有设立中间交易环节必要性的情况下，经销商所获利益即是侵害了某电子公司的利益。故原判定罪及适用法律正确，量刑适当，原审审判程序合法，遂作出如下裁定：

驳回上诉，维持原判。

【法官后语】

随着社会主义市场经济的不断发展，利用职务便利侵吞公司财产的手段方式越来越多样化，也越来越隐蔽。一方面，行为人利用职务便利，传递不对称的信息，致使行为人参与成立、控制的“空壳公司”被授权为公司的经销商，造就了“合法”外衣，使得这一交易环节更具有迷惑性，不易被公司察觉；另一方面，本案行为人侵害对象具有一定的特殊性，系行为人公司应得的交易利润，而非公司既有财产。因此，虚增交易环节型职务侵占行为相比一般直接侵占经手公司财物的职务侵占行为更具有迷惑性。对于此类行为在刑事认定中是否构成职务侵占罪的审查重点在以下几个方面。

1. 是否利用职务上的便利审查。本案中，行为人主要利用了两个职务上的便利。第一，本案利用被告人及其同伙具有审查、设立经销商的职务便利。第二，本案利用被告人及其同伙具有主管公司销售的职务便利。在案证据证实吴某利、黄某让商务助理截留某电子公司的客户源，再由被告人吴某利、黄某本人或指使其下属销售人员以某电子公司员工的名义与客户洽谈好商品种类、价格、货款支付方式等一切购销事宜后，再要求客户从案涉六家经销商处走销售流程。随后，被告人吴某利、黄某等又利用职务便利，由上述经销商低价向某电子公司购入客户所需产品，再加价销售给客户，从中赚取差价。因此，该虚增交易环节得以运作主要依赖于被告人及其同伙的职务便利。

2. 中间交易环节的必要性审查。一般市场交易条件下，作为中间交易环节，仍需要开展进货、备货、垫资、寻找客户、洽谈业务、提供售后服务等正常的商业交易业务，中间商本身需要负担一定的市场交易风险，在市场交易中也是独立的主体。而本案的案涉经销商设立后不需要垫资、开拓业务，仅负责处理形式意义上的订单事宜，基本上只有一个负责接订单和邮寄发票的人员，经销商的工作几乎全部都是由被告人吴某利、黄某等伙同他人利用某电子公司的员工身份和职权完成的，有些经销商甚至没有实际经营地，连接收订单的人员都没有，财务工作也都是交由外聘人员进行，所有的订单都是被告人吴某利、黄某等在工作中利用职务便利获取的。故案涉经销商的服务对于案涉交易行为来说并无必要，具有客观多余性。

3. 交易差价是否属于“本单位财物”的审查。根据刑法规定，职务侵占罪行为侵犯的客体是“本单位财物”。根据目前司法实践的认定思路，基本认可本单位财物包含“应然”状态的财物。本案虽然客户有自由选择交易对象的权力，但客户之所以要选择向某电子公司采购，系因该客户的终端客户指定使用某电子公司的产品，而在中国地区，某电子公司是唯一一家能够获取正品产品的合法厂家。因此，其他公司与某电子公司的交易具有单一、确定以及排他性，交易行为和交易利润必然会产生，这部分利益就应当属于某电子公司的必得利益。本来可以直接由某电子公司与客户签约的订单，因被告人吴某利、黄某及其同伙的操作，部分金额变成了经销商的利润，被告人所谓保证了公司的利润，反而进一步证明如果没有经销商的存在，公司应当有更高的利润。

综上，被告人吴某利、黄某利用担任某电子公司流体连接器部销售经理、销售副经理的职务便利，通过虚增亲友名义设立的经销商作为中间交易环节介入公司与客户之间的交易，且经销商并未提供任何实质意义上的经销服务，据此侵吞属于公司应得利润，最终这部分差价由被告人及其同伙所实际占有、支配，故依法应认定二被告人的行为构成职务侵占罪。

编写人：浙江省杭州市钱塘区人民法院　章岳龙

62

未穷尽确权手段处理“僵尸车”行为的认定

——刘某职务侵占案

【案件基本信息】

1. 裁判书字号

重庆市巴南区人民法院（2021）渝0113刑初93号刑事判决书

2. 案由：职务侵占罪

【基本案情】

一、职务侵占的事实

被告人刘某2015年5月进入物业公司工作，2016年6月至2019年11月担任某小区二期保安主管，2019年12月担任客户部客户助理，2020年9月离职。

2018年3月至2020年9月，被告人刘某利用其系某小区二期保安主管管理该小区4号车库系统的权利，私自降低收费标准收取该小区业主丁某等的停车费、将车库内的非停车位区域租赁给小区业主何某刚等作为仓库使用，共计收取停车费和租赁费25.5887万元，并据为己有。

二、处理车辆的事实

2019年8月6日，某小区因有大量疑似“无主”车辆占用停车位，物管公司决定进行清理。2020年6月1日，刘某在未按程序核实车辆权属的情况下，将停放在某小区二期车库内的白色小汽车以及经前期排查可能无人使用、管理的黑色小汽车均视为“无主车辆”，联系通过刘某认识的二手车商钟某将上述两辆小汽车拖离车库处理，并收取钟某的2000元好处费。而后，因担心车辆并非无主车辆，便联系钟某，要求其暂不处理前述车辆，待确定后再行处理。

2020 年 6 月 22 日，业主发现白色小汽车未停放在小区车库，故反映至小区物管，刘某随即联系钟某将车辆运回并归还车主。经认定，白色小汽车价值 41615 元，黑色小汽车价值 23065 元，共计 64680 元。

【案件焦点】

刘某的行为构成盗窃罪还是职务侵占罪。

【法院裁判要旨】

重庆市巴南区人民法院经审理认为：被告人刘某利用职务上的便利，通过擅自修改物管公司停车管理系统信息或安排他人直接抬杆放行的方式为部分小区业主提供停车服务，并私自收取小区业主停车费据为己有，数额较大，其行为构成职务侵占罪。

关于被告人刘某是否构成盗窃罪。处理小区“僵尸车”系物业公司决定，被告人刘某处理“僵尸车”系履职行为。虽刘某错误处置了有主车辆，未进一步确认车辆权属，但其主观上不具有非法占有他人财物的故意。因此，不宜以犯罪论处。

重庆市巴南区人民法院依照《中华人民共和国刑法》第二百七十一条第一款、第六十七条第一款、第五十二条、第五十三条、第六十四条、第四十七条，《中华人民共和国刑事诉讼法》第十五条之规定，作出如下判决：

一、被告人刘某犯职务侵占罪，判处有期徒刑十个月，并处罚金 1 万元；

二、责令被告人刘某退赔被害单位物业公司 255887 元。

一审判决后，被告人未提起上诉，检察机关未提起抗诉，该判决已发生法律效力。

【法官后语】

本案刘某行为是否构成盗窃罪，存在较大的分歧。

第一种观点认为，车辆作为大宗财物，停放于小区车库，依常理不应认定为无主物。刘某未完全排除车辆系有主物的可能而径自处理车辆，具有非法占有他人财物的目的，故构成盗窃罪。

第二种观点认为，盗窃罪要求行为人具有非法占有目的。刘某处置车辆的目的系清理小区内无人使用管理的车辆，现有证据不足以证明刘某具有非法占有他人财物的主观恶意，故只有客观行为违法，不符合犯罪的构成要件。

笔者赞同第二种观点，从主客观方面均能判断刘某的行为不构成盗窃罪。具体理由如下。

“盗窃罪属于取得型财产犯罪，要求行为人对于财物具有非法占有的目的。”① 行为人是否以“非法占有为目的”可以从犯罪动机和心态直接判断，也可以从客观行为推断得出。从主观上看，盗窃犯罪属于故意犯罪，行为人在实施犯罪前形成盗窃故意，以非法占有他人财物的主观恶意，如果犯罪心态属于过失，则不构成本罪。本案中，刘某处理车辆之前本应当确认车辆权属，认为车辆可能处于无人管理、使用的状态，系“无主车”，在心态上应属于过于自信的过失，不存在盗窃占有他人车辆的主观故意。刘某处理“僵尸车”的行为，系其所在物业公司为加强小区管理而实施的履职行为，并非为非法占有他人财物。刘某主观上从一开始就不具有非法占有他人财物的恶意，“根据行为与责任同在的原理，既然行为人在实施取得财物的行为当时没有盗窃的故意，就不能认定构成犯罪”。②

从客观行为看，一方面，从行为人是否关注财物权属情况推断。一般地，行为人实施盗窃前，不关注查证财物有无权利人，盗窃行为与财物权利状态不存在很大关系，如果行为人在处理他人财物前重点关注财物的权属情况，一旦知晓存在相关权利人则不处理该财物的，则该行为不构成盗窃。本案中，刘某在处理车辆前该两辆车在小区内长期停放，经所在公司决定后处理车辆，其在处理车辆前本应当确认权属而未确认，其认为车辆可能属于无主物才进行处理，刘某注意到了车辆可能属于有主物只是未进一步确认权属而已。另一方面，从行为人发现处分有误时采取的补救措施推断。处分他人财物是否具有可罚性取

---

① 王莹：《盗窃罪“非法占有目的”对象刍议》，载《中外法学》2015年第6期。

② 王林：《盗窃罪中非法占有目的的推定》，载《人民司法·案例》2011年第8期。

决于是否发生了致使原所有权人永远丧失财物的危害后果，是否出现使财物最终无法恢复权利人占有的情形。行为人通过实施盗窃行为对财物现实的、排他性的控制会导致他人永远丧失对财物现实的支配或者控制。本案中，刘某发现处置存在错误时采取有效措施将车辆发还给被害人，及时挽回被害人损失，被害人并未永远丧失财物，由此也可以推断出刘某的行为不具有可罚性。刘某的行为不具有非法占有目的，还可以从其处理车辆后所获款项不是据为己有可以推断，刘某仅从中间人处获取了2000元的提供信息费，不同于处分车辆销赃获利。

编写人：重庆市巴南区人民法院　王勤勤　吴晓艳

（五）敲诈勒索罪

63

“碰瓷”索赔报复举报人的构成敲诈勒索罪

——杨某敲诈勒索案

【案件基本信息】

1. 裁判书字号

江苏省南通市中级人民法院（2021）苏06刑终323号刑事裁定书

2. 案由：敲诈勒索罪

【基本案情】

2019年8月15日，被告人杨某擅自制作电捕鱼设备并在其家南侧河里使用时，被公安机关查获，后被罚款人民币200元，并收缴作案工具。其得知举报人是被害人朱某（因醉酒后驾驶机动车，于2015年9月23日被吊销驾驶证且五年内不得重新取得机动车驾驶证），欲举报朱某无证驾驶机动车予以报复。

2020年1月3日，被告人杨某发现朱某的汽车在赵甸居附近行驶，遂驾车故意撞向该车，后发现驾驶员是朱某的妻子，与对方私了，赔偿对方维修费人民币400元。

2020年4月9日，被告人杨某发现朱某驾车在道路上行驶，驾车尾随并故意撞击朱某的汽车。后双方下车处理事故，被告人杨某提出报警，朱某因害怕被处理，阻拦被告人杨某报警，被告人杨某请朋友孙某林代为报警。朱某知道被告人杨某系因被其举报而怀恨在心，遂提出赔偿被告人杨某的损失。被告人杨某以其已报警为威胁，迫使朱某加价支付赔偿款人民币3万元，被告人杨某才撤销报警。

2020年4月22日，被告人杨某被抓获归案，到案后逐步如实供述了上述主要犯罪事实。案发后，被告人杨某退还全部赃款，并取得朱某的谅解。

另查明，朱某因未取得机动车驾驶证驾驶非营运汽车，已被公安机关行政拘留五日、罚款人民币1000元。

【案件焦点】

被告人杨某是否具有非法占有他人主观财物的目的，其报警的行为是否对被害人朱某构成威胁。

【法院裁判要旨】

江苏省南通市通州区人民法院经审理认为：敲诈勒索罪，是指以非法占有为目的，对他人实行威胁（恐吓），索取公私财物数额较大或多次敲诈勒索的行为。行为人主观上要有非法占有他人财物的目的，客观上使用胁迫手段，使对方产生恐惧心理，进而取得财物。表现形式可以是明示，也可以是暗示。本案中，被告人杨某的损失均是由其本人造成，要求被害人朱某承担赔偿责任无事实和法律依据。被告人杨某明知朱某系无证驾驶，为打击报复，先后两次故意制造交通事故，企图通过报警的方式达到报复目的，手段不具有合法性。被害人朱某在得知被告人杨某报警时极力阻止，并主动提出赔偿，数额从人民币1万元加到2万元，足以说明被害人朱某害怕被公安机关查处，内心感到恐惧。在此情况下，被告人杨某称其损失2万余元，以暗示的方式要求被害人朱某继续加价，索要人民币3万元，其行为符合敲诈勒索罪的构成要件。被告人杨某以非法占有为目的，敲诈勒索他人财物，数额较大，其行为已构成敲诈勒索罪。被告人杨某到案后如实供述本案的犯罪事实，系坦白，依法可从轻处罚。被告人杨某自愿认罪认罚，并积极退赃，取得谅解，依法可从宽处罚并适用缓刑。依照《中华人民共和国刑法》第二百七十四条、第六十七条第三款、第七十二条第一款和第三款、第七十三条第二款和第三款，《中华人民共和国刑事诉讼法》第十五条之规定，作出如下判决：

被告人杨某犯敲诈勒索罪，判处有期徒刑一年六个月，缓刑二年，并处罚金人民币1万元。

一审宣判后，杨某不服，向江苏省南通市中级人民法院提起上诉。

江苏省南通市中级人民法院经审理认为：上诉人杨某及其辩护人所提上诉理由和辩护意见均不能成立，应予驳回；原判决认定事实清楚，证据确实充分，审判程序合法，定罪正确，综合上诉人杨某量刑情节所作出的刑罚准确，应予维持。依照《中华人民共和国刑事诉讼法》第二百三十六条第一款第一项之规定，作出如下裁定：

驳回上诉，维持原判。

【法官后语】

首先，任何个人发现违法、违纪行为都有向专门机关进行举报的权利。举报权是公民行使监督权的一种具体形式，属于公民的基本权利；对于公民的举报，任何人不得压制和打击报复。被告人杨某未经批准，擅自制作并使用电捕鱼设备，妨害公共安全和社会管理秩序，违反了治安管理的相关规定。被害人朱某向公安机关举报杨某违法电捕捞，系受法律保护的合法行为，具有正当性。

其次，行为人违法行为造成他人损失的应依法承担赔偿责任，造成其自身损失的，应当自行承担。被告人杨某因非法电捕捞行为被公安机关处以罚款人民币200元，并收缴其实施违法行为的所有工具，由此产生的相应损失系其违法行为造成，应由其自行承担。被告人杨某为报复被害人朱某的合法举报，两次故意制造交通事故，均属违法行为，由此造成其车辆损坏等后果亦应由其自行承担，且须依法赔偿其违法行为给对方造成的财产损失。

最后，任何人不因不法行为获利。任何人不能通过违法犯罪行为谋取利益，利用他人违法行为获取非法利益当属禁止之列。本案中，被告人杨某明知被害人朱某被吊销机动车驾驶证后仍存在无证驾驶的情形，为获取报复及胁迫的机会，先后两次“碰瓷”故意制造交通事故。在第二次交通事故后，被告人杨某让他人代为报警，其目的并非由公安机关依法处置交通事故，而是意图使被害人朱某的无证驾驶违法行为得以暴露并受到处罚。在被害人朱某因担心自己违法行为被发现，提出私了赔偿被告人杨某损失1万元并希望其撤销报警时，杨某趁机将应由其自行承担的非法电鱼、交通事故等财产损失估算在内，虚构其损失已有2万余元，变相暗示被害人朱某提高赔偿数额，最终在被害人朱某将赔偿数额提高至3万元后，同意让他人撤销报警。被害人朱某看似主动提出赔偿损失，实际系因其无证驾驶违法行为被杨某暴露并受到报警处罚的胁迫。被告人杨某通过胁迫、变相索取的方式不仅获赔本应由其自行承担的违法行为损失，还包括明显超出应由其自行承担数额以外的赔偿款，显然具有非法占有他人财产的主观目的，其获取的人民币3万元，应依法认定为敲诈勒索非法占有数额。

编写人：江苏省南通市中级人民法院　沙楠

（六）拒不支付劳动报酬罪

64

在公司有营业收入的情况下有能力支付的认定

——盛某拒不支付劳动报酬案

【案件基本信息】

1. 裁判书字号

广东省广州市中级人民法院（2021）粤01刑终389号刑事裁定书

2. 案由：拒不支付劳动报酬罪

【基本案情】

被告人盛某于2011年1月5日设立货运公司并担任法定代表人，系该公司实际经营者。被告人盛某在经营该公司过程中，从2016年10月开始拖欠葛某、骆某、齐某等公司员工的工资，被拖欠工资的员工在2017年8月至11月向人力资源和社会保障局投诉后，人力资源和社会保障局经过调查，分别于2017年11月7日、2017年12月6日、2018年2月27日作出劳动保障监察行政处理决定，责令货运公司支付16名公司员工被拖欠的工资合计155270.14元，但货运公司仍不按期执行上述决定。2018年6月11日，被告人盛某被公安人员抓获归案，其亲属后来代其支付了拖欠的部分工资，取得上述16名员工的谅解。

【案件焦点】

在公司有营业收入的情况下，应当依约及时足额地支付劳动报酬，不能把员工的劳动报酬与公司经营效益和风险挂钩，应当优先保障劳动者的合法权益，而不能以需优先支付公司经营成本为由拒不支付劳动报酬。

【法院裁判要旨】

广东省广州市越秀区人民法院经审理认为：货运公司有能力支付而不支付劳动者的劳动报酬，数额较大，经政府有关部门责令支付仍不支付，被告人盛某晖作为直接负责的主管人员，其行为构成拒不支付劳动报酬罪。公诉机关指控的基本事实清楚，证据确实、充分，罪名成立，本院予以支持；但指控的犯罪数额不恰当，本院依据人力资源和社会保障局调查处理的情况予以纠正。关于被告人盛某晖及辩护人提出公司经营亏损，没有能力支付劳动报酬的意见，经查，企业所得税预缴纳税申报表、广州市海珠区人民法院（2018）粤0105民初1296号民事判决书、还款协议、证人李某的证言等在案证据证明货运公司确实存在经营亏损和负债的情况，但根据被害人葛某娇、骆某媚、齐某莺的陈述以及货运公司的银行账户交易明细，货运公司仍然有大量营业收入，足以支付员工工资等劳动报酬，公司虽然维持运营需要支付运营成本，但支付劳动报酬也是公司运营的必要成本，且劳动法、劳动合同法等相关法律规定，公司应当向劳动者及时足额支付劳动报酬，劳动者的劳动报酬本应优先予以保障，布谷鸟公司却以公司经营困难为由长期拖欠，应认定有能力支付而不支付劳动报酬。

广东省广州市越秀区人民法院依照《中华人民共和国刑法》第二百七十六条之一、第六十七条第三款、第五十二条、第五十三条及《最高人民法院关于审理拒不支付劳动报酬刑事案件适用法律若干问题的解释》第二条、第三条、第四条、第六条、第九条之规定，作出如下判决：

被告人盛某犯拒不支付劳动报酬罪，判处有期徒刑六个月十七天，并处罚金人民币5000元。

被告人盛某持原审辩解提起上诉。广东省广州市中级人民法院经审理认为：货运公司有能力支付而不支付本公司劳动者的劳动报酬155270.14元，数额较大，经政府有关部门责令支付仍不支付，已构成拒不支付劳动报酬罪，被告人盛某晖作为该公司直接负责的主管人员，亦应依法承担刑事责任，以拒不支付劳动报酬罪处罚。上诉人盛某晖提出的无罪意见，及其指定辩护人提出的无罪辩护意见均据理不足，均不予采纳。原判认定事实清楚，证据确实充分，定罪和适用法律正确，量刑适当，审判程序合法，予以维持。

广东省广州市中级人民法院依照《中华人民共和国刑事诉讼法》第二百三十六条第一款第一项之规定，裁定如下：

驳回上诉，维持原判。

【法官后语】

当公司陷入经营困难，营业收入无法同时保障劳动者报酬和公司债务时，公司实际经营者将营业收入优先用于支付公司债务，是否属于有能力支付?

第一种观点认为不属于有能力支付。该种观点认为，虽然依照法律规定，在公司债务问题上，劳动报酬需要优先保障，但在实际企业运营过程中，很难要求公司搁置与客户之间的债务而优先保障发放工资，这样会降低公司信誉、失去客户，致使公司无法继续经营，因此不能从公司破产的角度来考虑对劳动者报酬的保障问题，而应当从企业在存续时的状况来考量客户债务和员工工资之间的平衡关系，不能因为公司优先履行对客户的债务而认定公司存在有能力支付而拒不支付的情形。就以本案为例，涉案公司本身为货运代理公司，接收客户订单后需要委托其他运输公司运输，因此收到运费需要优先支付给其他运输公司，待运输订单完成后所获利润才能用于发放工资，因此并非公司账户收到的钱都可以用来发放工资。

第二种观点认为属于有能力支付。该观点认为，根据公司法等相关法律，劳动者享有取得劳动报酬的权利，用人单位必须保护劳动者的合法权益，依约及时足额地支付劳动报酬。涉案公司作为用人单位，应当将用工支出作为经营成本与客户的运费支出等项目统筹管理，合理经营，以维持公司的正常运作，不能把员工的劳动报酬与公司的经营效益和风险挂钩。涉案公司在长时间存于亏损无法盈利经营的情况，可以选择结束营业规避债务的累加，而不是以牺牲劳动者报酬的方式保障公司的运营。笔者亦是赞同此种观点，劳动者报酬是公司经营必须支出的成本，并非投资分红需待公司获得利润后才参与分配，同时，我国立法对劳动者报酬的优先保障不仅体现在公司破产后，也更应体现在公司运营过程中。

编写人：广东省广州市越秀区人民法院　黄涛　彭莉媛

图书在版编目（CIP）数据

中国法院2023年度案例．刑事案例．三／国家法官学院，最高人民法院司法案例研究院编．—北京：中国法制出版社，2023.5

ISBN 978-7-5216-3287-3

Ⅰ.①中… Ⅱ.①国… ②最… Ⅲ.①刑事犯罪-案例-汇编-中国 Ⅳ.①D920.5

中国国家版本馆CIP数据核字（2023）第026406号

策划编辑：李小草　韩璐玮（hanluwei666@163.com）
责任编辑：白天园　　封面设计：李宁

中国法院2023年度案例．刑事案例．三

ZHONGGUO FAYUAN 2023 NIANDU ANLI. XINGSHI ANLI. SAN

编者/国家法官学院，最高人民法院司法案例研究院
经销/新华书店
印刷/三河市紫恒印装有限公司
开本/730毫米×1030毫米　16开　　印张/17.25　字数/208千
版次/2023年5月第1版　　2023年5月第1次印刷

中国法制出版社出版
书号ISBN 978-7-5216-3287-3　　定价：69.00元

北京市西城区西便门西里甲16号西便门办公区
邮政编码：100053　　传真：010-63141600
网址：http：//www.zgfzs.com　　**编辑部电话：010-63141792**
市场营销部电话：010-63141612　　**印务部电话：010-63141606**

（如有印装质量问题，请与本社印务部联系。）